护理科研设计

第 2 版

主　审　姜小鹰

主　编　邱志军

副主编　黄　薇　陈　茵　姚睿敏

编　者（按姓氏笔画排序）

王　凤（岳阳职业技术学院）

李国平（岳阳职业技术学院）

杨　丰（岳阳职业技术学院）

肖有田（常德职业技术学院）

邱志军（岳阳职业技术学院）

邱望重（岳阳市中医医院）

陈　茵（岳阳职业技术学院）

周芳艳（岳阳职业技术学院）

胡进晖（湖南省人民医院）

姜　娜（岳阳职业技术学院）

姚睿敏（岳阳职业技术学院）

徐明敏（湖南省妇幼保健院）

唐　萍（永州职业技术学院）

黄　薇（岳阳职业技术学院）

蒋　渝（岳阳职业技术学院）

黎逢保（岳阳职业技术学院）

穆亚敏（湘潭医卫职业技术学院）

人民卫生出版社
·北京·

版权所有，侵权必究！

图书在版编目（CIP）数据

护理科研设计 / 邱志军主编. -- 2 版. -- 北京：
人民卫生出版社，2025. 8. -- ISBN 978-7-117-37611-2

I. R47

中国国家版本馆 CIP 数据核字第 20255E8K24 号

人卫智网	www.ipmph.com	医学教育、学术、考试、健康，购书智慧智能综合服务平台
人卫官网	www.pmph.com	人卫官方资讯发布平台

护理科研设计
Huli Keyan Sheji
第 2 版

主　　编：邱志军
出版发行：人民卫生出版社（中继线 010-59780011）
地　　址：北京市朝阳区潘家园南里 19 号
邮　　编：100021
E - mail：pmph @ pmph.com
购书热线：010-59787592　010-59787584　010-65264830
印　　刷：人卫印务（北京）有限公司
经　　销：新华书店
开　　本：787×1092　1/16　　印张：12.5
字　　数：312 千字
版　　次：2018 年 12 月第 1 版　　2025 年 8 月第 2 版
印　　次：2025 年 8 月第 1 次印刷
标准书号：ISBN 978-7-117-37611-2
定　　价：45.00 元

打击盗版举报电话：010-59787491　E-mail：WQ @ pmph.com
质量问题联系电话：010-59787234　E-mail：zhiliang @ pmph.com
数字融合服务电话：4001118166　　E-mail：zengzhi @ pmph.com

前　言

推进中国式现代化，科技是第一生产力、人才是第一资源、创新是第一动力。我国从推动高质量发展全局出发，明确提出加快形成和发展新质生产力。发展卫生健康新质生产力，构建人类卫生健康共同体，离不开懂创新、会创新、能创新、善创新的现代化卫生人才队伍。培养具有创新素质的新一代卫生健康服务者，需要完善教育体系，从内容供给和培养模式上，要鼓励学生勤思考、爱探究，要引导学生提高基于任务的分析和解决问题的能力。因此，学习和掌握科研的基本知识和基本方法非常重要。

本教材在编写过程中，贯彻立德树人根本任务，落实教材的思想性、科学性、先进性、实用性、启发性和创新性原则，通过案例，突出对学生基于情境任务的分析和解决问题能力的培养，突出对学生创新意识和科学思维的培养。教材章节目录编排力求做到条理清晰、层次分明，坚持"四个相结合"。

1. 科学性与职业性相结合，兼顾教材内容与护理研究规范要求，编写团队既有一线教师，也有临床护理专家，将职业教育与护理服务需求相结合，提高教材的适用性。

2. 理论与实践相结合，基于护理科研路径编排教材内容，突出理论够用、技能实用。

3. 科研与育人相结合，将科技创新"自强、自立"、研究工作"求真、求是"的精神与护理工作"仁爱、奉献、精进"等素养要求相融合，力求实现教材育人。

4. 守正与创新相结合，充分体现新形态教材协同化、多维化、网络化等特点，在配套数字资源的建设上力求推陈出新。

本教材基于护理科研工作的设计与实践，围绕教学目标，在章节中穿插了以下内容：章节前拟定课前预期学习目标，体现目标导向；根据教材内容设计了科研案例，理论联系实际，激发学生的学习兴趣，提高学生分析和解决问题的能力；章节中设计了科学思维，包括科研故事、新技术、新知识、榜样人物等，以拓宽学生视野，培养创新意识，实现育人目标；章节末尾设计了边学边思，引导学生自我检测学习目标是否达成，形成良好的学习习惯。

本教材可供职业院校护理、助产专业师生使用，也可供同行参考。本教材的编写获得了众多医学、护理专家的悉心指导，以及来自教学和临床一线专家的大力支持，在此向为本教材出版提供支持和帮助的专家及各位编者表示衷心感谢。由于编者水平有限，编写时间仓促，难免有不足之处，敬请广大师生、学界同仁提出宝贵意见，以便修正。

邱志军

2025 年 8 月

数字内容

目 录

第一章　护理研究概述

学习目标

知识目标：

1. 说出护理研究的概念、特征和范畴。
2. 简述科学研究的特征、科学研究中的不端行为和科研失信行为的内涵。
3. 概述护理研究的基本过程及发展历史。
4. 阐述创新思维的概念、特征和训练方法。

能力目标：

1. 明白本课程的学习方法、主要学习内容和考核方式。
2. 理解在课题研究过程中如何遵守科研要求。
3. 按照护理研究的基本过程去分析和解决实际问题。

素质目标：

1. 养成尊重科学、遵守医学科研的职业操守。
2. 形成坚持真理、实事求是的科学态度和价值观。
3. 秉持善于思考、勇于创新的精神。
4. 逐步养成科学解决问题的习惯。

护理学的发展离不开临床护理、护理科研和护理教育的支撑。护理人员的科研水平关系到护理专业的发展与临床护理工作的质量。

第一节　护理研究的发展概况

一、基本概念

（一）科学

科学（science）是正确反映客观事实的本质和规律的系统化、理论化的知识体系，以及一系列相关的认识和研究活动。科学是获取知识的过程，而非知识本身；这个过程又被称为科学方法。其含义是通过组织一个经严格验证、被认定可信的解决问题的方案来获取信息。

科学方法包含以下要素：①严谨观察；②构建假说并验证之；③对新信息新观点的开放性；④自愿接受他人经过验证的成果。

科学的本质：①合乎逻辑；②可验证，即可被重复；③着重一般共性问题的研究，而不是个别现象；④探讨事物因果关系。

科学按研究对象的不同可分为自然科学、社会科学和思维科学，以及总结和贯穿于3个领域的哲学和数学；按其与实践的不同联系可分为理论科学、技术科学、应用科学等。

科学知识指覆盖一般真理或普遍规律的知识或知识体系，尤其指通过科学方法获得或验证过的知识或知识体系。

（二）科学研究

科学研究（scientific research）是一种系统地探索和解决问题的活动，并能从中获得客观规律和产生新知识，进而阐明实践与理论间的关系。

根据研究工作的目的、任务和方法不同，科学研究可分为基础研究、应用研究和开发研究等类型。

科学研究的特点：

1. **客观性** 指在科学研究中得到的任何结论是基于客观的事实，是以研究者直接或间接获得的资料为基础而产生的。

2. **系统性** 指科学研究是建立在前人研究基础上进行的，首先要掌握前人的科研成果，分析成果的特征与优点。科学研究必须注重事物之间的联系。科学研究本身是一种系统的研究活动，研究者是依照设计好的行动计划，按照一定的合乎逻辑的步骤进行研究的，研究者不应随意改变计划或者研究的步骤。

3. **创造性** 是科学研究最本质的特征。科学研究本身是一种创造性的活动，通过研究，探索自然界、人类社会和思维的未知领域，发现新规律，创造新成果。科学研究需要创造出新的、更加科学的方法。科学研究是艰巨的创造性劳动，需要付出艰苦的努力，要有勇气和毅力克服困难，在方法上要有所突破创新，才能获得新的发现，把对未知领域的认识不断向前推进。

4. **控制性** 指在科学研究中，研究者要预先规定研究的条件，目的是最大限度地排除可能会对研究结果造成干扰的因素，使研究的结论更可靠、更可信。因此，在进行研究前，应对研究条件、研究对象的选择标准、研究方法、收集资料的工具、统计分析的手段、判断结果的指标等进行设计。

5. **普遍性** 在所有获取知识的方法中，科学研究产生的理论比其他方法获得的理论更具有普遍性。科学研究结果可以描述事物的现状、发现事物的内在联系和本质规律，也可以引出定律或产生理论。

科 学 思 维

中国杂交水稻事业的开创者——袁隆平

袁隆平，中国工程院院士，享誉海内外的著名农业科学家，中国杂交水稻育种专家，致力于杂交水稻技术的研究、应用与推广。他从试验田中意外发现的一株特殊性状水稻开始研究，发明"三系法"籼型杂交水稻，成功研究出"二系法"杂交水稻，创建了超级杂交水稻技术体系，使中国杂交水稻研究居世界领先水平，为我国粮食安全、农业科学发展和世界粮食供给作出杰出贡献。2019年袁隆平被授予"共和国勋章"。

（三）护理研究

护理研究（nursing research）是用科学的方法反复探索护理领域的问题，并用以直接或间接地指导护理实践的过程。

1. 护理研究的基本内涵

（1）以护理为研究对象的科学研究：护理研究主要是对护理领域的问题进行探索和研究。因此，主要以护理为研究对象。

（2）探索护理活动及其规律的科学研究：护理研究主要是探索科学的护理实践方法及其规律，发现内在联系，获得新知，逐步认识未知领域。

（3）以护理实践研究为主的应用性研究：护理研究主要是从护理活动中的常见问题和多发问题着手进行研究，其研究结果又回过头来指导护理实践工作，在实践中不断进行验证、完善。

2. 护理研究的意义　随着现代科学技术在医学领域的广泛应用，护理专业面临着机遇与挑战。探索科学的护理，构筑新的护理理论是目前护理领域需研究的课题之一。同时护理研究可以澄清护理工作中的疑惑，提高临床护理质量，增进护理新知，促进护理学科的发展。例如，新的护理模式在临床上的广泛应用、护理教学的改革，使广大护理人员更新了护理理论，获取了新的知识、技术。通过以不同的科研方式，探讨、实践或测试护理理论，建立与护理服务相关的资料或统计，可以求证临床护理的困扰，比较临床护理方法的效益，展示科学护理工作新未来。

3. 护理研究的特征

（1）研究对象的特殊性：护理研究对象是人，其研究成果最终服务于人。人是复杂的生命体，既具有生物特性，又具有社会属性；既有生理活动，又有复杂的心理活动，还受到各种自然环境因素的影响。因此，在研究过程中要充分考虑研究对象的心理、生理、环境等因素的影响，使获得的数据更接近真实情况，减少误差。

（2）研究结果的社会公益性：护理研究必须从人的需求出发，以服务于人类健康为目的。例如，研究如何防止健康向疾病转化，如何促进疾病向健康转化，如何对急危重患者实施生命保护等。因此，护理学领域的研究具有促进健康、减轻痛苦、保护生命等社会公益性。

（3）研究方法的困难性：在研究过程中，应充分征得患者及家属的同意，不能违背伦理要求。同时，应注意不要对患者健康带来不良影响或痛苦，也不要延误患者的治疗，同时也不应增加患者的经济负担。

（4）测量指标的不稳定性：个体之间存在差异，故测量数据的结果变异性大，离散度大，所以需要通过严谨设计、精细地观察和测量，正确处理数据及科学地综合分析，才能获得较准确客观的结果。

4. 护理研究的范围　护理学的发展需要护理科研的支持和推动。护理学理论的构建，护理理论与护理实践的结合，护理技术、方法的改进，护理设备、护理工具的改革，护理管理模式的建立等都有赖于护理科研去探索规律、总结经验。

护理研究的范围主要包括以下几个方面：

（1）护理教育的研究：护理教育是护理研究最早选择的研究课题，大多研究的内容有护理教学的课程设置、教学方法、评价方法及护士在职教育、继续教育等方面的问题，如"高职护理专业（老年护理方向）人才培养模式的研究""现场教学模式在高职老年护理课程教学中的应用与效果"等。

（2）护理管理的研究：探讨有关护理行政管理、领导方式、人力资源、优质护理、工作考核和护理质量控制等方面的问题，如"优化护理服务模式对增强患者获得感的研究"。

（3）护理学形成与发展历史的研究：着重有关护理学起源、变化及发展方向等内容，如"整体护理发展史""中医护理学发展史及其展望""造口发展史与护理现状"等。

（4）护理理论研究：探索和发展有关的护理哲理和各种护理模式及理论方面的课题，如"跨文化护理理论与现代护理""舒适护理理论的临床研究进展"。

（5）临床护理研究：包括临床护理理论、专科护理技术、护患关系、基本护理技术、急救护理、重症监护、心理护理等，如"15例冠心病介入治疗中并发冠状动脉穿孔患者的急救护理""循证护理理论在儿科护理实践中的效果研究"。

（6）其他：如评价或比较几种护理方法，探讨护理措施的优缺点和临床效果等。

（四）科学研究的基本要求

1. 科学研究的基本准则

（1）遵守公民基本道德规范：坚持以科教兴国为己任、以创新为民为宗旨的科技价值观，弘扬科学精神，恪守科技伦理，拒绝参加不道德的科研活动。

（2）遵守诚实原则：在项目设计、数据资料采集分析、公布科研成果，以及确认同事、合作者和其他人员对科研工作的直接或间接贡献等方面，必须实事求是。研究人员有责任保证所搜集和发表数据的有效性和准确性。

（3）遵守公开原则：在保守国家秘密和保护知识产权的前提下，公开科研过程和结果相关信息，追求科研活动社会效益最大化。在合作研究和讨论科研问题中，要共享信息，提供相关数据与资料。在向公众介绍科研成果时，要实事求是。

（4）遵守公正原则：对竞争者和合作者的贡献，应给予恰当认同和评价。进行讨论和学术争论时，应坦诚直率，科学公正。对研究成果中的错误和失误，应以适当的方式予以承认。不得以各种不道德和非法手段阻碍竞争对手的科研工作，包括毁坏竞争对手的研究设备或实验结果、故意延误考察和评审时间、利用职权将未公开的科研成果和信息转告他人等。

（5）尊重知识产权：在研究成果发表时，作出创造性贡献且能使有关部分负责的人员享有署名权，未经上述人员书面同意，不得将其排除在作者名单之外。对参与一般数据搜集的研究助手、对研究团组进行过支持与帮助的人员和提供设施的单位，可在出版物中表示感谢。

（6）遵守声明与回避原则：在研究、调查、出版、向媒体发布、提供材料与设施、资助申请、聘用和提职等活动中可能发生利益冲突时，所有有关人员有义务声明与其有直接、间接和潜在利益关系的组织和个人，包括在这些利益冲突中可能对其他人利益造成的影响，必要时应当回避。

2. 科研不端行为　2023年12月，国家自然科学基金委员会发布《科研诚信规范手册》（以下简称"手册"）。科研不端行为指在科学研究和学术活动中发生的违反科学研究行为准则和规范的行为，是所有科研人员在科研和学术活动中不能突破的底线。在制订研究计划、实施研究和报告研究成果的整个过程中，都可能会发生科研不端行为，一旦发生必将受到相应的处理。

"手册"显示，科研人员如发生（但不限于）以下行为，将被认定是科研不端行为。

（1）不诚实表达

1）篡改：故意改动研究材料、设备、过程，或者改变、省略数据或结果，使得研究结果不能准确呈现。

2）剽窃：在未注明出处或未经许可的情况下，使用他人的研究计划、假说、观点、方法、结果或表述。

3）伪造：在申请书、研究报告、论文、著作等中提供造假数据或信息。

4）提供虚假信息、隐瞒相关信息以及提供不准确信息。

（2）对研究对象的不当处理或伤害：在涉及人类参与者或实验动物的研究中，违反知情同意、保护隐私等规定，或违反实验动物保护规定的行为。

（3）侵犯或损害他人的正当权利，如署名权、优先权等，妨碍他人研究成果的正常发表，擅自或胡乱标注资助来源以及恶意投诉等。

（4）一稿多投和重复发表。

（5）参与、与他人合谋隐瞒不端行为或为其提供方便。

（6）通过"请托、打招呼"或贿赂、利益交换等不正当方式影响评审的公正性。

（7）虚报、冒领、套取、挪用、侵占、滥用项目资金。有些有失诚信的行为会严重妨害正常的科研秩序，根据科研人员所属专业领域、任职机构或资助机构的相关规定和惯例，也可能会被认定是科研不端行为。

（8）违反相关政策、规定或规则等：除了针对科研不端行为的政策，科学研究还要遵守许多政策、规定或规则等，如有违反也有可能会被认为是科研不端行为。

（9）擅自透露保密信息：对要求保密信息的透露虽然不会破坏研究数据的有效性和准确性，但却违背了科研诚信的基本要求，扰乱了正常的科研秩序，仍有可能会被认定是科研不端行为。

（10）故意隐瞒可能会对社会或公众造成危害的研究信息：如果因为隐瞒而导致社会或其他人处于危险之中，也可能会被认为是一种违背诚信的行为。

3. 科研失信行为　2022 年《科研失信行为调查处理规则》印发，指出，科研失信行为指在科学研究及相关活动中发生的违反科学研究行为准则与规范的行为，包括：

（1）抄袭剽窃、侵占他人研究成果或项目申请书。

（2）编造研究过程、伪造研究成果，买卖试验研究数据，伪造、篡改试验研究数据、图表、结论、检测报告或用户使用报告等。

（3）买卖、代写、代投论文或项目申报验收材料等，虚构同行评议专家及评议意见。

（4）以故意提供虚假信息等弄虚作假的方式或采取请托、贿赂、利益交换等不正当手段获得科研活动审批，获取科技计划（专项、基金等）项目、科研经费、奖励、荣誉、职务职称等。

（5）以弄虚作假方式获得科技伦理审查批准，或伪造、篡改科技伦理审查批准文件等。

（6）无实质学术贡献署名等违反论文、奖励、专利等署名规范的行为。

（7）重复发表，引用与论文内容无关的文献，要求作者非必要地引用特定文献等违反学术出版规范的行为。

（8）其他科研失信行为。

《科研失信行为调查处理规则》所称抄袭剽窃、伪造、篡改、重复发表等行为按照学术出版规范及相关行业标准认定。

二、护理研究的发展历史

（一）国外护理研究的发展

护理研究的发展始终伴随着医学和社会的进步。从远古时代人类在生产劳动和生活中的自我保护式医疗照顾，到中世纪护理由经过简单培训的人员和修女承担，护理工作多限于简单的生活照料。

第一位从事护理学研究的是南丁格尔。她主要以观察和记录到的现象作为改善护理工作的依据，并写出了控制医院感染的第一篇研究报告，这是护理研究的开始。她总结了战地救护和医院护理管理的成功经验，著书《医院札记》《护理札记》并书写了100多篇论文；1860年南丁格尔首创现代护理专业，在护理研究史上具有里程碑的意义。

随着南丁格尔的影响不断扩大，护理研究逐渐受到重视。早期的护理研究主要集中在护理教育和改进护理工作方面，如耶鲁大学在1923年成立护理系，标志着护理教育设立学士学位的开始。此后，护理研究的内容逐渐丰富，涵盖了护理理念、模式、理论等多个方面。

20世纪中期，随着医学模式的转变和护理实践的发展，护理研究也进入了新的快速发展阶段。以患者为中心的护理理念逐渐成为主流，护理研究开始注重探讨生物、心理、社会因素对患者康复的影响。同时，随着科学技术的进步，护理研究也借助先进的技术手段和方法，如统计学、计算机科学等，不断提高研究的科学性和准确性。

进入21世纪，国外护理研究的发展更加广泛。护理研究的内容涵盖了护理教育、护理管理、临床护理、社区护理等多个领域，研究方法也更加多样化和科学化。同时，国际护理学术交流也日益频繁和深入，推动了全球护理研究的发展。

（二）国内护理研究的发展

我国护理研究的发展是一个逐步深入、不断前进、不断创新的过程。

早期，我国的护理研究深受中医药学影响，强调"三分治，七分养"的理念，将护理与医疗紧密结合。在中医药学的理论和技术基础上，护理研究逐渐形成了独特的体系，包括针灸、推拿、拔罐、中药熏洗等多种护理方法。

近代以来，我国护理研究开始与国际接轨。在吸收和借鉴国际先进经验的同时，我国护理研究也逐步形成了自己的特色。护理教育体系不断完善，从最初的短期培训到现在的多层次、多形式的护理教育，为护理研究提供了坚实的人才基础。

在科研方面，我国护理研究已经取得了显著成果。护理人员积极参与各类科研项目，致力于解决临床护理中的实际问题。随着研究方法的不断创新和研究领域的不断拓展，护理研究的深度和广度都得到了极大提升。例如，在慢性病管理、老年护理、心理护理等领域，护理研究都取得了丰硕的成果，为临床实践提供了有力的支持。

同时，我国护理研究也面临着一些挑战和机遇。随着医疗技术的快速发展和人口老龄化的加剧，护理需求不断增加，对护理服务的质量和效率提出了更高的要求。因此，护理研究需要不断创新和发展，以适应新的医疗环境和护理需求。

未来，我国护理研究将继续深化与临床实践的紧密结合，推动护理学科的发展。同时，注重护理人才的培养和引进，加强与国际护理界的交流与合作，引进先进的护理理念和技术，提升我国护理研究的国际影响力，推进卫生健康现代化和人类卫生健康共同体建设。

（邱志军）

第二节　护理研究的发展展望

护理研究促进了现代护理学的发展,反过来,护理学的发展又为护理研究开辟了广阔的领域。近几十年以来,国内外护理研究者在理论和应用层面不断进行探索,护理研究的领域不断扩大,研究规模和方法不断改进。

一、国外护理研究情况

近十几年来,国外在护理学领域的研究主要集中在以下方面:

在护理研究趋势方面,学科交叉研究方面比较多,以护理学与老年医学、公共卫生保健、环境和职业保健、肿瘤学学科交叉较多。

在研究前沿方面,护理研究主要聚焦于护理质量的提升,包括"以患者为中心的护理"模式和"护理缺失"等方面。"以患者为中心的护理"模式是在新医学模式及护理程序的理论基础上形成的,实施该模式有助于改善患者的预后,提升护理质量。"护理缺失"指护理行为的缺失或延迟,即应该落实的护理措施未及时、有效地落实。

在护理研究热点方面,质性研究近几年在护理学领域的关注度持续上升,但量表仍是一个非常重要的研究工具。促进健康是护理学科的学科担当和使命,有效疏导患者,减少焦虑、抑郁等不良情绪的发生,能有效改善患者疾病结局,因此心理健康的研究热度持续增长。护理教育和护理管理是促进护理学科更科学、更快速发展的重要分支学科,该领域的研究热度持续不减。

二、国内护理研究情况

随着护理研究的迅速发展与相关学科的交叉融合,护理研究的范畴和选题呈现多元化的趋势,主要表现在以下方面:

在研究内容方面,护理研究近年来关注健康的社会文化环境决定因素的影响,推动症状科学的纵深发展,大力推广信息技术与健康照护领域的结合,探索护理学精准健康相关研究。

在研究对象和研究聚焦点方面,护理研究聚焦生命全周期,关注母婴健康、儿童、成人、老年人,重点关注特殊人群的健康问题及反应,研究如何从生理、心理、社会、精神、文化、环境等全方位为个体、家庭、社区和群体提供整体照护,并促进患者参与医疗照护决策。

在研究范式和研究方法方面,护理研究的范式呈现多元化趋势,较多研究通过结合量性研究和质性研究的混合方法产生丰富的新知识,积极探索多学科交叉的复杂干预模式,促进通过实施性研究扩展护理知识的传播,并强调整合性资料,如系统评价和临床实践指南对临床决策的支持作用。

三、护理研究的发展趋势

随着护理教育体系的完善,护理科研事业不断发展并逐步向国际护理研究并轨,护理研究的内容、方法及手段将在应用中得到发展和创新,既有护理基础的探索性研究,也有护理方法学和产品技术的应用性和转化性研究。未来护理研究的发展趋势主要表现在以下方面:

(一)护理研究更具科学性和实用性

随着护士学历水平的提高和继续教育的不断深入,重视护理科研的护理人员越来越多,护理研究的方法及手段将趋于多样化、科学化、多方法、多手段。

（二）护理研究领域不断拓宽

随着健康中国战略的实施、新的医疗卫生体系的构建、新型城镇化的推进、健康服务业的发展、医学模式的转变和人们对健康需求的变化,护理研究未来会更加注重健康教育、人文护理、社区护理以及医疗新技术在护理中的应用等方面。结果评价研究是为评价和记录卫生服务有效性而设计的研究,在未来的护理研究中将会被加强。

（三）护理研究的方法将逐步完善

护理研究的方法大致可分为量性研究和质性研究。在未来的护理研究中,试验性研究将会逐渐增加,护理研究的趋势更趋向于多中心、大样本、临床试验、质性研究、多学科合作研究等。随机临床试验目前也广泛被国内外护理研究者重视,将会有较快的发展。动物性研究在护理研究中已开展,基础医学测量结果及动物模型的结果能用于临床护理试验性研究,进一步提升护理研究的价值。质性研究的应用将更趋完善和成熟。

（四）护理研究成果将进一步推广

循证护理是未来护理发展的趋势,将会成为护理人员思考问题和解决问题的方法,将在护理研究成果的推广方面发挥很大的作用。

（五）护理科研队伍素质将进一步提升

护理作为独立的专业,需要应用科学研究促进专业的发展。护士应同时是一个有知识、有理论水平、用专业服务的科技工作者,应具有清晰、敏捷的思维和善于发现问题、解决问题的科学态度。随着护理高等教育的发展,未来我国将拥有一批具有科研能力和科研素质的综合护理专业人员。

科 学 思 维

致力公卫护理事业,开创护理科普先河——王琇瑛

王琇瑛,护理专家和学者,是中国第一个获得红十字国际委员会颁发的南丁格尔奖章和奖状的护士。她一生致力于提高我国护理教育水平及培养护理人才,为我国中专护理教育和高等护理教育的开办、护理教育质量的改革创新及预防保健宣传教育工作做出了贡献。她在协和医院实习时,曾统计过在内科门诊就诊的100例患者的患病情况,发现其中50%以上的疾病都是可以预防的。该统计分析使她认识到,把预防工作做在治疗的前面,是可以节约医疗资源的。毕业后她致力于公共卫生护理及教学工作,成为第一个在广播电台播讲卫生知识的护士。她将卫生保健课程纳入小学、中学以至大学的教育计划。她1954年创刊了《护理杂志》并任主编,在宣传护理工作重要性、科学性和社会性等方面作出杰出贡献。

（王　凤）

第三节　护理研究的基本过程

护理研究的基本过程大致可包括以下几个基本步骤,"选题→文献回顾→科研设计→预试验→实施与资料收集→资料整理与分析→撰写论文→研究成果传播与应用",见图1-1。

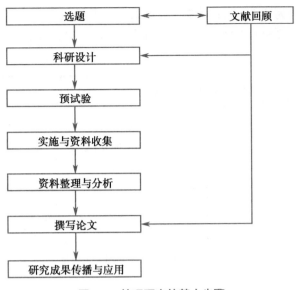

图 1-1 护理研究的基本步骤

一、选题

选定一个要做研究的题目,明确研究问题,是科研工作的第一道程序,也是科研成功与否的关键。选题是否有实用性、创新点、可行性,直接关系到整个研究的学术水平和应用价值,也是大多数杂志在决定一篇论文是否值得刊用的重要衡量标准。因此,通常所确定的研究问题应该是护理领域尚未解决但又值得解决的问题,一般可有 3 个层次的研究问题,即是什么(What)、为什么(Why)、如何做(How)。有关选题的具体内容将在第三章中详细介绍。

二、文献回顾

文献回顾也是研究过程中的重要环节,并应贯穿研究的整个过程。文献回顾通常是为了了解自己感兴趣的题目在哪些方面是已知的,哪些方面是未知的。其范围可包括已发表的研究论文、文献综述、经验总结、会议论文、相关的书籍及官方网站所公布的信息等。

三、科研设计

研究设计是研究工作的总体方案,包括研究对象、研究内容、研究方法、研究所需的人力、物力等设计。确定研究问题之后,应根据研究目的进行科研设计,制订出具体的研究方案。科研设计涉及下列几个方面。

1. 确定研究对象 包括从哪里选择研究对象(样本来源);确定选择具备什么条件的人进行研究(纳入标准)或什么样的人群不能进行研究(排除标准);用什么样的方法进行抽样(抽样方法);选择多少人(样本量);是否需要设立对照组。

2. 确定研究变量 包括自变量、因变量、外变量,并通过各种方法排除干扰因素对结果的影响。

3. 选择具体的研究方法、测评指标、测评工具   即确定是否对研究对象进行干预? 进行哪些干预? 需要测评哪些指标? 用什么样的工具进行测评? 具体见图 1-2、图 1-3。

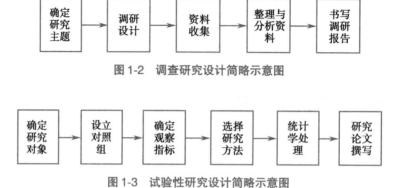

图 1-2   调查研究设计简略示意图

图 1-3   试验性研究设计简略示意图

四、预试验

不论是调查研究还是试验性研究,都需要做预试验。其目的是可以摸清和熟悉研究条件,检查研究设计方案是否可行,及时发现研究过程中可能出现的问题。通常在正式开始研究之前,先在少量研究对象身上进行小规模的预试验,通常选取样本量的 10%~20% 进行预试验。

五、实施与资料收集

通过各种测量、调查和观察方法从研究对象身上直接收集到的科研资料,称为原始资料。实施阶段主要是根据科研设计或研究方案落实每一个研究任务,开展研究活动,收集原始资料。

六、资料整理与分析

选择恰当的方法对原始资料进行分析是确保研究结果科学性的重要环节,统计分析方法的选择取决于研究目的、资料的性质、研究设计的类型、样本的大小等。

七、撰写论文

科研论文是科研工作的总结,也是科研工作的重要组成部分。论文内容包括选题背景(为什么做?)、研究目的(要做什么?)、研究方法(如何做的?)和对所有结果的整理、归纳和分析(做了什么?),并对研究的结果进行充分讨论(为什么得出这样的结果?)以及撰写论文中所用到的参考文献。

八、研究成果传播与应用

护理研究的最终目的是将研究结果用于指导护理实践,直接或间接地改进护理工作,以提高护理质量和工作效率,确保患者安全。其可通过发表论文或通过学术会议与同行进行交流,也可以将结果以著作形式进行发表。

科 学 思 维

优秀创新护理团队——北京协和医院心导管室护理团队

北京协和医院心导管室护理团队以临床需求为导向,不断优化护理模式,创新介入相关的护理全流程,研发护理用具,构筑创新生态链,持续提升护理服务质量。该团队获批国家发明专利、实用新型专利多项;部分专利已经完成成果转化并应用于临床实践,取得了良好效果;参加多项创新大赛,取得中国医疗器械创新创业大赛一等奖等多项优异成绩。首创的双侧桡动脉穿刺臂托,有效提高穿刺成功率,降低穿刺并发症。起搏器手术头架、智能脚蹬、精准压力传感器定标与固定装置等多项成果已实现临床转化,创新成果应用于全国上百家医院,不仅每年让几十万例患者获益,也充分展示了护理人的创新活力。

（邱望重）

第四节　创新思维的内涵与训练

一、创新思维的内涵

创新思维指以新异独创的方式来解决问题的思维过程。创新思维不仅能揭示客观事物的本质及其内在联系,还能在此基础上产生新颖、独特、具有重大社会价值的思维成果。

（一）创新思维的方式

1. **发散思维**　又称求异思维,指从问题的要求出发,沿不同方向去探求多种答案,重新组织当前信息和已储存信息,产生独特新思想的思维活动。

2. **逆向思维**　指为实现某一创新或解决某一因常规思路难以解决的问题,而采取反向思维寻求解决问题的方法。它是对司空见惯的似乎已成定论的事物或观点反过来思考的一种思维方式,让思维向对立面的方向发展,有助于克服思维定式的局限性。

3. **简约思维**　简约不意味着简单而是对复杂的问题,深奥的理论进行探索思考和归纳,再通过简约的方法予以展现,减少认知负担,让人一看就懂,这就是简约思维。其最大特点是能从纷繁复杂的事物中抽丝剥茧,洞察本质,把握规律,引导创新。

（二）创新思维的过程

创新思维是有一定运行机制的多元综合作用的结果,因此,我们可以通过有规律的创新思维过程进行创新思维实践。

创新思维的过程有4个阶段,包括准备阶段、酝酿阶段、顿悟阶段与检验阶段。

1. **准备阶段**　是创新思维的基础阶段。在此阶段人们需要形成问题,并且为问题的解决收集各种资料,积累相关的知识背景。其中形成有意义、有价值的问题是本阶段的关键。问题能够确定思维的方向和目标,并调动主客观条件上的各种知识经验为下一阶段做准备。

2. **酝酿阶段**　即创新思维的运作阶段,是对前一阶段所获得的各种资料和事实进行消化吸收,从而明确问题的关键所在,并提出解决问题的各种假设和方案。酝酿阶段持续的时间长短不一,各种思维方式互补交替。因此,人们在此阶段的表现可能时而情绪亢奋时而思维停顿。

3. 顿悟阶段　是问题的突破阶段，是人们经过长期的深思熟虑，对问题百思不得其解之际，突然被一些毫不相关的事情所启发。顿悟的出现与结束没有明显的征兆，往往是突然的、不期而至的。

4. 检验阶段　即创新思维的检查与验证阶段。思路豁然贯通以后，所得到的解决问题的构想和方案还必须在理论上和实践上进行反复论证和试验，验证其可行性。经验证后，有时方案得到确认，有时方案得到改进，有时方案甚至完全被否定，再回到酝酿阶段。因此，检验阶段的持续时间是无法预估的。

（三）创新思维的基本特征

创新思维的基本特征主要有以下几个方面：

1. 普遍性　社会发展的需求是创造的第一动力，创造常常源于发展的需求。创新思维的普遍性体现在善于发现社会的需求，发现人们在理想与现实之间的差距，从满足社会的需求出发拓展思维的空间。

2. 灵活性　创新思维要求人们善于从全方位思考，从新角度去思考，调整思路，善于巧妙地转变思维方向，随机应变，产生适合时宜的办法。

3. 实践性　一个日常勤于思维的人，易于进入创造思维的状态，易激活潜意识，从而产生顿悟。创新者在平时要善于从小事做起，进行思维训练，不断提出新的构想，使思维具有连贯性，保持在实践状态下的活跃态势，在深入分析的基础上，把握特点，找出规律。

4. 价值性　创新思维成果是独创的、新颖的，能转化为知识、信息、技术、产品等，创造价值和社会意义，甚至对生产力产生推动和变革。

5. 导向性　首先体现在敢于用科学的怀疑精神，能够始终保持独立而理性的思考，不会轻易盲目相信权威。

科 学 思 维

京张铁路与詹天佑的创新思维

在修建京张铁路的过程中，总工程师詹天佑和他的团队克服了地形复杂、气候恶劣等重重困难。尤其是对于八达岭隧道的修建，由于地势险峻，传统方法难以奏效，他创造性地采用了竖井开凿法，大大地缩短了工期，提高了效率。此外，他还设计了人字形线路，巧妙地解决了坡度大、机车牵引力不足的问题，这一设计至今仍被誉为中国铁路史上的创举。1909 年，京张铁路提前 2 年全线通车，这一壮举震惊了世界，不仅证明了中国自主修建铁路的能力，也极大地提升了中国人的民族自信心。

二、创新思维的训练

（一）头脑风暴法

头脑风暴法又称智力激励法，是一种提高创造能力的集体训练法，是由现代创造学奠基人亚历克斯·奥斯本提出的。当一群人围绕一个特定的兴趣领域产生新观点时，这种情境被称为头脑风暴。头脑风暴法的宗旨是通过会议的形式，让所有参加者在自由愉快、畅所欲言的气氛中自由提出想法或点子，并以此相互启发、相互激励、引起联想、产生共振和连锁反应，从而诱发更多的创意及灵感。

（二）5W2H 法

5W2H 法是一种结构化思维工具，通过明确问题的 7 个关键要素，帮助我们全面、系统地分析问题，从而发现解决问题的线索。这 7 个要素分别是：

1. Why　为什么？为什么要这么做？理由何在？
2. What　是什么？目的是什么？做什么工作？
3. Where　何处？在哪里做？从哪里入手？
4. When　何时？什么时间完成？什么时机最适宜？
5. Who　谁？由谁来承担？谁来完成？谁负责？
6. How　怎么做？如何提高效率？如何实施？方法怎样？
7. How much　多少？做到什么程度？数量如何？质量水平如何？费用产出如何？

（三）列举法

列举法是一种借助对一具体事物的特定对象（如特点、优缺点等）从逻辑上进行分析并将其本质内容全面地一一罗列出来的手段，再针对列出的项目一一提出改进的方法。

列举法主要有以下几种方式。

1. 属性列举法　又称特征列举法，指通过列举事物的所有属性，针对这些属性来进行创造思维的方法。属性可以是创新对象的物理特性、化学特性、结构特性、功能特性和经济特性等。根据这些特性，对事物的名词、形容词、动词等属性进行分析、提问，可诱发创新方案。

2. 希望点列举法　是偏向理想型设定的思考，是透过不断地提出"希望可以""怎样才能更好"等的理想和愿望，使原本的问题能聚合成焦点，再针对这些理想和愿望提出达成的方法。列出希望点，需要大胆设想，充分发挥创造性思维，把科学想法转化为现实。

3. 优点列举法　是一种逐一列出事物优点的方法，进而探求解决问题和改善对策。

4. 缺点列举法　指发现已有事物的缺点，将其一一列举出来，通过分析选择，确定创新目标，制订革新方案，从而进行创造发明的创新方法。

（四）组合与分解法

1. 组合法　是利用创新思维，将 2 种或 2 种以上的学说、技术、产品的一部分或全部按照一定的原理，通过巧妙地综合，获得具有整体功能的新学说、新技术、新产品的创造方法。

组合法的分类包括主体附加法、异类组合法、同物自组法、重组组合法等。

（1）主体附加法：指以某事物为主体，再添加另一附属事物，以实现组合创新的技法。例如，在电风扇中添加香水盒，在摩托车后面的储物箱上装上电子闪烁装置，都具有美观、方便、实用特点。

（2）异类组合法：指将 2 种或 2 种以上的不同种类的事物组合，产生新事物的技法称为异类组合法。例如，在生活小发明中，笔和尺子、拉链和耳机，这些不同种类的事物，往往可以组合出新的生活智慧。

（3）同物自组法：指将若干相同的事物进行组合以创新的一种技法。其创造目的是在保持事物原有功能和原有意义的前提下，通过数量的增加来弥补不足或产生新的意义和新的需求，从而产生新的价值。

（4）重组组合法：任何事物都可以看作是由若干要素构成的整体。各组成要素之间的有序结合，是确保事物整体功能和性能实现的必要条件。有目的地改变事物内部结构要素的次序，并按照新的方式进行重新组合，以促使事物的性能发生变化，这就是重组组合法。

2. 分解法　基本原理是将一个整体分成若干部分或者分出某部分,并使分解出来的那部分,经过改进完善,成为单独的整体,可以形成一个新产品或新事物。运用分解法把复杂的问题和难解的问题分解,使其变成许多小的、简单的问题并加以解决。

分解创造的方式有 2 种:第一种是按照原功用分解。原功用分解是将某个整体分成若干部分或分出某一部分作为一个新整体时,其功能结构和目的同整体时的功能结构和目的一样。原功用分解的功能结构和目的基本不变,但由于经过分解,功能的性能、效果、表现形式、载体、代价、寿命、意义等发生了变化,就可能产生新的价值。第二种是变功用分解。变功用分解是将某个整体分成若干部分或分出某一部分,作为一个新的整体和新的组合整体时,结构基本不变,而功能却不同于整体原来的功能。

（五）六顶思考帽法

六顶思考帽法是爱德华·德·博诺开发出来的一种帮助人们进行横向思维的实用方法。六顶思考帽法使用蓝、白、红、黄、黑、绿 6 种不同颜色的帽子,分别代表 6 种不同的、特定类型的平行思维。

白帽代表中立和客观,象征客观、全面地收集信息;绿帽象征勃勃生机,代表着创造力和想象力,使用创新思维来思考问题;黄帽代表价值与肯定,象征乐观、充满希望、建设性的观点;黑帽代表从事物的缺点、隐患看待问题,运用否定、怀疑的看法,合乎逻辑地进行批判;红帽象征从感情、直觉感性地看待问题;蓝帽象征思维中的控制与组织,负责控制各种思考帽的使用顺序,规划和管理整个思考过程,并负责作出结论。

六顶思考帽法的作用是将思维过程的每一个维度,都与一项特别颜色的"思考帽"相对应,参加人员按照规定内容,在同一时间、向同一方向、从不同角度思考同一问题。参加人员通过分层次分解问题,从而系统、和谐地找到简单易行的解决问题的途径。

案 例 实 践

某三甲医院的消化内科希望借助优化护理排班,以减轻护士工作负担,同时提高护理工作质量。护士长组织科室全体护士召开"优化护理排班"会议。

请思考:根据六顶思考帽法原则要求,优化科室的护理排班。

（六）和田十二法

和田十二法是我国学者许立言、张福奎在奥斯本核检表基础上,借用其基本原理,加以创造而提出的一种思维技法。奥斯本核检表法是根据需要研究的对象的特点列出有关问题,形成检核表,然后一个一个来核对讨论,从而发掘出解决问题的大量设想。

和田十二法引导主体在创造的过程中,从加一加、减一减、扩一扩、变一变、改一改、缩一缩、联一联、学一学、代一代、搬一搬、反一反、定一定 12 个方面进行思考。

1. 加一加　指思考在这件东西上添加些什么,或者把这件东西跟其他东西组合在一起行不行?加一加后会变成什么新东西,这新东西有什么新的功能?

2. 减一减　指思考能在某件东西上减去什么部分?能否把某样东西的重量减轻一点?能在操作过程中减少次数行不行?这些从形态上、重量上、过程中的减一减能产生什么好的效果?例如我们将有线耳机改造成了无线蓝牙耳机,携带和收藏就非常方便了。

3. 扩一扩　指思考把某样东西放大、扩展来达到你想要达到的目的。如果放大、扩展，它的功能与用途会有哪些变化？这件物品除了大家熟知的用途外，还可以扩展出哪些用途？

4. **变一变**　指思考改变原有物品的形状、尺寸、颜色、滋味、浓度、密度、顺序、场合、时间、对象、方式、音响等，从而形成新的物品。例如在近20年，手机的形状、大小、屏幕等都发生了很大的变化，给了用户更好的体验感。

5. **改一改**　指思考在这件东西上改些什么或把这件东西跟其他东西组合在一起，行不行？改后会变成什么新东西？这新东西有什么新的功能？例如将直柄雨伞改造成弯柄的雨伞，便于悬挂收纳。

6. **缩一缩**　指思考把某件东西压缩、折叠、缩小，其功能、用途会发生什么变化？例如电脑在如今的信息时代不可或缺，于是我们将台式电脑的体积缩小，发明了便于携带的笔记本电脑。

7. **联一联**　指思考某件事情的结果跟它的起因有什么联系？能从中找到解决问题的什么办法？把两样或几样似乎不相干的事物联系起来，会发现什么规律？把几样东西联系在一起，或几件事情联系起来，能帮助我们解决什么问题？

8. **学一学**　指思考有什么事物可以让自己模仿、学习一下？模仿它的某些形状、结构或学习它的某些原理、方法。这样做，会有什么良好的效果？这样会创造出什么新的东西？

9. **代一代**　指思考用其他的事物或方法来代替现有的事物，从而进行创新的一种思路。

10. **搬一搬**　指思考将原事物或原设想、技术移至别处，使之产生新的事物、新的设想和新的技术。

11. **反一反**　指将某一事物的形态、性质、功能及其正反、里外、横竖、上下、左右、前后等加以颠倒，从而产生新的事物。例如吸尘器的发明，起初是想发明一种利用气流吹尘的清洁工具，试用时发现导致尘土飞扬，效果很差，结果反其道而行之，发明了吸尘器。

12. **定一定**　指思考对某些发明或产品定出新的标准、型号、顺序，或者为改进某种东西，为提高学习和工作效率及防止可能发生的不良后果作出的一些新规定，从而进行创新的一种思路。例如定位防近视警报器就对定位距离有严格的标准。

（七）TRIZ 创新方法

发明问题解决理论（theory of inventive problem solving, TRIZ）是一种创新性解决问题的方法。该理论体系由科学家阿奇舒勒和他的同事开发，来源于大量专利发明实践，是对常规科技知识的总结与归类。TRIZ 中最核心的、最具有普遍用途的创新原理共有40个。在 TRIZ 形成和发展的过程中，国内外众多专家不断对其进行完善和扩展，融合其他领域的方法论，增强了 TRIZ 的实际问题解决能力，形成了现代 TRIZ 体系，目前已经广泛运用到工程技术、管理、教育、医学等领域。

科 学 思 维

北斗系统，让科技之光闪耀世界

卫星导航系统是重要的空间基础设施，是事关国计民生的大国重器。建设独立自主的卫星导航系统，是我国的重大战略决策。北斗卫星导航系统（简称北斗系统）是我国着眼于国家安全和经济社会发展需要，自主建设运行的全球卫星导航系统，是为全球用户提供全天候、全天时、高精度的定位、导航和授时服务的国家重要时空基础设施。北斗系统提供服务以来，已在交通运输、农林渔业、水文监测、气象测报、通信授时、电力调度、救灾减灾、公共安全等领域得到广泛应用，服务国家重要基础设施。北斗系统凝聚着科研人员的心血与奉献，几代人迎难而上、攻克一道又一道的技术难关，从无到有，诠释了"自主创新、开放融合、万众一心、追求卓越"的新时代北斗精神。

（邱志军）

边 学 边 思

一、单项选择题

1. 护理研究最早选择的研究课题是
    A. 护理教育的研究　　　　　　　　B. 护理管理的研究
    C. 护理学形成与发展历史的研究　　D. 护理理论研究
    E. 临床护理研究

2. 国外护理研究开始于
    A. 护理教育　　　　　B. 临床护理　　　　　C. 护理服务
    D. 护理理论　　　　　E. 护理标准

3. 护理研究快速发展时期是
    A. 20世纪20—30年代　　　　　　B. 20世纪40年代
    C. 20世纪50—60年代　　　　　　D. 20世纪60—80年代
    E. 20世纪90年代

4. 科学研究中最关键的阶段是
    A. 科研设计　　　　　B. 选题和确立课题的过程　　　C. 收集资料
    D. 撰写论文　　　　　E. 成果发布

5. 科研论文是
    A. 科研数据的书面总结　　　　　　B. 科研设计的书面总结
    C. 科研工作的书面总结　　　　　　D. 科研选题的书面总结
    E. 科研成果的书面总结

6. 某老师上课主张学生自由联想和讨论，通过学生的思维碰撞达到集思广益的效果，这种训练方法称为
    A. 头脑风暴法　　　　B. 谈话法　　　　　　C. 讨论法
    D. 启发法　　　　　　E. TRIZ创新方法

7. "我们开始对一些选择进行思考，到目前为止，我们只考虑了一个。"这句话运用的思维是
    A. 红帽思维　　　　　B. 白帽思维　　　　　C. 蓝帽思维
    D. 黄帽思维　　　　　E. 黑帽思维

8. 发明者可以海阔天空地按自己的愿望提出各种新的设想，与缺点列举法相比，希望点列举法更能显现发明者的特点是
    A. 创造性和主动性　　B. 灵活性和主动性　　C. 灵活性和原则性

D. 主动性和原则性　　　　　E. 普遍性与特异性

9. 5W2H 法属于的提问类型是

　　A. 开放式　　B. 封闭式　　C. 询问式　　D. 告知式　　E. 随便式

10. TRIZ 归纳整理的创新原理个数是

　　A. 38　　　　B. 39　　　　C. 40　　　　D. 41　　　　E. 50

二、多项选择题

1. 科学方法包含的要素有

　　A. 严谨观察　　　　　　　　B. 构建假说并验证之

　　C. 对新信息新观点的开放性　　D. 经验总结

　　E. 自愿接受他人经过验证的成果

2. 科学研究的特点包括

　　A. 客观性　　B. 系统性　　C. 创造性　　D. 控制性　　E. 普遍性

3. 护理研究的特征包括

　　A. 研究对象的特殊性　　　　　B. 研究结果的社会公益性

　　C. 研究方法的困难性　　　　　D. 测量指标的不稳定性

　　E. 研究对象分组的随意性

4. 科研不端行为包括

　　A. 研究基础提供虚假信息　　　B. 抄袭他人科研成果

　　C. 捏造或篡改科研数据　　　　D. 研究者观点的分歧

　　E. 剽窃他人科研成果

5. 护理研究的基本过程包括

　　A. 选题　　　　　　B. 文献回顾　　　　　C. 科研设计

　　D. 预试验　　　　　E. 实施与资料收集

6. 训练创新思维的方法主要包括

　　A. 头脑风暴法　　　　B. 5W2H 法　　　　C. 列举法

　　D. 组合与分解法　　　E. 六项思考帽法

7. 以下属于列举法的有

　　A. 缺点列举法　　　　B. 希望点列举法　　　C. 属性列举法

　　D. 案例列举法　　　　E. 优点列举法

8. 下面属于和田十二法的是

　　A. 加一加　　B. 减一减　　C. 联一联　　D. 学一学　　E. 扩一扩

三、填空题

1. 研究课题主要来自_____。

2. 护理研究的基本过程包括_____、_____、_____、_____、_____、_____和_____八个阶段。

3. 科学研究的基本准则包括_____、_____、_____、_____和_____。

4. 创新思维的过程有四个阶段,包括_____、_____、_____和_____。

5. 六顶思考帽的颜色分别是_____、_____、_____、_____、_____和_____。

四、案例分析题

1. 在理解护理研究的基本过程的基础上,结合学习、生活或在临床见习中遇到的困惑或一个具体问题,简述应如何用护理研究的程序(过程)来解决该问题。

2. 请分析以下行为分别违背了护理研究的什么原则?

(1)某护士发现收集的资料达不到自己研究目标的要求,自行修改数据。

(2)某护士对同一病房中的试验对象(用新的护理方法)和非试验对象(用常规护理方法)态度不一样。

(3)某护士在未告知患者的情况下,将其纳入自己的研究对象。

(4)某护士在进行用药知识健康教育时,告诉患者,疗效比常规治疗药要好很多。

(5)因为晋升职称的需要,某护士将别人已经发表的论文稍做修改后,向杂志社投稿。

第二章 医学统计学概述

在医学实践中，经常会遇到在相同条件下进行同一次试验或观察同一现象，其结果总是不完全一样的情况，如同性别、同年龄的健康人，他们的体重却不完全一样，这种现象叫随机现象。随机现象有 2 个特征：一是条件相同，结果不确定；二是虽然结果不确定，但却有很强的统计规律性。统计学就是探索这种规律性的学科，是认识世界的一个重要手段。

学习医学统计学的目的在于，运用统计学的思维方法，探索生命科学领域的内部规律，研究提高人群健康状况及卫生事业管理水平等，提高医务工作者的科研能力和工作能力。

第一节 医学统计学相关知识

一、护理研究中常用的统计学知识

统计学是一门研究数据的科学，是通过搜集、整理和分析数据，以达到推断所测对象的本质，甚至预测对象未来的一门综合学科。医学统计学是运用概率论与数理统计的原理及方法，结合医学实际，研究数字资料的搜集、整理、分析与推断的一门学科。医学统计学研究的对象主要是人体以及与人的健康有关的各种因素。护理研究中常用到的医学统计学的知识主要包括以下内容。

1. **统计设计**   在制订调查计划或试验设计时,除专业问题外,还必须从医学统计学的角度考虑,使调查或试验结果能够科学地回答所研究的问题。一个好的设计可以用较少的人力、物力和时间取得更多的较可靠的资料。在研究前通过进行统计设计,可以达到以下目的:①控制和缩小随机误差,消除试验误差;②节约样本含量;③尽可能多地采集有关信息,达到高效低耗的要求。

统计设计主要包括实验分组或抽样方法、样本含量估计、数据管理与质量控制、拟使用的统计分析方法等。由于研究设计上的错误在数据分析阶段无法更正,所以在研究开始时就应与统计专业人员合作或向其咨询。

2. **数据整理与核查**   指对试验和观察等研究活动中所搜集到的资料进行分类编码、数字编码和数据核查的过程,是数据统计分析的基础。

3. **统计描述**   指用于描述及总结一组数据重要特征的统计学方法,其目的是概括实验或观察得到的数据特征以便于分析。通常,统计描述给出资料的主要特征和进一步分析的方向,结果的表达方式主要是统计指标、统计表和统计图。

统计指标的作用是用简单的数字表达大量数据的一些重要特征,如数据的平均水平和变异程度。统计表是编写统计分析报告和撰写科学论文必不可少的表达形式,其作用是可以代替冗长的文字叙述,便于分析和对比。统计图则能够更生动、形象地表达结果,给人以直观、深刻的印象。统计图表的正确使用,对撰写科学论文的质量有很大的影响。

4. **统计推断**   指由样本数据的特征推断总体特征的统计学方法,包括参数估计和假设检验。参数估计分为点估计和区间估计,区间估计是对总体参数的定量推断,其重要性在于可以得出估计不准的概率。不同类型的数据和统计模型可以用相应的统计方法进行分析和检验。护理研究中常用到的有 t 检验、u 检验、χ^2 检验、相关分析、回归分析等。

5. **统计模拟**   指利用计算机产生某概率模型的随机数,再通过这些随机数来模拟真实模型,验证统计学理论。

例 2-1   表 2-1 是某年某地 130 名健康成年男子脉搏资料(次/min)。请对此资料进行分析并报告结果。请思考:①此资料的类型是什么?②怎样进行资料的整理?③应选用哪些数据进行统计分析?如何报告结果?④这 130 名健康成年男子的脉搏与一般健康男子的脉搏(72 次/min)有无差别?

表 2-1   某年某地 130 名健康成年男子脉搏

单位:次/min

75	76	72	69	66	72	57	68	71	72	69	72	73
82	80	82	67	69	73	64	74	58	70	64	60	77
66	77	64	67	76	75	75	71	65	62	76	72	71
60	67	75	75	73	79	66	69	79	78	70	72	70
72	78	72	67	72	80	68	70	61	70	73	72	71
81	70	66	75	71	63	77	74	76	68	65	77	69
77	75	79	64	79	73	76	61	80	64	69	70	73
69	68	65	70	69	66	81	63	64	80	74	78	76
84	66	70	73	60	76	82	73	64	65	73	73	63
80	68	76	70	79	77	64	70	66	69	73	78	76

二、医学统计资料的来源与分类

（一）原始统计数据的来源

原始统计数据的来源主要有以下几个方面：

1. 直接来源

（1）常规保存的记录：历史档案、病历、医嘱单等。

（2）现场调查记录：通过调查方法获得的数据。

（3）试验记录：通过试验得到的数据。

2. 间接来源

（1）统计部门和政府部门公布的数据，如《中国统计年鉴》等。

（2）各类信息部门和调查机构提供的数据。

（3）各类专业期刊、报纸、书籍提供的资料。

（4）各种会议交流的资料，如博览会、学术研讨会等。

（5）从互联网或图书馆查到的各类资料。

（二）统计数据的分类

1. 定量数据 又称计量资料。变量的观测结果是数值型的，用来说明研究对象的数量特征，其特点是能够用数值大小衡量观察单位不同特征水平的高低，一般有计量单位。根据变量取值域可分为连续型定量数据和离散型定量数据。在医学领域通常对这两种数据类型不做特别区分，而统称为定量数据，如身高（cm）、血压（kPa）等。

2. 定性数据 又称计数资料。变量的观测值是定性的，说明的是研究对象的品质特征，表现为互不相容的类别或属性。例如，性别分为男和女，血型分为 A、B、O、AB 等。定性数据可以用文字表示不同的类别，也可以使用数字编码，但不具有量的特征。定性数据的分类可以分为二项分类和多项分类。二项分类，即将观察单位按两种属性分类，如性别（男、女）、皮试反应（阳性、阴性）、治疗效果（有效、无效）等。多项分类，即互不相容的多类，如血型、职业等。

3. 有序数据 又称半定量数据或等级资料。变量的观测结果是定性的，但各类别（属性）之间有程度或顺序上的差别，如尿糖的化验结果为"−, +, ++, +++"，药物的治疗效果按照"显效，有效，好转，无效"进行分类等。有序数据之间虽然可以比较大小，但不表示数量上的具体差异。如年龄等级资料见表2-2。

表2-2 年龄等级资料

年龄范围/岁	编码
0～<10	0
10～<20	1
20～<45	2
45～<65	3
≥65	4

统计分析方法的选用与数据类型有密切的关系。根据分析的需要，不同类型的数据之间可以进行转换。例如，原始检测的血红蛋白含量为定量数据，如果将血红蛋白分为正常和异常两个类别，则可以根据需要按照二分类定性数据进行分析；如果将其分为正常、轻度贫血、中度贫血、重度贫血四个等级时，则可以根据需要按照有序数据进行编码和分析。

三、统计学常用的基本概念

（一）变异、变量和随机变量

1. 变异 许多医学现象因人而异，称为变异。

2. **变量**　反映个体变异特征或属性的指标,称为变量。

3. **随机变量**　概率论中称变量为随机变量。不同随机变量可以取不同的数值,其观测值称为数据。

（1）数值型变量:与定量数据对应。

（2）定性变量:与定性数据对应。

（3）有序变量:与有序数据对应。

常见医学数据的定义、记录及其统计术语如表2-3所示。

表2-3　常见医学数据的定义、记录及其统计术语

编号	数据定义			数据记录			统计术语
	性别	体重/kg	血清反应	x	y	z	变量（名）
01	男 =1	55	（＋）=1	1	55	1	变量值
02	女 =0	50	（－）=0	0	50	0	
03	女 =0	60	（＋＋）=2	0	60	2	
04	男 =1	65	（＋＋＋）=3	1	65	3	
……	……	……	……	……	……	……	
	定性变量	数值型变量	有序变量				变量类别

（二）个体、总体和样本

1. **个体**　又称观察单位,获取数据的最小单元,如一个人、一只老鼠等。

2. **总体**　指根据研究目的确定的同质的全部研究对象的集合。

3. **样本**　指根据研究需要,从总体中随机抽取部分有代表性的个体所组成的集合。

（三）统计量和参数

1. **统计量**　描述样本特征的指标,常为统计结果。

2. **参数**　表示总体水平的指标。

（四）概率

概率指可能性、机会（理论上的）,是对随机事件发生的可能性的度量。表示一个事件发生的可能性大小的数,称为该事件的概率。概率的性质如下。

1. **概率的范围**　在0与1之间。

2. **概率的加法律**　如血型为A或B的概率=0.23+0.18=0.41。

3. **概率的乘法律**　两个独立事件都同时发生的概率=概率之乘积。

4. **小概率事件**　指$P \leqslant 0.05$或$P \leqslant 0.01$的事件,即实际不可能性,表示在一次试验中结果基本上不会发生。

（五）误差

误差指测量值（实际值）与真值（理论值）之差,按来源可分为随机误差和偏差。

1. **随机误差**　是由于个体变异和不可避免的偶然因素引起的误差,包括随机测量误差和抽样误差。随机误差是有规律、可估计、可推论的。

2. **偏差**　是由非随机因素所造成的误差。偏差是无规律、不可估计、不能推论的。

四、统计工作的基本步骤

医学统计是对医学实践中观察到的原始数据资料进行加工、解释并作科学判断的全过程。这个过程包括4个基本步骤。

(一)统计设计

统计设计是统计工作的首要阶段,是根据研究目的,从统计学角度对搜集资料、整理资料和分析资料提出周密的计划和要求,作为统计全过程实施的依据,以便能用尽可能少的人力、物力和时间获得准确可靠的结论。

(二)搜集资料

搜集资料是统计分析的前提和基础,指按设计要求获取完整、准确、可靠资料的过程。其特点是要求搜集资料要完整、准确、及时,这是统计分析准确可靠的基础。资料的来源主要有直接来源和间接来源。

(三)整理资料

整理资料是把搜集到的资料适当属性进行分组,把属性相同的资料归纳到一起,用表格或图形的方式展示出来,以反映研究对象的规律性。整理资料的主要任务是净化原始数据,使其系统化、条理化,便于进一步计算指标和分析。整理资料的过程中要核对原始资料的准确性、完整性和可靠性,需要耐心、细心地进行基础工作,特别是数据较多时必须反复检查与核对,一定要在修正错误、去伪存真后再开始按分析要求和分组汇总资料。汇总可采用计算机汇总和手工汇总。

(四)分析资料

分析资料又称统计分析,即通过计算有关指标来反映数据的综合特征(又称综合指标),阐明事物内在联系和规律。统计分析包括以下内容。

1. **统计描述**　指用统计指标、统计表、统计图等方法对资料的数量特征及其分布规律进行测定和描述,不涉及由样本推论总体的问题。

2. **统计推断**　指如何在一定的可信度下由样本信息推断总体特征,包括如何由样本统计指标(统计量)来推断总体相应指标(参数),称为参数估计;如何由样本差异来推断总体之间是否可能存在差异,称为假设检验。

科学思维

统计与护理

在护理实践工作中,统计学为科学、规范、更加人性化的护理提供了坚实的数据支持和深入的分析。运用统计学的方法建立的患者数据库,更方便跟踪和分析患者的信息,为个性化护理提供有力支持。它不仅能够帮助护士对患者进行评估,及时掌握疾病的发展趋势,准确了解患者的健康状况和需求,在质量改进方面发挥关键作用;还能用于风险评估,提前预测患者的风险,让护士能够提前采取预防措施。同时,通过比较不同护理模式的优劣,可以选择最适合患者的护理模式,提高护理效果。此外,统计学在护理流程优化、合理分配资源、药物管理、医疗设备管理,以及护士绩效评估、护理计划制订、满意度调查等方面也都有着不可忽视的作用。

(周芳艳)

第二节 定量数据的统计分析

一、定量数据的统计描述

（一）频数表的编制

编制频数表是一次资料整理过程。以例2-1的资料为例，频数表编制的主要步骤为：

1. 计算极差 极差（range）又称全距，表示一组数据最大值与最小值的差别。本例，极差 $R=$ 最大值 $-$ 最小值 $=84-57=27$（次/min）。

2. 决定组距、组数和组段并分组

（1）定组距：采用等组距分组，以极差的 1/10 为参考，然后取一个方便处理问题的数字，本例取 $i=3$。

（2）确定组数：参考组数 $k=R/i$ 取整数，一般以 8～15 组为宜。

（3）确定组段并分组：分组应包含全部数据，各组段必须首尾相接，组界要清楚，从该组段的下限开始，不包括该组段的上限，如"56～<59"，最后一组应同时写出其上限和下限。

3. 列表划记 组段界限确定后，列成表，用划记法记录汇总，即得频数表，130 名健康成年男子脉搏（次/min）的频数分布表见表2-4。

表2-4 130名健康成年男子脉搏（次/min）的频数分布表

脉搏组段 （1）	划记 （2）	频数 （3）	相对频数/% （4）=（3）/n	累积频数 （5）=∑（3）	累积相对频数/% （6）=（5）/n
56～<59	丁	2	1.54	2	1.54
59～<62	正	5	3.85	7	5.38
62～<65	正正丁	12	9.23	19	14.62
65～<68	正正正	15	11.54	34	26.15
68～<71	正正正正正	25	19.23	59	45.38
71～<74	正正正正正一	26	20.00	85	65.38
74～<77	正正正正	19	14.62	104	80.00
77～<80	正正正	15	11.54	119	91.54
80～<83	正正	10	7.69	129	99.23
83～85	一	1	0.77	130	100.00
合计		130（n）			

4. 绘制频数分布图 如果以频数为纵坐标，横坐标以等组距表示，就可以频数表资料绘制成频数分布图（又称直方图），130 名健康成年男子脉搏的频数分布图见图2-1。

由频数表和频数分布图可看出频数分布的两个重要特征：集中趋势和离散程度。

如某地 130 名健康成年男子的脉搏有高有低，但也有一定的分布规律：①脉搏向中央部分集中，以组段"71～<74"居多，是集中趋势；②从中央到两侧（即脉搏相对较高和相对

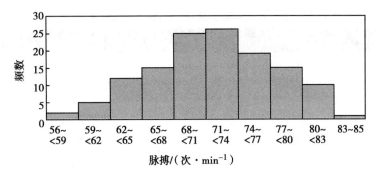

图2-1　130名健康成年男子脉搏的频数分布图

较低)频数分布逐渐减少,是为离散程度。这两个特征从不同角度说明了被研究的事物,测定其集中趋势和离散程度就可较全面地分析所研究的事物。

用频数表和频数分布图也可以揭示资料的分布类型和分布特征。如某地130名健康成年男子的脉搏数表现为中间高、两边低、左右对称,近似钟形,可以粗略地认为频数分布近似正态分布。否则为偏态分布。如果集中位置偏向数值小的一侧,称为正偏态分布,如食物中毒等疾病的潜伏期;如果集中位置偏向数值大的一侧,称为负偏态分布,如冠心病、大多数恶性肿瘤等慢性病的年龄分布。

不同的分布类型应选用不同的统计学分析方法进行统计分析。

(二)集中趋势的描述

集中趋势是表示一组资料向中央集中的现象,常用平均数指标描述。常用的平均数有算术平均数、几何均数和中位数。

1. 算术平均数　一般简称为均数,总体均数为 μ 表示,样本均数为 $\overline{X}$。反映同质的一组观察值在数量上的平均水平,适合于呈正态分布或对称分布的资料的集中趋势描述。均数的计算有2种方法。

(1)直接法:适用于样本例数较少的资料。

$$\overline{X} = \frac{X_1 + X_2 + \cdots + X_n}{n} = \frac{\sum X}{n} \qquad (式2\text{-}1)$$

例2-2　某地13名健康成年男子的脉搏(次/min)为81、70、66、75、71、63、77、74、76、68、65、77、69,求平均脉搏。

$$\overline{X} = (81+70+66+75+71+63+77+74+76+68+65+77+69)/13 = 932/13 \approx 71.69$$

(2)加权法:又称频数表法,适用于样本例数较多的资料。

$$\overline{X} = \frac{f_1 X_1 + f_2 X_2 + \cdots + f_k x X_k}{f_1 + f_2 + \cdots + f_k} = \frac{\sum f X}{\sum f} \qquad (式2\text{-}2)$$

在式2-2中, X_1、X_2、$\cdots$、X_n 分别为各组的组中值,组中值为该组的下限与上限之和除以2。f_1、f_2、$\cdots$、f_k 为各组的频数,它相当于"权数",权衡了各组中值由于频数不同对均数的影响。

例2-3　请对表2-4资料利用加权法计算脉搏的均数。130名健康成年男子脉搏(次/min)的均数、标准差计算表见表2-5。

表2-5 130名健康成年男子脉搏(次/min)的均数、标准差计算表

脉搏组段(i)	组中值(X_i)	频数(f_i)	f_iX_i	$f_iX_i^2$
56~<59	57	2	114	6 498
59~<62	60	5	300	18 000
62~<65	63	12	756	47 628
65~<68	66	15	990	65 340
68~<71	69	25	1 725	119 025
71~<74	72	26	1 872	134 784
74~<77	75	19	1 425	106 875
77~<80	78	15	1 170	91 260
80~<83	81	10	810	65 610
83~85	84	1	84	7 056
合计		130	9 246	662 076

$$\overline{X} = \frac{114+300+\cdots+84}{2+5+\cdots+1} = 9\ 246/130 \approx 71.12$$

2. 中位数与百分位数 中位数指将变量值按大小顺序排列,位置居中的那个数值,用符号 M 表示。其适用于资料明显偏态分布、资料的分布情况不明、资料没有最大值或最小值的情形。中位数的计算有2种情况。

（1）直接法:将观察值由小到大排列,按式2-3或式2-4计算。

$$n\ 为奇数时,M = X_{\frac{n+1}{2}} \qquad (式2\text{-}3)$$

$$n\ 为偶数时,M = \frac{X_{\frac{n}{2}} + X_{\frac{n}{2}+1}}{2} \qquad (式2\text{-}4)$$

在式2-3、式2-4中,$\frac{n+1}{2}$、$\frac{n}{2}$、$\frac{n}{2}+1$ 为有序数列的位次,$X_{\frac{n+1}{2}}$、$X_{\frac{n}{2}}$、$X_{\frac{n}{2}+1}$ 为相应位次的观察值。

例2-4 某病患者9名,其发病的潜伏期天数为2,3,3,3,4,5,6,9,16。求中位数。本例 $n=9$,为奇数,按式2-3得

$$M = X_{\frac{n+1}{2}} = 4$$

若在第20天又发现1例患者,则 $n=10$,为偶数,按式2-4得

$$M = \frac{X_{\frac{n}{2}} + X_{\frac{n}{2}+1}}{2} = \frac{X_5 + X_6}{2} = \frac{4+5}{2} = 4.5$$

（2）频数表计算法

$$M = L + \frac{i}{f_m}\left(\frac{n}{2} - \Sigma f_L\right) \qquad （式2-5）$$

在式 2-5 中，L、i、f_m 分别为 M 所在组段的下限、组距和频数；Σf_L 为小于 L 的各组段的累计频数。

百分位数是把一组数据从小到大排列，分割成 100 等份，每等份含 1% 的观察值，分割界限上的值就是百分位数，用符号 P_X 表示。

$$P_X = L + \frac{i}{f_X}(n \cdot X\% - \Sigma f_L) \qquad （式2-6）$$

在式 2-6 中，L、i、f_X 分别为 P_X 所在组段的下限、组距和频数；Σf_L 为小于 L 的各组段的累计频数。

例 2-5　研究人员测得某地 107 名正常人的尿铅含量如表 2-6 所示，试求中位数、P_{25} 与 P_{75}。

表 2-6　107 名正常人的尿铅含量

单位：μg/L

尿铅含量（组段） （j）	频数 （f_j）	累积频数 （Σf_j）	相对频数/% （f_j/n）	累积相对频数/% （$\Sigma f_j/n$）
0～<4	14	14	13.08	13.08
4～<8	22	36	20.56	33.64
8～<12	29	65	27.10	60.75
12～<16	18	83	16.82	77.57
16～<20	15	98	14.02	91.59
20～<24	6	104	5.61	97.20
24～<28	1	105	0.93	98.13
>28	2	107	1.87	100.00
合计	107		100.00	

$$M = 8 + \frac{4}{29}(107 \times 50\% - 36) \approx 10.41$$

$$P_{25} = 4 + \frac{4}{22}(107 \times 25\% - 14) \approx 6.32$$

$$P_{75} = 12 + \frac{4}{18}(107 \times 75\% - 65) \approx 15.39$$

3. **几何均数**　用 G 表示，适用于：①当一组观察值不呈正态分布，且其差距较大时，若用均数表示其平均水平会受少数特大或特小值的影响；②数值按大小顺序排列后，各观察值呈倍数关系或近似倍数关系；③对数正态分布资料。如抗体的滴度、药物的效价等。

（1）直接计算法：当观察例数不多（如样本含量 n 小于 30）时采用，公式为

$$G = \sqrt[n]{X_1 X_2 \cdots X_n} = \lg^{-1}\frac{\lg X_1 + \lg X_2 + \cdots + \lg X_n}{n} = \lg^{-1}\frac{\Sigma \lg X}{n} \qquad （式2-7）$$

例 2-6　有 8 份血清抗体效价分别为 1∶5、1∶10、1∶20、1∶40、1∶80、1∶160、1∶320、1∶640,求血清抗体平均效价。

$$G=\lg^{-1}\left[\left(\frac{\lg5+\lg10+\lg20+\cdots+\lg640}{8}\right)\right]=\lg^{-1}(1.752\,575)\approx56.57$$

血清抗体的平均效价为 1∶56.57。

（2）频数表法:当观察例数很多时采用,公式为

$$G=\lg^{-1}\frac{\sum f\lg X}{\sum f}\qquad\text{（式 2-8）}$$

例 2-7　有 50 人的血清抗体效价,分别为 5 人 1∶10、9 人 1∶20、20 人 1∶40、10 人 1∶80、6 人 1∶160,求平均抗体效价。

$$G=\lg^{-1}\left(\frac{5\lg10+9\lg20+20\lg40+10\lg80+6\lg160}{5+9+20+10+6}\right)=\lg^{-1}(1.620\,12)\approx41.70$$

50 人的血清平均抗体效价为 1∶41.70。

（三）离散趋势的描述

1. 全距　计算方便,容易理解,但只取决于最大值与最小值,易受极端值的影响,不稳定,且组段不能开口。

2. 四分位数间距（Q）　指 P_{25}（下四分位,Q_L）与 P_{75}（上四分位,Q_U）之间的距离,反映中间半数个体的变异范围。

如例 2-5 已求得,$P_{25}=6.32$,$P_{75}=15.39$,则计算 107 名正常人尿铅含量的四分位数间距为

$$Q=Q_U-Q_L=P_{75}-P_{25}\qquad\text{（式 2-9）}$$

代入数据得

$$Q=15.39-6.32=9.07$$

与全距类似,四分位数间距数值越大,变异度越大,反之,变异度越小。四分位数间距较全距稳定,但仍未考虑全部观察值的变异度,常用于描述偏态分布以及分布的一端或两端无确切数值资料的离散程度。

3. 方差　要全面分析观察值的变异情况,需要考虑到每个观察值的特点,方差较好地反映了一组观察值的平均离散水平。总体方差用 σ^2 表示。其公式为

$$\sigma^2=\frac{\sum(X-\mu)^2}{N}\qquad\text{（式 2-10）}$$

由于在实际工作中,往往得到的是样本资料,总体均数 μ 是未知的,所以只能用样本均数 $\overline{X}$ 作为 μ 的估计值,即用 $\sum(X-\overline{X})^2$ 代替 $\sum(X-\mu)^2$,用样本例数 n 代替 N。因此按式 2-10 计算的结果常比实际的 σ^2 低。

英国统计学家威廉提出用 $n-1$ 代替 n 来校正,即得出样本方差 S^2。其公式为

$$S^2=\frac{\sum(X-\overline{X})^2}{n-1}\qquad\text{（式 2-11）}$$

在式 2-11 中 $n-1$ 称为自由度,其意义是允许自由取值的个数,用符号 ν 表示。

4. **标准差**　因方差的度量单位是原度量单位的平方,故将方差开方,恢复成原度量单位,得总体标准差 σ 和样本标准差 S。标准差既考虑了每一个观察值的变异情况,又没有改变单位,因此,在统计学上是最常用于描述观察值变异程度的指标。

$$\sigma = \sqrt{\frac{\sum (X-\mu)^2}{N}} \qquad (式\ 2\text{-}12)$$

$$S = \sqrt{\frac{\sum (X-\bar{X})^2}{n-1}} \qquad (式\ 2\text{-}13)$$

数学上可证明 $\sum (X-\bar{X})^2 = \sum X^2 - \frac{(\sum X)^2}{n}$,所以标准差的计算公式可写为

$$直接法: S = \sqrt{\frac{\sum X^2 - (\sum X)^2/n}{n-1}} \qquad (式\ 2\text{-}14)$$

$$加权法: S = \sqrt{\frac{\sum fX^2 - (\sum fX)^2/\sum f}{\sum f - 1}} \qquad (式\ 2\text{-}15)$$

例 2-8　从例 2-1 抽取 10 个数据:75,76,72,69,66,72,57,68,71,72,试用直接法计算标准差。

$n=10,\sum X=698,\sum X^2=48\ 984$,代入式 2-14,得

$$s = \sqrt{\frac{\left(48\ 984 - \frac{(698)^2}{10}\right)}{10-1}} \approx 5.41$$

例 2-9　利用表 2-5 中的数据和频数表法计算标准差。从表 2-5 计算得出
$\sum fX=9\ 246,\sum fX^2=662\ 076,\sum f=130$,代入式 2-15,得

$$s = \sqrt{\frac{662\ 076 - (9\ 246)^2/130}{130-1}} \approx 5.89$$

标准差大,表示观察值的变异度大;反之,标准差小,表示观察值的变异度小。

5. **变异系数**　当比较度量单位不同或均数相差悬殊的两组资料的变异程度时,需要用变异系数(CV)表示,即

$$CV = \frac{S}{\bar{X}} \times 100\% \qquad (式\ 2\text{-}16)$$

（四）正态分布

1. **正态分布的概念与特征**　图 2-1 是将 130 名健康成年男子脉搏频数表资料绘制成的直方图,可以设想如果样本例数不断增大,组段不断细分,那么直方图的边线逐渐趋于一条光滑的曲线,频数分布逐渐接近正态分布示意图,见图 2-2。

正态分布又称正态曲线,是一种重要的连续型分布,是一条高峰位于中央,两侧逐渐下降,并完全对称,曲线两端永不与横轴相交的钟形曲线。其密度函数为

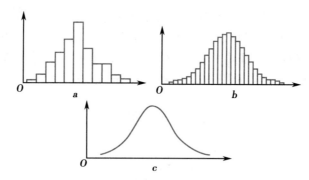

图 2-2   频数分布逐渐接近正态分布示意图

$$f(X) = \frac{1}{\sigma \sqrt{2\pi}} e^{-\frac{(X-\mu)^2}{2\sigma^2}} \quad (-\infty < X < \infty) \tag{式 2-17}$$

正态分布在医学科研中应用很广,因为很多医学现象都是服从正态分布或近似正态分布的。例如,同年龄、同性别儿童的身高、体重,同性别健康成人的血红蛋白计数、红细胞计数、脉搏数等。

正态分布具有如下特征:

(1)集中性:正态曲线在横轴上方,且均数 μ 所在处曲线最高。

(2)对称性:正态分布以均数为中心,左右对称。

(3)正态分布有 2 个参数:即均数与标准差(μ 与 σ)。均数 μ 为位置参数,决定正态分布曲线所在的位置,标准差 σ 为形状参数,决定正态分布曲线的"胖"和"瘦",σ 大,曲线为"矮胖型",反之,为"高瘦型"。习惯上用 $N(\mu, \sigma^2)$ 表示均数为 μ,标准差为 σ 的正态分布。

(4)正态曲线在 $\pm 1\sigma$ 处各有一个拐点。

(5)正态分布的面积分布有一定的规律性。

2. 正态分布的面积规律   在实际工作中,常常需要了解正态曲线下横轴上某一区间的面积占总面积的百分数,以便估计该区间的例数占总例数的百分数(频数分布)或观察值落在该区间的概率。

由于正态曲线的形状只与 μ 及 σ 有关,因此曲线下的面积分布规律完全由 μ 及 σ 决定,对于正态或近似正态分布的资料,只要得出均数和标准差,就可对其频数分布作概率估计,正态分布曲线下的面积分布见图 2-3。

常用的两个区间,即 $\mu \pm 1.96\sigma$ 及 $\mu \pm 2.58\sigma$ 的区间面积分别占总面积(或总观察例数)的 95% 及 99%。

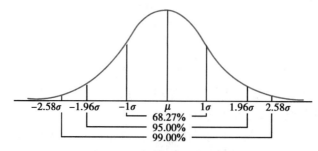

图 2-3   正态分布曲线下的面积分布

3. 正态分布的应用

（1）估计频数分布情况：在实际工作中，μ、σ 往往不易知道，而只能由样本进行估计，若资料呈正态分布或近似正态分布，并且样本量足够大（当样本量大于 30 的时候，样本均值的分布基本呈正态分布），则可用 $\overline{X}$ 和 S 分别为 μ 和 σ 的估计值。

（2）制订医学参考值范围：医学参考值范围又称医学正常值范围，即正常人的解剖、生理、生化等指标的波动范围。制订正常值范围时，首先要确定一批样本含量足够大的正常人。

正常人不指健康人，而指排除了影响所研究指标的疾病和有关因素的同质人群。其次需要根据指标的实际用途确定采用单侧或双侧界值，通常需要根据专业知识而定，如血液中红细胞计数、白细胞计数、体温和脉搏，无论是过低还是过高均为异常，应采用双侧参考值范围分别制订下侧和上侧界值；体内有害物质如血清转氨酶的含量仅过高为异常，应采用单侧参考值范围制订上侧界值；肺活量过低为异常，应采用单侧参考值范围制订下侧界值。再者，需要根据研究目的和实用要求选定适当的百分界值，如 80%、90%、95% 和 99%，常用 95%。另外根据资料的分布特点，选用恰当的计算方法，常用方法有以下几种：

1）正态分布法：适用于正态或近似正态分布资料，常用 u 值表见表 2-7。

双侧 $1-\alpha$ 界值：$\overline{X} \pm u_{\alpha/2}S$。

单侧 $1-\alpha$ 上界：$\overline{X} + u_{\alpha}s$；单侧 $1-\alpha$ 下界：$\overline{X} - u_{\alpha}S$。

表 2-7　常用 u 值表

参考值范围/%	单侧 u 值	双侧 u 值	参考值范围/%	单侧 u 值	双侧 u 值
80	0.842	1.282	95	1.645	1.960
90	1.282	1.645	99	2.326	2.576

2）百分位数法：常用于偏态分布资料。

以确定 95% 参考值范围为例：

双侧 95% 界值：$P_{2.5}$ 和 $P_{97.5}$。

单侧 95% 上界：P_{95}；单侧 95% 下界：P_5。

（3）质量控制：是检查和保证工作质量的一个重要措施，已广泛地应用于临床检验、临床试验、动物实验、食品卫生监督等方面。

如通过对实验室分析的质量控制，可以提升样品分析的有效性、均匀性和稳定性，控制实验环境、条件、程序等过程。分析的随机误差通常服从正态分布，故常以 $\overline{X} \pm 2S$ 作为上、下警戒线，以 $\overline{X} \pm 3S$ 作为上、下控制线。这里的 $2S$ 和 $3S$ 可视为 $1.960S$ 和 $2.576S$ 的约数。

二、定量数据的统计推断

（一）均数的抽样误差与标准误

由于受到总体数量和现实条件等的限制，医学科学研究通常应用抽样研究的方法，即对总体中随机抽取的部分观察单位（样本）进行研究，然后用样本信息推断总体特征，即统计推断。

例如欲了解某市某年健康成年男子的脉搏数的平均水平，随机抽取该地 130 名健康成年男子作为样本观测对象，算得其脉搏数的样本均数，并以此样本均数估计该地健康成年男子脉搏数的总体平均水平。由于存在个体变异,抽得的样本均数 $\bar{X}$ 往往不太可能恰好等于总体均数 μ,这种由个体变异和抽样引起的样本均数与总体均数的差异称为均数的抽样误差。在抽样研究中,抽样误差是不可避免的。

统计学上用标准误表示抽样误差的大小,以符号 $\sigma_{\bar{X}}$ 表示,它反映了样本均数的离散程度,也反映了样本均数与相应总体均数间的差异,因而说明了均数抽样误差的大小。$\sigma_{\bar{X}}$ 大,抽样误差大;反之,$\sigma_{\bar{X}}$ 小,抽样误差小。

$$\sigma_{\bar{X}} = \frac{\sigma}{\sqrt{n}} \qquad (式 2\text{-}18)$$

由式 2-18 可知,$\sigma_{\bar{X}}$ 的大小与 σ 成正比,与样本含量 n 的平方根成反比。即可通过增加样本含量 n 来减少均数的标准误,从而降低抽样误差。由于在实际工作中,σ 往往是未知的,可用样本标准差 S 作为 σ 的估计值,计算标准误的估计值 $S_{\bar{X}}$。

$$S_{\bar{X}} = \frac{S}{\sqrt{n}} \qquad (式 2\text{-}19)$$

例 2-10　用例 2-1 某市 130 名健康成年男子的脉搏数资料计算标准误。

解:已知 $n=130$,$S=5.89$ 次/min,则按式 2-19。

$$S_{\bar{X}} = \frac{S}{\sqrt{n}} = \frac{5.89}{\sqrt{130}} \approx 0.52$$

(二) t 分布与参数估计

在实际工作中,由于样本量较少,σ 往往是未知的,常按式 2-20 作 t 转换得到 t 值,统计量 t 值的分布为 t 分布。自由度分别为 1、5、∞ 的 t 分布见图 2-4。

$$t = \frac{|\bar{X}-\mu|}{S_{\bar{X}}} = \frac{|\bar{X}-\mu|}{S/\sqrt{n}} \qquad (式 2\text{-}20)$$

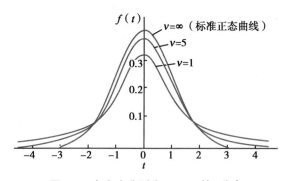

图 2-4　自由度分别为 1、5、∞ 的 t 分布

t 分布的特征:①以 0 为中心,左右对称的单峰分布;②t 分布曲线是一簇曲线,其形态变化与自由度 ν 的大小有关。自由度 ν 越小,则 t 值越分散,曲线越低平;自由度 ν 逐渐增大时,t 分布逐渐逼近正态分布。

理论上,从总体中抽出的样本均数与该总体均数之差不会很大,因此 t 值很大的可能性

（即概率）较小，故 t 值愈大，P 值愈小。但 t 值的大小又与自由度 ν 有关，因此确定 P 值时，需根据自由度 ν 查阅 t 界值表（附录1）。该表的横标目为 ν，纵标目为 P，表中数值即为相应的 t 值，记作 $t_{\alpha, \nu}$。

用样本指标估计总体指标称为参数估计，是统计推断的一个重要方面。总体均数的估计有两种方法。一种是直接用样本统计量 $\overline{X}$、S 估计总体参数 μ、σ，称为点值估计。由于抽样误差的客观存在，此法很难估计准确，因而常用另一种区间估计的方法，即按一定的概率 $100(1-\alpha)\%$ 估计总体均数所在的范围（又称置信区间，CI）。常取的可信度 $100(1-\alpha)\%$ 为 95% 和 99%，即 95% 置信区间和 99% 置信区间。计算方法有两种，可依据资料的条件选定。

1. 当样本量较少时（$n<40$），用 t 值法。

$$95\%\ CI \quad (\overline{X}-t_{0.05/2,\nu}S_{\overline{X}},\ \overline{X}+t_{0.05/2,\nu}S_{\overline{X}}) \qquad （式2-21）$$

$$99\%\ CI \quad (\overline{X}-t_{0.01/2,\nu}S_{\overline{X}},\ \overline{X}+t_{0.01/2,\nu}S_{\overline{X}}) \qquad （式2-22）$$

式 2-21 中的 $t_{0.05/2,\nu}$，式 2-22 中的 $t_{0.01/2,\nu}$ 可从附录1查到。

例 2-11　如随机抽取某地9名健康成年男性，测得红细胞平均数为 $4.68\times10^{12}/L$，标准差为 $0.57\times10^{12}/L$，试估计该地健康成年男性红细胞总体均数。

查阅 t 界值表，$t_{0.05/2,\,8}=2.306$，$t_{0.01/2,\,8}=3.355$

该地健康成年男性红细胞总体均数的 95% 置信区间为

$$4.68\pm2.306\times0.57/\sqrt{9}，即（4.242\sim5.118）\times10^{12}/L$$

该地健康成年男性红细胞总体均数的 99% 置信区间为

$$4.68\pm3.355\times0.57/\sqrt{9}，即（4.043\sim5.317）\times10^{12}/L$$

2. 当资料为大样本时，t 分布逼近正态分布，按正态分布原理，可如下估计置信区间。

95% 置信区间为

$$(\overline{X}-1.96S_{\overline{X}},\ \overline{X}+1.96S_{\overline{X}}) \qquad （式2-23）$$

99% 置信区间为

$$(\overline{X}-2.58S_{\overline{X}},\ \overline{X}+2.58S_{\overline{X}}) \qquad （式2-24）$$

例 2-12　在例 2-1 中某市 130 名健康成年男子的脉搏（次/min）。$\overline{X}=71.12$，$S_{\overline{X}}=0.52$，则该市健康男子脉搏的总体均数 95% 和 99% 的置信区间分别是多少？

95% 的置信区间为

$$[71.12-（1.96\times0.52），71.12+（1.96\times0.52）]，即 70.10\sim72.14$$

99% 的置信区间为

$$[71.12-（2.58\times0.52），71.12+（2.58\times0.52）]，即 69.78\sim72.46$$

（三）均数的假设检验

假设检验又称显著性检验，是统计推断的另一个重要方面，在抽样研究中，即使是随机样本,观测到的样本均数与已知总体均数或两样本均数间差异也可能并不代表总体真实情况,出现这种差异,其原因有二。第一种可能是总体均数不同;第二种可能是总体均数相同,差别仅仅是抽样造成的。

这就需要通过统计学的假设检验来判断,一般的做法是先假设样本对应的总体参数与已知总体参数相等,进行检验假设,然后根据统计量的分布规律计算出检验统计量,再根据计算出来的检验统计量确定其 P 值,最后根据 P 值判断样本信息是否支持原假设,并对假设作出取舍决定,从而作出最终统计推断。

例 2-13　根据大量调查得知,健康成年男子脉搏(次/min)数的均数为72。现调查某市130名健康成年男子的脉搏数的均数为71.12,标准差为5.89。思考:该市健康成年男子的脉搏数与一般人群是否相同?造成两均数不相等的原因是什么?

分析:有两种可能。①该市健康成年男子与一般健康成年男子的脉搏数相同,即差异仅由于抽样误差所致;②由于环境条件的影响,该市健康成年男子的脉搏数确实低于一般健康成年男子。

到底是哪种?假设检验就是基于这种逻辑思维方式,运用数学上的反证法和小概率事件的原理来解决这个问题。

1. 假设检验的基本步骤

(1)建立检验假设,确定检验水准:假设有两种。一是无效假设或称为零假设,用 H_0 表示,其含义是假设样本指标与总体指标,或样本指标所代表的总体指标之间的差别,是抽样误差所致,而非真正两总体的差别。二是备择假设,用 H_1 表示,其含义是假设样本指标与总体指标,或样本指标所代表的总体指标之间的差别,不是单纯抽样误差所致,而是两总体均数存在有本质的差别。H_0 和 H_1 都是根据统计推断的目的提出的对总体特征的假设,是相互联系且对立的一对假设。

检验水准又称显著性水平,符号为 α。α 是预先规定的概率值,确定了小概率事件的标准。在实际工作中,常取 0.05 或 0.01 作为检验水准。

(2)在 H_0 成立的前提下,选定检验方法,计算检验统计量:根据分析目的、设计类型和资料类型,选用适当的检验方法,计算相应的统计量。

(3)确定 P 值:根据计算出的检验统计量,查相应的 t 界值表即可确定 P 值,如附录1。P 值的含义指在 H_0 所规定的总体中随机抽样,获得等于及大于现有样本统计量的概率。

(4)判断结果:若 $P \leqslant \alpha$,则拒绝 H_0;若 $P > \alpha$,则接受 H_0。

统计学中将 $P \leqslant 0.05$ 或 $P \leqslant 0.01$ 的事件,称为小概率事件,具有实际不可能性,表示在一次试验中结果基本上不会发生。假设检验是利用小概率事件的原理进行解释的。若 $P \leqslant \alpha$,表示在 H_0 成立的条件下,出现等于及大于现有统计量的概率是小概率,按小概率事件原理,现有样本信息不支持 H_0,因而拒绝 H_0,因此,当 $P \leqslant \alpha$ 时,按所取 α 检验水准,拒绝 H_0,接受 H_1;若 $P > \alpha$ 时,表示在 H_0 成立的条件下,出现等于及大于现有统计量的概率不是小概率,现有样本信息还不足以拒绝 H_0。因此,当 $P > \alpha$ 时,按所取 α 检验水准,不拒绝 H_0。

2. 两均数比较的假设检验　以 t 检验(t-test)和 u 检验(u-test)最常用。

t 检验的应用条件:σ 未知且 n 较小时,要求样本来自正态分布总体;两样本均数比较时,还要求两样本所属总体的方差相等。但在实际工作中,与上述条件略有偏离时,也可应用。

u 检验的应用条件: σ 未知但 n 足够大(如 $n>100$)或 σ 已知。

（1）样本均数与总体均数比较:目的是推断样本所代表的未知总体均数 μ 与已知总体均数 μ_0 有无差别,根据应用条件计算检验统计量 t 值或 u 值。

例2-14 对例2-13资料进行假设检验。

1）建立检验假设,确定检验水准。

H_0: $\mu=\mu_0$,该市成年男子平均脉搏数与一般人群相等。

H_1: $\mu \neq \mu_0$,该市成年男子平均脉搏数与一般人群不同。

双侧, $\alpha=0.05$。

2）计算统计量:本例 $n=130$,为大样本资料,需要计算 u 值。

已知 $n=130$, $\overline{X}=71.12$, $S=5.89$, $\mu_0=72.0$,按式2-20

$$u=\frac{|\overline{X}-\mu_0|}{S_{\overline{X}}}=\frac{|\overline{X}-\mu_0|}{S/\sqrt{n}}=\frac{|71.12-72|}{5.89/\sqrt{130}}\approx1.70$$

3）确定 P 值:双侧 $u_{0.05}=1.96$, $1.70<1.96$,故 $P>0.05$。

4）判断结果:因为 $P>0.05$,故按 $\alpha=0.05$ 的检验水准,不拒绝 H_0,因此尚不能认为该市健康成年男子的脉搏均数与一般健康成年男子的脉搏均数有不同。

（2）配对设计资料的比较:在医学科学研究中的配对设计主要有以下情况。①两种同质受试对象分别接受两种不同的处理;②同一受试对象分别接受两种不同的处理;③同一受试对象处理前后的结果比较。其目的是推断两种处理(或方法)的结果有无差别。解决这类问题,首先求出各对差值(d)的均数($\overline{d}$)。理论上,若两种处理无差别时,差值 d 的总体均数 μ_d 应为0。所以对于配对设计的均数比较可看成是样本均数 $\overline{d}$ 与总体均数 $\mu_d=0$ 的比较。按式2-25计算检验统计量 t 值

$$t=\frac{|\overline{d}-0|}{S_{\overline{d}}}=\frac{|\overline{d}|}{S_d/\sqrt{n}} \qquad (式2-25)$$

在式2-25中, $\overline{d}$ 为差值的均数, S_d 为差值的标准差, n 为对子数, $S_{\overline{d}}$ 为差值的标准误。

例2-15 两种方法检测12名妇女最大呼气率(L/min)结果如表2-8,问两种方法的检测结果有无差别?

表2-8 **两种方法检测12名妇女最大呼气率(L/min)结果**

被检测者号 （1）	甲仪器 （2）	乙仪器 （3）	d （4）=（2）-（3）	d^2 （5）
1	525	490	35	1 225
2	415	397	18	324
3	508	512	-4	16
4	444	401	43	1 849
5	500	470	30	900
6	460	415	45	2 025

续表

被检测者号 （1）	甲仪器 （2）	乙仪器 （3）	d （4）=（2）－（3）	d^2 （5）
7	390	431	−41	1 681
8	432	429	3	9
9	420	420	0	0
10	227	275	−48	2 304
11	268	165	103	10 609
12	443	421	22	484
			$\sum d = 206$	$\sum d^2 = 21\,426$

1）建立检验假设，确定检验水准。

H_0: 甲、乙两仪器检验结果相同，即 $\mu_d=0$。

H_1: 甲、乙两仪器检验结果不同，即 $\mu_d \neq 0$。

双侧 $\alpha=0.05$。

2）计算统计量

$$n=12, \bar{d}=\sum d/n=206/12 \approx 17.17$$

差值的标准差为

$$S_d = \sqrt{\frac{\sum d^2 - (\sum d)^2/n}{n-1}} = \sqrt{\frac{21\,426 - 206^2/12}{12-1}} \approx 40.33$$

按式 2-25，则

$$t = \frac{|\bar{d}-0|}{S_{\bar{d}}} = \frac{|\bar{d}|}{S_d/\sqrt{n}} = \frac{17.17}{40.33/\sqrt{12}} \approx 1.475$$

$$\nu = n-1 = 12-1 = 11$$

3）确定 P 值，作出统计推断。查附录 1 得，$1.475 < t_{0.05/2,\,11} = 2.201$，故 $P>0.05$，因此按 $\alpha=0.05$ 水准不拒绝 H_0，尚不能认为两种仪器检查的结果不同。

（3）成组设计的两样本均数比较：适用于完全随机设计的两样本均数的比较，目的是推断两样本均数 $\bar{X}_1$ 和 $\bar{X}_2$ 分别代表的两总体均数 μ_1 和 μ_2 有无差别。若 n_1 和 n_2 较小且两总体方差相等时，用式 2-26 计算检验统计量 t 值；若 n_1 和 n_2 较大时也可用式 2-27 计算统计量 u 值。

$$t = \frac{|\bar{X}_1 - \bar{X}_2|}{S_{\bar{X}_1 - \bar{X}_2}} = \frac{|\bar{X}_1 - \bar{X}_2|}{\sqrt{S_c^2 \left(\frac{1}{n_1} + \frac{1}{n_2}\right)}} = \frac{|\bar{X}_1 - \bar{X}_2|}{\sqrt{\frac{S_1^2(n_1-1) + S_2^2(n_2-1)}{n_1+n_2-2} \left(\frac{1}{n_1} + \frac{1}{n_2}\right)}} \quad \text{（式 2-26）}$$

在式 2-26 中, $S_{\bar{X}_1-\bar{X}_2}$ 为两样本均数之差的标准误; S_c^2 为两样本的合并方差; S_1^2 和 S_2^2 分别为两样本的方差; n_1+n_2-2 为两样本自由度的合计。

$$u = \frac{|\bar{X}_1-\bar{X}_2|}{S_{\bar{X}_1-\bar{X}_2}} = \frac{|\bar{X}_1-\bar{X}_2|}{\sqrt{S_{\bar{X}_1}^2+S_{\bar{X}_2}^2}} = \frac{|\bar{X}_1-\bar{X}_2|}{\sqrt{\dfrac{S_1^2}{n_1}+\dfrac{S_2^2}{n_2}}} \qquad (式 2\text{-}27)$$

在式 2-27 中, $S_{\bar{X}_1}^2$ 和 $S_{\bar{X}_2}^2$ 分别为两样本的标准误估计值的平方。

例 2-16 为了研究轻度和重度再生障碍性贫血患者血清中可溶性 CD8 抗原水平（μ/ml）有无差别, 随机测定了 12 名轻度再生障碍性贫血患者和 13 名重度再生障碍性贫血患者血清中可溶性 CD8 抗原水平。试比较轻度和重度再生障碍性贫血患者血清中可溶性 CD8 抗原水平有无差别?

轻度再生障碍性贫血患者: 509, 518, 555, 758, 845, 712, 585, 448, 753, 896, 783, 628。

重度再生障碍性贫血患者: 851, 562, 918, 631, 653, 843, 659, 843, 762, 901, 824, 628, 668。

1）建立检验假设, 确定检验水准。

$H_0: \mu_1=\mu_2$, 即两组人群的血清可溶性 CD8 抗原水平相同。

$H_1: \mu_1 \neq \mu_2$, 即两组人群的血清可溶性 CD8 抗原水平不同。

双侧, $\alpha=0.05$。

2）计算统计量

$$n_1=12, \bar{X}_1=666\mu/ml, S_1=145\mu/ml$$

$$n_2=13, \bar{X}_2=749\mu/ml, S_2=120\mu/ml$$

按式 2-26, 可得

$$t = \frac{|666-749|}{\sqrt{\dfrac{145^2(12-1)+120^2(13-1)}{12+13-2}\left(\dfrac{1}{12}+\dfrac{1}{13}\right)}} \approx 1.564$$

$$\nu=n_1+n_2-2=12+13-2=23$$

3）确定 P 值, 作出统计推断: 查附录 1 得, $1.564 < t_{0.05/2, 23}=2.069$, 故 $P>0.05$, 因此按 $\alpha=0.05$ 水准不拒绝 H_0, 尚不能认为重度再生障碍性贫血患者血清中可溶性 CD8 抗原水平与轻度患者不同。

例 2-17 某地抽样调查了部分健康成人的红细胞计数, 其中男性 360 人, 均数为 $4.660\times10^{12}/L$, 标准差为 $0.575\times10^{12}/L$; 女性 255 人, 均数为 $4.178\times10^{12}/L$, 标准差为 $0.291\times10^{12}/L$。试问该地男、女平均红细胞计数有无差别?

由于两样本量皆较大, 可用 u 检验。

1）建立检验假设, 确定检验水准。

$H_0: \mu_1=\mu_2$, 即该地男女红细胞计数相等。

$H_1: \mu_1 \neq \mu_2$, 即该地男女红细胞计数不等。

双侧 $\alpha=0.05$。

2）计算统计量

$$\overline{X}_1 = 4.660 \times 10^{12}/\mathrm{L}, \ S_1 = 0.575 \times 10^{12}/\mathrm{L}$$

$$\overline{X}_2 = 4.178 \times 10^{12}/\mathrm{L}, \ S_2 = 0.291 \times 10^{12}/\mathrm{L}$$

按式 2-25，可得

$$u = \frac{|\overline{X}_1 - \overline{X}_2|}{\sqrt{\dfrac{S_1^2}{n_1} + \dfrac{S_2^2}{n_2}}} = \frac{4.660 - 4.178}{\sqrt{\dfrac{0.575^2}{360} + \dfrac{0.291^2}{255}}} \approx 13.63$$

3）确定 P 值，作出统计推断：$13.63 > \mu_{0.01/2} = 2.58$，得 $P < 0.01$，按 $\alpha = 0.05$ 水准拒绝 H_0，接受 H_1，可认为该地男女红细胞计数的均数不同，男性高于女性。

3. 假设检验中的注意事项

（1）比较的组间要具备均衡可比性：这是假设检验的前提。可比性是各组间除了要比较的主要因素（处理因素）不相同外，其他影响结果的因素如年龄、性别、病情、病程等，应尽可能相同或基本相近，为了保证资料的可比性，必须要有严密的试验设计，必须遵循随机、对照、重复、均衡的原则。

（2）不同的资料应选用不同的检验方法：这需要熟悉各种假设检验方法及应用条件，应根据分析目的、资料类型以及分布、设计方案、样本大小等选择适当的检验方法。如配对设计的定量数据采用配对 t 检验；完全随机设计的两样本定量数据，则选用两样本 t 检验；若为大样本则可选用大样本 u 检验。定性数据与有序数据可采用 χ^2 检验等。

（3）正确理解差别有无显著性的确切含义：以往对假设检验结论中的"拒绝 H_0，接受 H_1"习惯上称为"显著"，仅指可以认为两个或多个总体参数有差别，不应把"显著"误解为差别很大，甚至在医学实践中有重要的价值；"不拒绝 H_0"称为"不显著"，仅指不能认为两个或多个总体参数有差别，也不应把"不显著"误解为差别不大，或一定相等。差异的实际意义还要结合专业知识来考虑。

（4）结论不能绝对化：假设检验的结论是根据 P 值大小作出的，不是百分之百的正确。另外，是否拒绝 H_0 不仅决定于被研究事物有无本质差异，还取决于抽样误差的大小、检验水准 α 的高低、检验效能的大小以及单侧、双侧检验。检验水准 α 是根据分析目的人为规定的，可定为 0.01 或 0.05，有时对于同一问题，按 $\alpha = 0.01$ 时可能不拒绝 H_0，而按 $\alpha = 0.05$ 时可能拒绝 H_0；有时随着样本含量 n 的增加，即使取同一检验水准，由于抽样误差的减小，结论有可能从不拒绝 H_0 到拒绝 H_0；有时双侧检验时不拒绝 H_0，而单侧检验时拒绝 H_0。拒绝 H_0 或不拒绝 H_0 都可能产生结果判断错误。

特别是当 P 与 α 接近时，得出结论要慎重，不能绝对化，同时，检验水准 α 和单侧、双侧检验的确定要在设计时决定，而不应受样本结果的影响。统计判断时要避免出现 I 类错误与 II 类错误。

假设检验时，根据样本统计量作出的推断结论（拒绝 H_0 或不拒绝 H_0）并不是百分之百的正确，可能发生两种错误：①拒绝了实际上成立的 H_0 这类"弃真"的错误为第 I 类错误；②不拒绝实际上不成立的 H_0，这类"存伪"的错误为第 II 类错误。假设检验中可能发生的两类错误详见表 2-9。

表 2-9　假设检验中可能发生的两类错误

客观实际	假设检验的结果	
	拒绝 H_0	不拒绝 H_0
H_0 成立	第Ⅰ类错误(α)	推断正确($1-\alpha$)
H_0 不成立	推断正确($1-\beta$)	第Ⅱ类错误(β)

注意：拒绝 H_0，只可能犯第Ⅰ类错误，不可能犯第Ⅱ类错误；不拒绝 H_0，只可能犯第Ⅱ类错误，不可能犯第Ⅰ类错误。

科学思维

李时珍与《本草纲目》

《本草纲目》是明代李时珍撰写的一部中药巨著。全书共分为52卷，收录药材1 892种，配药图1 000多幅。在《本草纲目》中，李时珍运用了类似假设检验的思想来验证药用植物的疗效，并检验其方法的科学性。

1. 观察与记录　李时珍通过亲自采药、制药和试用药物的方式，详细记录了各种药物的药效和副作用。他注意到不同产地、不同采集时间的药物在效果上存在差异，这促使他对这些条件进行详细的记录和分析。

2. 试验验证　李时珍不满足于传统的药效说法，他通过实际的医疗实践来验证这些药物的效果。例如，他记录了一种治疗疟疾的处方，并通过实际治疗患者来验证其有效性。只有当药物在实践中被证明有效时，他才将其纳入《本草纲目》。

3. 对比分析　李时珍对不同种类的药物进行了对比分析，探讨它们之间的异同。他不仅关注药物的疗效，还关注其性质、味道、归经等药理学特性，并尝试找出这些特性与疗效之间的关系。

4. 理论总结　在大量的观察和试验基础上，李时珍总结了一套药物学理论，包括药物的分类、药效的判断标准以及药物相互作用的规律。这套理论在一定程度上体现了假设检验的思想，即通过实证来证实或否定理论假设。

（黎逢保）

第三节　定性数据与有序数据的统计分析

例 2-18　某年某市疾病预防控制中心调查了40岁以上吸烟的325人中患慢性支气管炎者64人，不吸烟的264人中患慢性支气管炎者18人。试比较吸烟者与不吸烟者慢性支气管炎患病差异。

请思考：①数据的类型是什么？请用合适的表格将资料进行整理。②用什么指标比较？怎样计算？怎样比较？

一、定性数据与有序数据的统计描述

1. **相对数指标**　因其对应的变量是定性变量和有序变量，故其结果常用相对数来表示。相对数是统计描述指标。绝对数是整理后所得到的实际数据。某年某市不同年龄居民高血压患者数及相对数见表2-10。如例2-18中的数据和表2-10中的（2）栏数据均为绝对

表2-10　某年某市不同年龄居民高血压患者数及相对数

年龄/岁 （1）	调查人数 （2）	患者数 （3）	患者年龄构成比/% （4）	患病率/% （5）
<20	4 046	0	0.00	0.00
20～<30	3 037	15	0.47	0.49
30～<40	4 250	94	2.91	2.21
40～<50	5 332	372	11.53	6.98
50～<60	3 764	726	22.51	19.29
60～<70	4 918	1 329	41.21	27.02
≥70	2 014	689	21.37	34.21
—	27 361	3 225	100.00	11.79

数，表2-10中的（4）、（5）栏数据即是相对数。

可见，绝对数一般不能直接比较。绝对数要求真实、正确，是制订医疗卫生管理、疾病防治计划和统计分析的基础。而相对数是两个有联系的指标之比，统一了基数，便于比较。常用的相对数指标见下。

（1）率：又称频率指标或强度指标，说明某现象发生的频率或强度。率表示一定的时间内，实际发生某现象的观察单位数与可能发生该现象的观察单位总数之比，常以百分率（%）、千分率（‰）、万分率（1/万）或十万分率（1/10万）等表示，计算公式为

$$率 = \frac{发生某现象的观察单位数}{可能发生某现象的观察单位总数} \times k \qquad （式2-28）$$

在式2-28中，k为比例基数，一般根据习惯用法，主要目的是便于读、写、记，一般取1～2位整数。同时应注意率是有时间限制的，如周发生率、旬发生率、月发生率、季发生率、年发生率，使用率时应注明时间范围。

表2-10中第（5）栏中不同年龄居民高血压患病率即为频率指标。如调查"20～<30"居民3 037人，其高血压患者数为15人，则该年龄组高血压患病率=15/3 037×100%≈0.49%。其余类推。

各年龄组高血压患病率的大小彼此不受影响，合计患病率即平均患病率的计算，不能直接将几个率相加后平均求得，应以总患病数/总人口数。本例题总患病率为

$$总患病率 = 3\ 225/27\ 361 \times 100\% \approx 11.79\%$$

（2）构成比：又称构成指标或结构指标，说明某一事物内部各组成部分的比重或分布，常以百分数表示。计算公式为

$$构成比 = \frac{事物内部某一组成部分的观察单位数}{事物内部各组成部分的观察单位数之和} \times 100\% \qquad （式2-29）$$

表2-10中第（4）栏数据患者年龄构成比，表示不同年龄患者数占全部患者数的比重。如患者中"≥70岁"年龄组构成比=689/3 225×100%≈21.37%。其余类推。

从表中可看出,构成比有两个特点:①各构成部分的构成比之和为100%。在计算时若受尾数取舍影响,其和不等于100%,可将尾数取舍做适当调整,使其和等于100%。②某一部分构成比发生变化,其他部分的构成比也相应地发生变化。

(3)相对比:表示两个有关指标之比,常以倍数或百分数表示。计算公式为

$$相对比 = \frac{甲指标}{乙指标} 倍(\%)　　　　　　（式2-30）$$

甲、乙两个指标可以是绝对数,也可以是相对数或平均数;可以性质相同,也可以性质不相同。习惯上,计算相对比时,如甲指标大于乙指标,结果用倍数表示;甲指标小于乙指标,结果用百分数表示。

例2-19　在第七次全国人口普查结果中,男性为723 339 956人,女性为688 438 768人,试计算人口男女性别比。

$$性别比 = \frac{723\ 339\ 956}{688\ 438\ 768} \approx 1.050\ 7$$

结果说明,男性人数为女性人数的1.050 7倍,或者写成男:女为105.07:100。习惯上性别比通常以女性人口数100为基数。

例2-20　2020年我国城市孕产妇死亡率为14.1/10万。2010年我国城市孕产妇死亡率为29.3/10万。试计算相对比。

$$相对比 = \frac{29.3}{14.1} \approx 2.078(倍)$$

或

$$相对比 = \frac{14.1}{29.3} \times 100\% \approx 48.12\%$$

结果说明,我国2010年城市孕产妇死亡率为2020年的2.078倍,或我国2020年城市孕产妇死亡率是2010年的48.12%。

2. 应用相对数时的注意事项

(1)计算相对数时分母不宜过小:一般讲,观察单位数足够大时,计算的相对数比较稳定,也能正确反映事物的实际情况。如果样本含量过小,则相对数不稳定,很容易造成较大误差。如某医师探讨某中药配方对乙型病毒性肝炎的治疗效果,治疗8例,8例治愈,计算的治愈率为100%,这显然不能正确反映事物的真相。此时最好直接用绝对数表示。

(2)资料分析时不能以构成比代替率:构成比说明事物内部各组成部分的比重或分布,率则说明某现象发生的频率或强度。在资料分析中,常见的错误是以构成比代替率。

(3)资料的对比应注意其可比性:影响率、构成比和相对比的因素很多,除研究因素外,其他的重要影响因素应尽可能相同或相近。通常应注意以下内容。

1)所要比较的研究对象同质、研究方法相同、观察时间相等,以及地区、周围环境、民族等客观条件基本上一致:如比较几种药物治疗肺结核的效果,药物的种类、病情轻重、治疗时间长短、患者的自身因素等都将影响治疗效果。

2)所比较资料的内部构成要相同:比较两个或若干个地区的某种疾病的发病率,要考

虑所比较资料的人口、性别、年龄构成是否具有可比性,如人口构成有所不同时,应分组计算频率指标进行比较或进行标准化后再作比较。

3)样本率或构成比的比较应作假设检验:样本率或构成比是遵循随机化抽样原则得到的,样本率或构成比也有抽样误差,因此不能凭数值的表面大小做结论,应进行差别的假设检验。

3. 率的标准化法

(1)标准化法的概念及意义:对两个或多个频率指标进行比较时,为了消除内部构成不同的影响,采用统一标准,分别计算标准化率后再做对比的方法称为标准化法。未经标准化的率,一般称为粗率(如粗死亡率等)。经标准化处理后的率,称为标准化率或调整率,如标准化肝癌死亡率等。如果两组或多组资料内部构成存在差异,且差异又影响分析结果,则应用率的标准化法消除这种影响,再作比较。

例 2-21 某地甲乙两医院某种传染病治愈率的资料,其总治愈率分别为 48.0% 与 45.0%,甲医院高于乙医院,但从各型治愈率来看,却发现甲医院均低于乙医院。甲、乙两医院某种传染病各型治愈率的比较见表 2-11。试分析产生的原因及解决办法。

表 2-11 甲、乙两医院某种传染病各型治愈率的比较

类型	甲医院			乙医院		
	患者数	治愈数	治愈率 /%	患者数	治愈数	治愈率 /%
普通型	300	180	60.0	100	65	65.0
重型	100	40	40.0	300	135	45.0
暴发型	100	20	20.0	100	25	25.0
合计	500	240	48.0	500	225	45.0

从表 2-11 的资料可见,造成甲医院各型治愈率低于乙医院的原因是,在甲医院某传染病的患者中,普通型的比重比乙医院大,而这一型的患者易治愈。相反,治愈率较低的重型患者的比重却偏小,这就造成甲医院的总患者数中治愈的人数较多,治愈率较高。由此可见,在比较两个医院总治愈率时,如果二者内部构成明显不同,且构成不同对总率又有影响时,就不能直接进行比较。须选定一个共同"标准",计算甲乙两医院的标准化治愈率,才能进行比较。

(2)标准化率的计算

1)选择"标准":进行标准化法计算时,首先要选定一个"标准",如标准人口数或标准人口构成比等。一般选定"标准"的方法:①选择具有代表性的、较稳定的、数量较大的人群作标准,如全国的、本省的、本地区的或本单位历年来积累的数据,时间最好与被标准化资料一致或接近。②选择相互比较的两组资料中的数据任选其中一组或两组合并作为共同标准。

2)计算标准化率:标准化率的计算方法有直接法和间接法,这里仅介绍用标准患者数进行直接标准化。甲、乙两医院某种传染病标准化治愈率见表 2-12。

依据表 2-11 资料,计算甲、乙两院传染病的标准化治愈率。①选定标准:将甲、乙两院各型患者相加为标准患者数,见表 2-12 第(2)栏。②计算甲、乙两院各型传染病患者的预期治愈人数:将各型患者的标准患者数分别乘以相应的原治愈率(%),即得各型患者的预期治

愈人数,见表 2-12 第(4)、(6)栏。③计算甲、乙两院传染病的标准化治愈率:将各型患者的预期治愈人数相加再除以标准总人数,即得出甲、乙两医院的某传染病标准化治愈率。

表 2-12 甲、乙两医院某种传染病标准化治愈率

| 类型 | 标准患者数 | 甲医院 | | 乙医院 | |
| | | 原治愈率/% | 预期治愈患者数 | 原治愈率/% | 预期治愈患者数 |
（1）	（2）	（3）	（4）=（2）×（3）	（5）	（6）=（2）×（5）
普通型	400	60	240	65	260
重型	400	40	160	45	180
暴发型	200	20	40	25	50
合计	1 000	—	440	—	490

$$甲医院标准化治愈率 = \frac{440}{1\ 000} \times 100\% = 44.0\%$$

$$乙医院标准化治愈率 = \frac{490}{1\ 000} \times 100\% = 49.0\%$$

经标准化后,消除了两院各型传染病患者构成不同的影响,得出甲医院传染病标准化治愈率为 44.0%,乙医院为 49.0%,甲医院低于乙医院,校正了标准化前,甲医院治愈率高于乙医院的情况。

（3）应用标准化法时的注意事项

1）标准化率已不能反映率的实际水平,它只能表明相互比较资料的相对水平。

2）选定的标准构成不同,所得的标准化率也不同。因此,仅限于采用共同标准构成的组间比较。

3）如果是抽样研究资料,两样本标准化率的比较也应作假设检验。

二、定性数据与有序数据的统计推断

（一）率的抽样误差和标准误

从同一研究总体中,随机抽取 n 个观察单位组成的一组样本计算得到的样本率(p),不一定与总体率(π)完全相同。这种由于抽样而引起的样本率与样本率、样本率与总体率之间的差别,称为率的抽样误差。率的抽样误差可用率的标准误来表示,其计算公式为

$$\sigma_p = \sqrt{\frac{\pi(1-\pi)}{n}} \qquad (式 2\text{-}31)$$

在式 2-31 中,σ_p 为总体率的标准误;π 为总体率;n 为样本例数。

在实际工作中,当 π 未知时,常用 p 作为 π 的估计值,故式 2-31 变为式 2-32。

$$S_p = \sqrt{\frac{p(1-p)}{n}} \qquad (式 2\text{-}32)$$

在式 2-32 中,S_p 为 σ_p 的估计值;p 为样本率;n 为样本例数。

例 2-22 某地随机抽查了 428 名 6 岁儿童,检查龋齿患病率为 68.5%。试计算该地 6

岁儿童龋齿患病率的标准误。

$n=428, P=68.50\%=0.685\,0$

$$s_p=\sqrt{\frac{p(1-p)}{n}}=\sqrt{\frac{0.685\,0(1-0.685\,0)}{428}}\approx0.022\,5$$

故该地 6 岁儿童龋齿患病率标准误为 2.25%。

S_p 是描述率的抽样误差大小的指标。S_p 小,说明抽样误差小,表示样本率与总体率接近,用样本率代表总体率的可靠性大;反之,S_p 大,说明抽样误差大,表示样本率与总体率相距较远,用样本率代表总体率的可靠性小。

(二)总体率的估计

由于样本率与总体率之间存在着抽样误差,所以根据样本率及标准误,可以估计总体率所在的范围,即总体率的置信区间。根据样本含量 n 和样本率 p 的大小不同,可分别采用下述 2 种方法。

1. 正态近似法 当样本含量足够大(如 $n>50$),且样本率 p 和 $(1-p)$ 均不太小,如 np 和 $n(1-p)$ 均 ≥5 时,样本率的分布近似正态分布,则总体率的置信区间按下列公式估计。

$$\text{总体率的 95\% 置信区间}\quad(p-1.96s_p, p+1.96s_p)\qquad\text{(式 2-33)}$$

$$\text{总体率的 99\% 置信区间}\quad(p-2.58s_p, p+2.58s_p)\qquad\text{(式 2-34)}$$

例 2-23 求例 2-22 总体率的 95% 和 99% 置信区间。

总体率的 95% 置信区间为 68.5%±1.96×2.25%,即 64.09%～72.91%。

总体率的 99% 置信区间为 68.5%±2.58×2.25%,即 62.69%～74.31%。

2. 查表法 当样本含量 n 较小(如 $n\leqslant50$),且 p 很接近 0 或 1 的资料时,按二项分布原理估计总体率的置信区间。可查附录 2 百分率的置信区间,求得总体率的置信区间。

例 2-24 某医师用中药配方治疗 25 名膀胱结石患者,其中 4 人近期有效,试问该疗法近期有效率的 95% 和 99% 置信区间各为多少?

查附录 2,在 $n=25$ 和 $X=4$ 的相交处,得该疗法近期有效率的 95% 置信区间为 5%～36%,99% 置信区间为 3%～42%。

在附录 2 中 X 值只列出 $X\leqslant\dfrac{n}{2}$ 部分,当 $X>\dfrac{n}{2}$ 时不能在表中查到,应以 $n-X$ 值去查表,然后从 100 中减去查得的数值,即为所求的置信区间。

(三)率的 u 检验

当样本例数较大,样本率 p 和 $1-p$ 均不太小,且 np 和 $n(1-p)$ 均 ≥5 时,样本率的频数分布近似正态分布,故应用正态分布的原理对两个率的差异进行假设检验,称为 u 检验。

1. 样本率与总体率的比较 样本率 p 和总体率 π 比较的 u 检验,其公式为

$$u=\frac{|p-\pi_0|}{\sqrt{\pi_0(1-\pi_0)/n}}\qquad\text{(式 2-35)}$$

在式 2-35 中,π_0 为已知总体率,一般为理论值、经验值、大量观察得到的稳定值。

例 2-25 根据以往经验,一般胃溃疡患者有 20% 发生胃出血症状。现某医院观察 65 岁以上胃溃疡患者 304 例,其中有 96 例发生胃出血症状。试问老年患者胃出血情况与一般

患者有无不同?

检验步骤:

1)建立检验假设,确定检验水准。

H_0:老年人胃溃疡出血率与一般胃溃疡患者相同,即 $\pi=\pi_0$。

H_1:老年人胃溃疡出血率与一般胃溃疡患者不同,即 $\pi\neq\pi_0$。

$\alpha=0.05$。

2)计算 u 值

$$n=304,\ p=96/304=0.315\,8 \quad \pi_0=20\%=0.200\,0$$

代入式 2-35

$$u=\frac{|\,0.315\,8-0.200\,0\,|}{\sqrt{0.200\,0\times(1-0.200\,0)/304}}=\frac{0.115\,8}{0.022\,9}=5.057$$

3)确定 P 值:不必查表,双侧检验以 $u=1.96$ 时,$P=0.05$;$u=2.58$ 时,$P=0.01$ 作判断。本例 $u=5.06>u_{0.01}=2.58$,故 $P<0.01$。

4)判断结果:按 $\alpha=0.05$ 水准,拒绝 H_0,接受 H_1,认为老年胃溃疡患者与一般患者有所不同,老年胃溃疡患者较易发生胃出血。

2. 两个样本率的比较 两个样本率比较的 u 检验,其 u 值计算公式为

$$u=\frac{|\,p_1-p_2\,|}{s_{p_1-p_2}} \qquad (式2-36)$$

$$s_{p_1-p_2}=\sqrt{\frac{x_1+x_2}{n_1+n_2}\left(1-\frac{x_1+x_2}{n_1+n_2}\right)\left(\frac{1}{n_1}+\frac{1}{n_2}\right)} \qquad (式2-37)$$

在式 2-37 中,n_1、n_2 分别为两个样本含量;x_1、x_2 分别表示两样本发生某现象的观察单位数;p_1、p_2 分别为两个样本率;$s_{p_1-p_2}$ 为两样本率相差的标准误。

例 2-26 利用例 2-18 的资料,试比较吸烟者与不吸烟者患病率有无差别。

检验步骤:

1)建立检验假设,确定检验水准

H_0:吸烟者和不吸烟者慢性支气管炎的患病率相同,即 $\pi_1=\pi_2$

H_1:吸烟者和不吸烟者慢性支气管炎的患病率不同,即 $\pi_1\neq\pi_2$

$\alpha=0.05$。

2)计算 u 值

$$n_1=325,\ x_1=64,\ p_1=x_1/n_1=64/325=19.69\%\approx0.196\,9$$

$$n_2=264,\ x_2=18,\ p_2=x_2/n_2=18/264=6.82\%\approx0.068\,2$$

代入式 2-35,得

$$s_{p_1-p_2}=\sqrt{\frac{x_1+x_2}{n_1+n_2}\left(1-\frac{x_1+x_2}{n_1+n_2}\right)\left(\frac{1}{n_1}+\frac{1}{n_2}\right)}$$

$$= \sqrt{\frac{64+18}{325+264}\left(1-\frac{64+18}{325+264}\right)\left(\frac{1}{325}+\frac{1}{264}\right)}$$
$$= 0.028\ 7$$

代入式 2-34，得

$$u = \frac{0.196\ 9 - 0.068\ 2}{0.028\ 7} = 4.484\ 3$$

3）确定 P 值：本例 $u = 4.484\ 3 > u_{0.01} = 2.58$，故 $P < 0.01$。

4）判断结果：按 $\alpha = 0.05$ 水准，拒绝 H_0，接受 H_1，可认为吸烟者与不吸烟者的慢性支气管炎患病率不同，吸烟者高于不吸烟者。

两个样本率的比较可用 u 检验，还可用 χ^2 检验。

（四）χ^2 检验

χ^2 检验（chi-square test）是一种用途较广的假设检验方法。其常用于检验两个或多个样本率或构成比之间有无差别，也用于检验配对计数资料的差异等。

1. 四格表资料的 χ^2 检验

例 2-27　以例 2-18 的资料为例，整理资料，吸烟者与不吸烟者慢性支气管炎患病率比较见表 2-13。用 χ^2 检验比较吸烟者与不吸烟者慢性支气管炎的患病率有无差别。

表 2-13　吸烟者与不吸烟者慢性支气管炎患病率比较

分组	患者数	非患者数	合计	患病率 /%
吸烟组	64（45.25）a	261（279.75）b	325（$a+b$）	19.69
不吸烟组	18（36.75）c	246（227.25）d	264（$c+d$）	6.82
合计	82（$a+c$）	507（$b+d$）	589（$n=a+b+c+d$）	16.17

表 2-13 四个格子（a，b，c，d）的数据是整个表的基本数据，其余数据都是从这四个基本数据推算出来的，这种资料称为四格表资料。这种资料可用两个样本率的 u 检验，也可用 χ^2 检验。

基本公式为

$$\chi^2 = \sum \frac{(A-T)^2}{T} \tag{式 2-38}$$

在式 2-38 中，A 为实际频数，如上四格表内的四个基本数据；T 为理论频数，是根据检验假设推算出来的。

理论频数（T_{RC}）计算公式为

$$T_{RC} = \frac{n_R n_C}{n} \tag{式 2-39}$$

在式 2-39 中，T_{RC} 表示 R 行 C 列格子的理论频数；n_R 为 R 行（理论数同行）的合计数；n_C 为 C 列（理论数同列）的合计数；n 为总例数。

χ^2 统计量的自由度为

$$v = (行数 - 1)(列数 - 1) \qquad (式 2\text{-}40)$$

由基本公式可知，χ^2 值反映了实际频数与理论频数的吻合程度。如果 H_0 成立，则实际频数与理论频数之差一般不会很大，χ^2 值也不会很大；反之，如果实际频数与理论频数之差很大，则 χ^2 值也会很大，H_0 成立的可能性就会很小。

以例 2-27 讨论 χ^2 检验的步骤：

（1）建立检验假设，确定检验水准。

H_0：吸烟者和不吸烟者慢性支气管炎的患病率相同，即 $\pi_1 = \pi_2$。

H_1：吸烟者和不吸烟者慢性支气管炎的患病率不同，即 $\pi_1 \neq \pi_2$。

$\alpha = 0.05$。

（2）计算 χ^2 值：用式 2-39 计算四个格子内的理论频数（如表 2-13 括号内数据）。第 1 行第 1 列格子的理论频数为：$T_{11} = 325 \times 82/589 = 45.25$；其余类推。

$$\chi^2 = \sum \frac{(A-T)^2}{T}$$

$$= \frac{(64-45.25)^2}{45.25} + \frac{(261-279.75)^2}{279.75} + \frac{(18-36.75)^2}{36.75} + \frac{(246-227.25)^2}{227.25} = 20.139\,4$$

（3）确定 P 值

1）确定自由度：本例 $v = (2-1)(2-1) = 1$。

2）查 χ^2 界值表（附录 3）：$\chi^2_{0.01,1} = 6.63$，本例 $\chi^2 = 20.139\,4$。

3）确定 P 值：$\chi^2 > \chi^2_{0.01,1}$，故 $P < 0.01$。

（4）判断结果：按 $\alpha = 0.05$ 水准，拒绝 H_0，接受 H_1，可认为吸烟者与不吸烟者的慢性支气管炎患病率不同，吸烟者高于不吸烟者。

四格表资料的 χ^2 检验也可以用专用公式比较，即

$$\chi^2 = \frac{(ad-bc)^2 n}{(a+b)(c+d)(a+c)(b+d)} \qquad (式 2\text{-}41)$$

在式 2-41 中，a、b、c、d 分别为四格表中四个实际数；$n = a+b+c+d$ 为总例数。将表 2-13 资料代入公式得

$$\chi^2 = \frac{(64 \times 246 - 18 \times 261)^2 \times 589}{82 \times 507 \times 325 \times 264} \approx 20.147\,3$$

计算结果与式 2-38 的计算结果相同，判断结果同上。

当任一格的 $1 \leqslant T < 5$，并且 $n \geqslant 40$ 时，需要计算校正 χ^2 值；校正 χ^2 值的计算公式为

$$\chi^2 = \sum \frac{(|A-T|-0.5)^2}{T} \qquad (式 2\text{-}42)$$

$$或\ \chi^2 = \frac{\left(|ad-bc| - \dfrac{n}{2}\right)^2 n}{(a+b)(c+d)(a+c)(b+d)} \qquad (式 2\text{-}43)$$

如果任一格的 $T < 1$ 或 $n < 40$ 时，需要改用确切概率计算法直接计算 P 值。

例2-28 淋巴系肿瘤患者随机分成两组,分别用单纯化疗与复合化疗治疗,淋巴系肿瘤两种疗法缓解率比较见表2-14。试问两种疗法的缓解率有无差异?

表2-14 淋巴系肿瘤两种疗法缓解率比较

疗法	缓解	未缓解	合计	缓解率/%
单纯化疗	2(4.8)	10(7.2)	12	16.7
复合化疗	14(11.2)	14(16.8)	28	50.0
合计	16	24	40	40.0

检验步骤如下:

(1)建立检验假设,确定检验水准

H_0:$\pi_1=\pi_2$,即两种疗法缓解率相等

H_1:$\pi_1\neq\pi_2$,即两种疗法缓解率不等

$\alpha=0.05$

(2)计算χ^2值:在上表四个格子中,最小的理论数为$T_{11}=\dfrac{16\times12}{40}=4.8$,且$n=40$,需要用校正公式计算$\chi^2$值。代入式2-43,得

$$\chi^2=\frac{\left(\left|2\times14-14\times10\right|-\dfrac{40}{2}\right)^2\times40}{16\times24\times12\times28}\approx2.624$$

(3)确定P值:本例$\nu=1$,查χ^2界值表(附录3),$\chi^2_{0.05,1}=3.84$,$\chi^2=2.624$,$\chi^2<\chi^2_{0.05,1}$,故$p>0.05$。

(4)判断结果:按$\alpha=0.05$水准,不拒绝H_0,尚不能认为两种化疗方案对淋巴系肿瘤的总体缓解率不等。

本题若不进行校正χ^2值计算,$\chi^2=3.889$,所得结论相反。

2. 配对设计四格表资料的χ^2检验

例2-29 有205份检验样品,每份分别接种在甲、乙两种培养基上,两种培养基培养结果的比较见表2-15。试问两种培养基的结果有无差别?

表2-15 两种培养基培养结果的比较

甲培养基	乙培养基		合计
	+	−	
+	36(a)	34(b)	70
−	0(c)	135(d)	135
合计	36	169	205

表2-15为配对设计资料,每种处理的观察结果只有阳性和阴性两种可能。205份检验样品每份分别接种在两种培养基上,结果出现四种情况:两种培养基均生长(a),两种培养基均不生长(d),甲培养基生长而乙培养基不生长(b),乙培养基生长而甲培养基不生长(c)。我们比较的目的是判断两种培养基的结果有无差异,a和d两种是相同的,对差异比较无

意义,可以不计。判断只考虑结果不同的 b 和 c 有无差别。须应用下列公式计算 χ^2 值,即

$$\chi^2 = \frac{(b-c)^2}{b+c}$$ （式2-44）

若 $b+c<40$ 时,需要用下列校正公式,即

$$\chi^2 = \frac{(|b-c|-1)^2}{b+c}$$ （式2-45）

检验步骤:

（1）建立检验假设,确定检验水准。

H_0:两种培养基的培养结果相同,即 $b=c$。

H_1:两种培养基的培养结果不同,即 $b \neq c$。

$\alpha=0.05$。

（2）计算 χ^2 值:本例 $b+c<40$,故按式2-45。

$$\chi^2 = \frac{(|34-0|-1)^2}{34+0} \approx 32.03$$

（3）确定 P 值:自由度 $v=(2-1)(2-1)=1$。查 χ^2 界值表（附录3）,$\chi^2_{0.01,1}=6.63$,因为 $\chi^2 > \chi^2_{0.01,1}$,故 $P<0.01$。

（4）判断结果:按 $\alpha=0.05$ 的水准,拒绝 H_0,接受 H_1,故可认为甲、乙两种培养基的结果不同,甲培养基阳性率较高。

3. 行×列表资料的 χ^2 检验　四格表是行×列表中最简单的一种形式。当基本数据的行数或列数大于2时,统称为行×列表或R×C表。R×C表的 χ^2 检验主要用于多个样本率或构成比的比较。

（1）行×列表资料的 χ^2 检验:检验步骤和 χ^2 值的计算公式与四格表资料的基本公式相同。但为了简便计算,通常用行×列表资料 χ^2 检验专用公式。

$$\chi^2 = n\left(\sum \frac{A^2}{n_R n_c} - 1\right)$$ （式2-46）

在式2-46中,n 为例数,A 为每个格子的实际数,n_R、n_C 分别为与A同列、同行的合计数。

例2-30　1996年某医院住院患者不同季节呼吸道感染情况见表2-16,试问不同季节呼吸道感染率有无差别?

表2-16　1996年某医院住院患者不同季节呼吸道感染情况

季节	感染人数	未感染人数	合计	感染率/%
春	12	699	711	1.69
夏	12	666	678	1.77
秋	29	665	694	4.18
冬	35	717	752	4.65
合计	88	2 747	2 835	3.10

检验步骤：

（1）建立检验假设，确定检验水准。

H_0：四个季节呼吸道感染率相同。

H_1：四个季节呼吸道感染率不同或不全相同。

$\alpha=0.05$。

（2）计算 χ^2 值：按公式 2-46。

$$\chi^2 = 2\,835 \times \left(\frac{12^2}{88 \times 711} + \frac{699^2}{2\,747 \times 711} + \frac{12^2}{88 \times 678} + \frac{666^2}{2\,747 \times 678} + \right.$$
$$\left. \frac{29^2}{88 \times 694} + \frac{665^2}{2\,747 \times 694} + \frac{35^2}{88 \times 752} + \frac{717^2}{2\,747 \times 752} - 1 \right) \approx 17.293\,5$$

（3）确定 P 值：本例自由度 $\nu=(R-1)\times(C-1)=(4-1)\times(2-1)=3$，查 χ^2 界值表（附录 3）得 $\chi^2_{0.05,3}=7.81$，$\chi^2_{0.01,3}=11.34$，因为 $\chi^2 > \chi^2_{0.001,3}$，故 P<0.01。

（4）判断结果：按 $\alpha=0.05$ 水准，拒绝 H_0，接受 H_1，故可以认为不同季节的呼吸道感染率差别有统计学意义。

（2）行×列表资料 χ^2 检验的注意事项

1）行×列表 χ^2 检验资料，不宜有 1/5 以上格子的理论数小于 5，或有一个格子理论数小于 1，否则会导致分析结果偏差加大。如发生上述情况，应该将理论数太小的行或列与性质相近的邻行或邻列合并以增加理论数。并组时应注意其合理性，如年龄分组可以并组，但按性质分组（如职业、血型等）资料则不能并组，只能增加样本含量。

2）多个样本率或构成比做比较时，如检验结论为拒绝检验假设（即 H_0），只能说明总体率或总体构成比之间差别总的来说有统计学意义，但不能认为它们彼此之间都有差别。

第四节　常用统计工具的使用

一、Excel 的使用

例 2-31　请用例 2-1 的数据，使用 Excel 进行统计运算并绘制图形。

（一）运算

使用 Excel 软件计算统计量的具体步骤如下：

1. 先将原始测量值逐一输入 Excel 数据表中。

2. 在 C1 栏填入"组段"，在 D1 栏填入"频数"。在 C2 至 C11 依次填入"56～<59""59～<62""62～<65""65～<68""68～<71""71～<74""74～<77""77～<80""80～<83""83～85"。

3. 选择"公式"菜单，选定 D2，点击常用工具栏"插入函数"，选择"countif（ ）"函数，按要求输入表达式 countif（B2：B131，">=56"）-countif（B2：B131，">=59"）然后回车，即得本组段频数。按此依次可完成其他各组的频数清点。

4. 选定 B2：B131 数据区域，点击"公式"菜单下的"自动求和"栏的下拉菜单，依次可完成最大值、最小值、求和、平均数等的计算，见图 2-5。

图 2-5 Excel 数据分析

（二）绘图

1. 选定 C1：D11 数据区域。

2. 选择"插入"菜单下的"图形"常用工具栏,点击右侧下拉菜单键,选择"柱形图",见图 2-6。

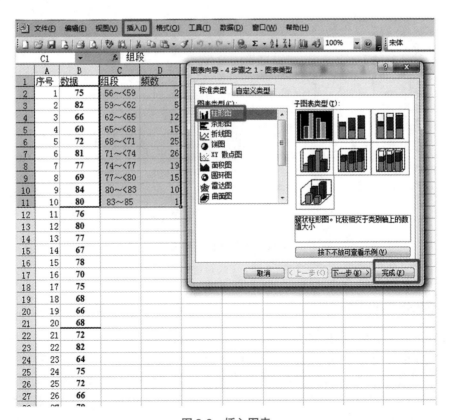

图 2-6 插入图表

3. 根据需要选择合适的图形式样,点击"确定",即可得到图形,见图2-7。

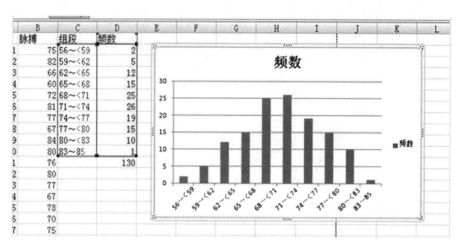

图2-7　选择图形式样

4. 选择图形区域的柱形条,点击鼠标右键,选择"设置数据系列格式",将分类间距修改为0,然后关闭,即可得到直方图,见图2-8。

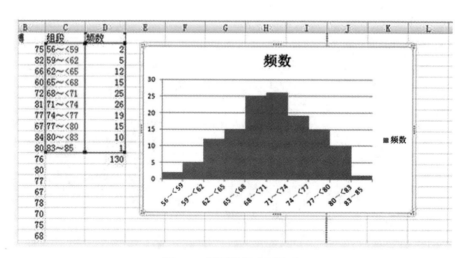

图2-8　设置数据系列格式

二、SPSS 的使用

SPSS,即社会科学统计软件包(statistical product and service solutions),在不断地进行升级,一般具有如下几个特点:①操作简便。除数据录入及部分命令程序等少数输入工作需要使用键盘外,大多数操作都可使用鼠标单击或双击完成。②无须编程。对于常见的统计分析方法完全可以通过对"菜单""对话框"的操作完成。③功能模块组合灵活,包括 Base、Pro.Stats、Adv.Stats、Tables、Trends、Categories 和 LISREL 等概念模块,用户可根据自己的分析工作需要和计算机设备的实际配置情况选择和装备模块，比较方便灵活。④数据接口转换方便。由 FoxPro、FoxBASE 等产生的 *.dbf 文件，或用文本编辑器软件生成的 ASCⅡ码数据文件均可方便地被读入或转换成可提供分析的数据文件。⑤分析方法多样。SPSS 提供了从简单的描述统计到复杂的多因素统计分析方法，如数据的探索性分析、统计描述、列联表分析、二维相关、方差分析、非参数统计、多元回归、生成分析、判别分析、因子分析、聚类分析、时序分析、非条件 Logistic、多元方差分析等。⑥应用面较广。其除应用于社会科学外，还可应用于生物学、心理学、医疗卫生等领域。

下面以汉化版 SPSS 25.0 版本为例，简要介绍该软件的操作。

例 2-32 利用例 2-16 的资料，使用 SPSS 统计软件进行统计分析。

1. **启动 SPSS** 通过程序的桌面快捷方式或“开始”菜单的“运行”命令方式等启动 SPSS 后，展现在我们面前的界面见图 2-9。

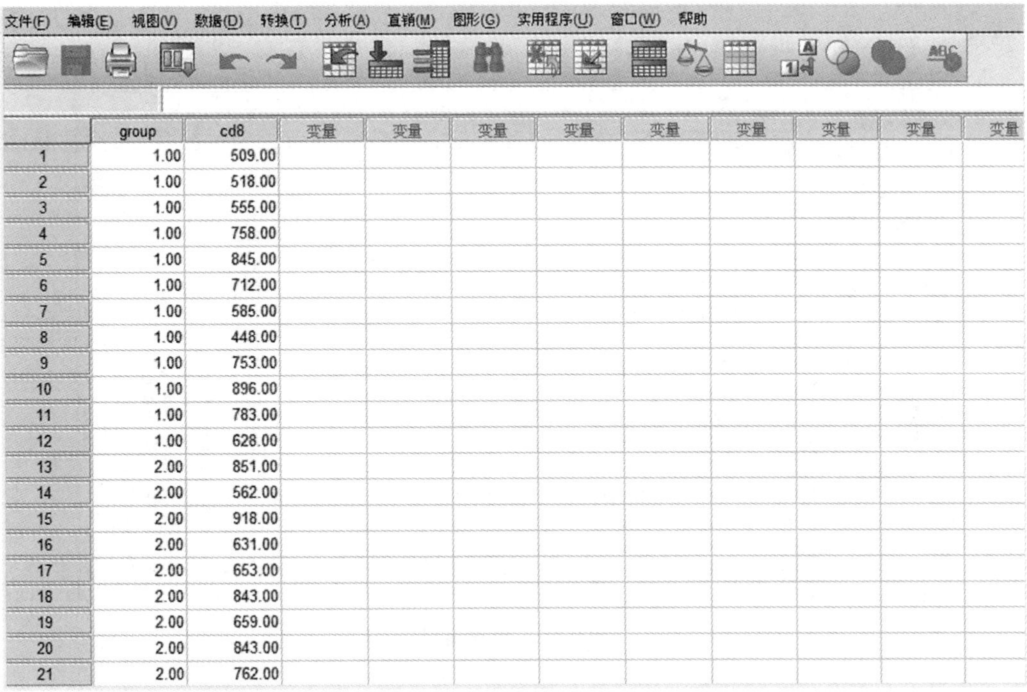

	group	cd8	变量	变量	变量	变量	变量	变量	变量	变量	变量
1	1.00	509.00									
2	1.00	518.00									
3	1.00	555.00									
4	1.00	758.00									
5	1.00	845.00									
6	1.00	712.00									
7	1.00	585.00									
8	1.00	448.00									
9	1.00	753.00									
10	1.00	896.00									
11	1.00	783.00									
12	1.00	628.00									
13	2.00	851.00									
14	2.00	562.00									
15	2.00	918.00									
16	2.00	631.00									
17	2.00	653.00									
18	2.00	843.00									
19	2.00	659.00									
20	2.00	843.00									
21	2.00	762.00									

图 2-9 SPSS 窗口界面

请注意窗口顶部显示为“SPSS 数据编辑器”，表明现在所看到的是 SPSS 的数据管理窗口。界面有菜单栏、工具栏。工具栏下方的是数据栏，数据栏下方则是数据管理窗口的主界面。该界面和表格 Excel 极为相似，由若干行和列组成，每行对应了一条记录，每列则对应了一个变量。

2. **数据文件输入和保存**

（1）定义变量：例 2-32 资料是定量资料，设计为成组设计，因此我们需要建立两个变量，一个变量代表可溶性 CD8 抗原水平，这里取名为“cd8”，另一个变量代表观察对象是轻度再生障碍性贫血患者还是重度再生障碍性贫血患者，取名为“group”。

双击数据对话框数据列灰色"变量"按钮或点击左下"变量视图"栏都可快速进入变量定义。

SPSS 25.0 版本提供的变量类型有数字（N）、逗号（C）、点（D）、字符串（R）、科学记数法（S）、日期（A）和受限数字（E）等9种。

本例将第一列确定为变量"group"，变量类型为字符型；第二列确定变量为"cd8"，变量类型为数值型。这样就形成了一个数据文件的二维表格。第一、第二列的名称均为深色显示，表明这两列已经被定义为变量，其余各列的名称仍为灰色，表示尚未使用。同样，各行的标号也为灰色，表明现在还未输入过数据，即该数据集内没有记录。

（2）输入数据：在输入数据时，既可按变量输入，也可按观察序号输入，还可移动鼠标选定相应单元格输入等。本例将患者组别定义为1，将健康人组别定义为2，数据录入完成后见图2-9。

（3）保存数据：选择菜单"文件→保存（S）"，由于该数据从来没有被保存过，所以弹出"将数据另存为"对话框，见图2-10。

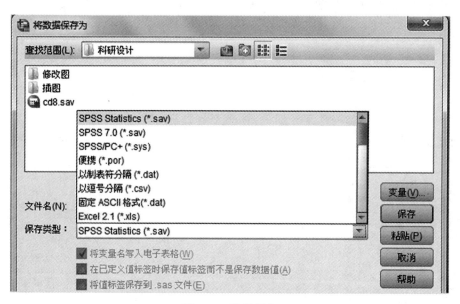

图2-10　数据保存

单击保存类型列表框，可以看到 SPSS 所支持的多种数据类型，有 DBF、FoxPro、EXCEL、ACCESS 等，这里我们仍然将其存为 SPSS 自己的数据格式（*.sav 文件）。在文件名框内键入"Li1_1"并回车，可以看到数据管理窗口左上角由灰色"无标题1［数据集0］"变为了现在的变量名"Li1_1.sav［数据集0］"。

3. 数据的预分析

（1）数据的简单描述：我们首先需要知道数据的基本情况，如均数、标准差等。选择"分析→描述统计→描述"菜单，系统弹出描述对话框，见图2-11。

该对话框可分为左右两部分，左侧为所有可用的候选变量列表，右侧为选入变量列表。我们只需要描述变量"cd8"，用鼠标选中，单击中间的，标签就会移入右侧，注意这时"确定"按钮变黑，表明已经可以进行分析了，单击它，系统会弹出一个新的界面见图2-12。

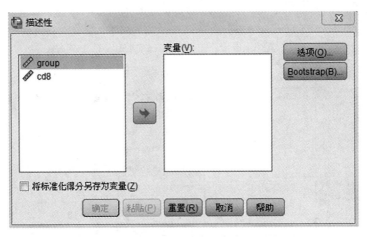

图2-11 统计描述对话框

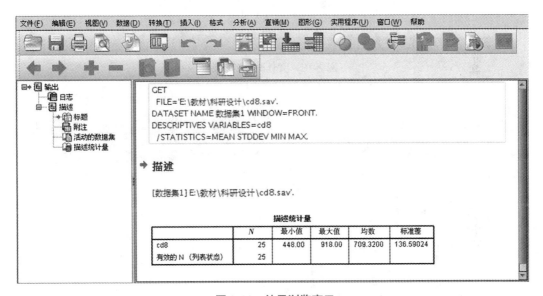

图2-12 结果浏览窗口

该窗口为"输出结果查看器",即结果浏览窗口,整个结构与资源管理器类似,左侧为导航栏,右侧为具体的输出结果。结果表格给出了样本数(N)、最小值、最大值、均数和标准差这几个常用的统计量。从中可以看到,25 个数据总的均数为 709.320 0,标准差为136.590 24。

如果分组描述,需要用到文件分割功能,选择"数据→拆分文件"菜单,系统弹出文件分割对话框,见图 2-13。

选择单选按钮"按组来组织输出",将变量"group"选入右侧的选入变量框,单击"确定"钮,此时界面不会有任何改变,但再做一次数据描述,就可以在"输出结果查看器"看到数据是分 group=1 和 group=2 两种情况描述了,见图 2-14。从描述可知两组的均数和标准差分别为 665.83、749.46 和 144.971、120.050。

(2)绘制图形:统计指标只能给出数据的大致情况,没有图形那样直观,本例可以绘制直方图。在图形菜单栏进行选择操作,具体操作请参照相关教材。

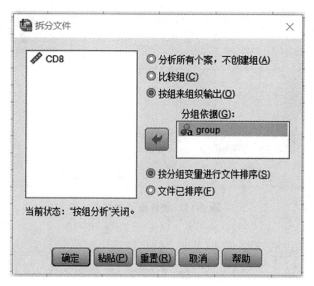

图 2-13 文件分割对话框

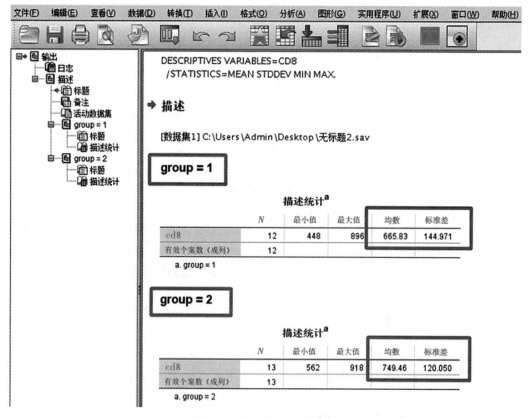

图 2-14 文件分组描述结果

4. 进行统计分析 除完成一般描述外,SPSS能完成很多统计分析任务。

(1)t检验:以成组设计两样本均数比较的t检验为例,选择"分析→比较平均值→独立样本t检验",系统弹出两样本t检验对话框,见图2-15。将变量"cd8"选入"检验变量"框内,变量"group"选入"分组变量"框内,注意这时下面的"定义组"按钮变黑,表示该按钮可用,单击它,系统弹出比较组定义对话框,见图2-16。该对话框用于定义是哪两组相比,在两个"定义组"框内分别输入1和2,表明是变量group取值为1和2的两组相比。然后单击"继续"按钮,再单击"确定"按钮,系统经过计算后会弹出结果浏览窗口,首先给出的是两组的基本情况描述,如样本量、均数等,然后是t检验的结果,见图2-17。

图2-15 两样本t检验对话框

图2-16 比较组定义对话框

组统计

	group	个案数	均数	标准差	标准 误差平均值
cd8	1	12	665.83	144.971	41.849
	2	13	749.46	120.050	33.296

独立样本检验

| | | 莱文方差等同性检验 | | 平均值等同性t检验 | | | | | 差值95%置信区间 | |
		F	显著性	t	自由度	Sig.(双尾)	平均值差值	标准误差差值	下限	上限
cd8	假定等方差	0.720	0.405	-1.576	23	0.129	-83.628	53.064	-193.400	26.143
	不假定等方差			-1.564	21.454	0.133	-83.628	53.479	-194.701	27.444

图2-17 t检验结果输出

可见该结果分为两大部分:第一部分为分组统计描述结果,分别为两样本的均数和标准差,结果与前述一致。第二部分为两样本t检验结果,左侧为莱文方差等同性检验,用于判断两总体方差是否齐,这里的结果为$F=0.720$,$P=0.405$,可见在本例中方差是齐的;右侧分别给出两组所在总体方差齐和方差不齐时的平均值等同性t检验结果,由于前面的方差齐性检验结果为方差齐,结果应选用方差齐时的t检验结果,即上面一行列出的$t=-1.576$,$\nu=23$,$P=0.129$。最终的统计结论按$\alpha=0.05$水准,接受H_0,可以认为轻度和重度再生障碍性贫血患者可溶性CD8抗原水平没有差别。

（2）χ^2 检验

例 2-33   请利用例 2-27 的资料，使用 SPSS 统计软件进行统计分析。

1）建立数据文件。取 3 个变量：组别、患病情况、人数，见图 2-18。

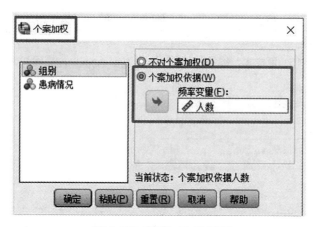

	组别	患病情况	人数	变量	变量	变量	变量	变量
1	1	1	64					
2	1	2	261					
3	2	1	18					
4	2	2	246					

图 2-18   吸烟组与不吸烟组患病的数据文件

2）统计分析

第一步，变量加权。执行"数据→个案加权"过程，选择"个案加权系数"，将变量"人数"调入"频率变量"，见图 2-19，完成后单击"确定"完成变量加权。

图 2-19   变量加权对话框

第二步，χ^2 检验。执行"分析→描述统计→交叉表"过程，弹出"交叉表"对话框。将变量"组别"调入"行"栏，将变量"患病情况"调入"列"栏，见图 2-20。

继续点击图 2-20 中右侧的"统计"按钮，弹出统计量对话框，勾选"卡方"后，单击"继续"按钮返回到图 2-20 界面。继续单击右侧"单元格"弹出"交叉表：单元格显示"对话框，勾选"实测""期望"后，单击"继续"返回到图 2-20 界面，单击"确定"得到分析结果见图 2-21。

从图 2-21 的备注 a 可以看出没有理论频数小于 5，备注 b 可以看出此为四格表分析。

基于图 2-21 的备注及四格表 χ^2 检验的条件，统计分析的结果选择"皮尔逊卡方"一行数据，χ^2=20.147，自由度 =1，双侧 $P<0.01$，差异有统计学意义，可认为吸烟者与不吸烟者的慢性支气管炎患病率不同，吸烟者高于不吸烟者。

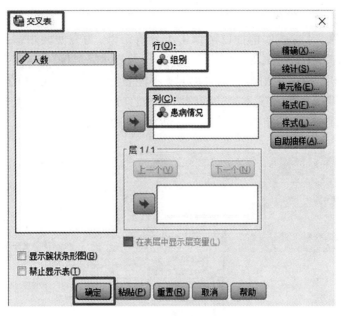

图 2-20 "交叉表"对话框

图 2-21 卡方检验结果输出

5. 保存和导出分析结果

（1）保存结果文件：我们前面已经作出了分析结果，为方便调用，需要对结果进行保存。在结果浏览窗口中选择菜单"文件"→"保存"，按提示完成保存，文件类型为"*.spv"。

（2）导出分析结果：常用文字处理软件，不能直接读取 spv 格式的文件，在调用时，SPSS 提供了将结果导出为纯文本格式或网页格式的功能，在结果浏览窗口中选择菜单"文件"→"导出"，系统会弹出"导出输出结果"对话框，见图 2-22。

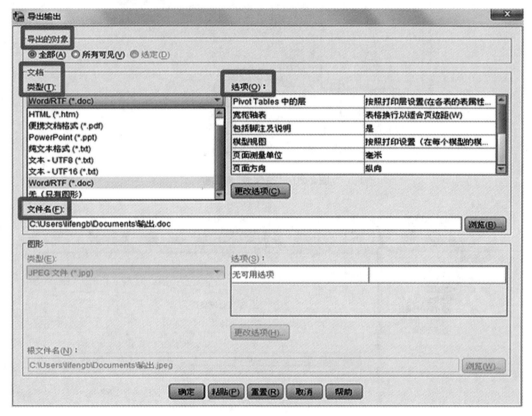

图 2-22　结果输出对话框

左上方的"导出的对象"单选框可以选择输出结果的哪些部分，可以是全部结果、所有可见结果或只输出选择的结果，一般选择"所有可见"；中部左侧的输出文件类型下拉式列表被打开后，可见里面有网页格式和纯文本格式等；中部右侧有文档一些其他选项；下方的"文件名"对话框则填入输出的目标文件名；在一切按所需选择完毕后按"确定"按钮，则结果文件就会输出为你想要的类型。

科 学 思 维

统 计 软 件

　　自动化统计产品和服务软件（statistical product and service software automatically，SPSSAU）从 2016 年开始广泛应用于自然科学、技术科学和社会科学的各个领域。该软件包括通用方法、问卷研究、可视化、数据处理、进阶方法、试验/医学研究、综合评价、计量经济研究、机器学习、荟萃分析和文本分析等 11 个模块, 可提供包括统计描述、假设检验、聚类分析、相关回归分析、信度效度分析、数据可视化、生存分析、综合评价、时间序列分析、机器学习等约 400 类算法。SPSSAU 的研发成功表明我国在统计分析软件领域迈出了重要的一步, 在该领域的实力得到了广泛的认可。

（邱志军）

边 学 边 思

一、单项选择题

1. 总体必须是
   - A. 由个体组成
   - B. 由研究对象组成
   - C. 由同质个体组成
   - D. 由研究指标组成
   - E. 由研究目的而定

2. 参数指
   - A. 参与个体数
   - B. 研究个体数
   - C. 总体的统计指标
   - D. 样本的总和
   - E. 样本的统计指标

3. 下列符号中, 表示统计量的是
   - A. μ
   - B. π
   - C. σ_X
   - D. CV
   - E. σ

4. 一次科研调查时, 需要调查一组人群的下述指标, 其中可归为计数资料的是
   - A. 年龄
   - B. 身高
   - C. 体重
   - D. 血压
   - E. 性别

5. 若以 5 为组距整理数值资料, 如下划分正确的是
   - A. $0\sim<5, 5\sim<10, 10\sim<15$
   - B. $0\sim4, 5\sim9, 10\sim15$
   - C. $0\sim5, 5\sim10, 10\sim15$
   - D. $\sim5, \sim10, \sim15$
   - E. $0\sim4, 5\sim10, 11\sim15$

6. 比较一批人的身高标准差 $s=32.76$cm, 体重标准差 $s=5.43$kg, 以下说法正确的是
   - A. 体重的变异小
   - B. 体重误差小
   - C. 不可比, 因为不知道抽样误差
   - D. 不可比, 因为不知道变异系数
   - E. 不可比, 因为变量类型不同

7. 若 $\alpha=0.05$, 某年某地 6 岁健康男孩身高服从正态分布, 其均数为 115.0cm, 标准差为 10.0cm, 以下说法正确的是
   - A. 5% 的 6 岁男孩身高大于 95.4cm
   - B. 5% 的 6 岁男孩身高小于 105cm
   - C. 2.5% 的 6 岁男孩身高大于 134.6cm
   - D. 2.5% 的 6 岁男孩身高大于 125.0cm
   - E. 5% 的 6 岁男孩身高大于 196.0cm

8. 标准正态分布曲线下中间 95% 的面积所对应的横轴尺度 u 的范围是
   - A. $-1.645\sim1.645$
   - B. $-2.58\sim2.58$
   - C. $-1.96\sim1.96$
   - D. $-\infty\sim1.96$
   - E. $-1.96\sim2.58$

9. 某地某年肝炎发病患者数占同年传染病患者数的10.1%,这种指标是
   A. 时点患病率　　　　　　　B. 构成比　　　　　　　C. 发病率
   D. 集中趋势　　　　　　　　E. 离散趋势

10. 两个样本率分别为P_1和P_2,阳性数分别为X_1和X_2,其样本含量分别为n_1和n_2,则合并率(P_c)为
   A. P_1+P_2　　　　　　　B. (P_1+P_2)/2　　　　C. (X_1+X_2)/(n_1+n_2)
   D. P_1P_2　　　　　　　　E. $n_1P_1+n_2P_2$

11. 要比较甲乙两厂工人患某种职业病的患病率,对工龄进行标准化,其标准构成的选择是
   A. 甲厂工人的年龄构成　　　　　　B. 乙厂工人的年龄构成
   C. 甲乙两厂合并的工人的年龄构成　　D. 甲乙两厂合并的工人的工龄构成
   E. 甲乙两厂合并的病种构成

12. 在使用相对数时,容易犯的错误是
   A. 把构成比作率看待　　　　　　B. 把构成比作相对比看待
   C. 把率作构成比看待　　　　　　D. 把率作相对比看待
   E. 把相对比作构成比看待

13. 率的抽样误差是由于抽样造成的
   A. 样本率与总体率的差别　　　　　B. 总体率之间的差别
   C. 样本率与样本均数之间的差别　　D. 样本均数与总体均数的差别
   E. 总体均数之间的差别

14. 由样本量较大的样本率估计总体率95%的置信区间公式是
   A. $\pi\pm1.96S$　　　　　　B. $\pi\pm1.96S_p$　　　　C. $p\pm1.96p$
   D. $p\pm1.96S_p$　　　　　　E. $p\pm1.96S$

15. 4个样本率作比较,$\chi^2>\chi^2_{0.01,3}$,可认为
   A. 各总体率不同或不全相同　　　　B. 各总体率均不相同
   C. 各样本率均不相同　　　　　　　D. 各样本率不同或不全相同
   E. 各总体率两两不同

(16～19题共用题干)

某克山病病区测得11名急性克山病患者血磷平均值为1.52mmol/L、标准差为0.42mmol/L,同样测得该地13例健康人的血磷平均值为10.8mmol/L、标准差为0.42mmol/L。

16. 若比较克山病患者与该地健康人的血磷值差异有无显著性意义,宜使用的检验方法是
   A. t检验　　　　　　　　B. u检验　　　　　　　C. F检验
   D. χ^2检验　　　　　　E. 秩和检验

17. 其H_0假设的含义,下列正确的是
   A. $\mu_1=\mu_2$　　　　　　B. $\overline{x_1}=\overline{x_2}$　　　　　C. $\mu_0=\mu$
   D. $\mu_1\neq\mu_2$　　　　　　E. $\overline{x_1}\neq\overline{x_2}$

18. 确定P值所需要的自由度为
   A. 24　　　　B. 25　　　　C. 10　　　　D. 22　　　　E. 12

19. 若 α=0.05，经检验 $P<0.05$，其意义是

    A. 有统计学差别　　　　　　　　B. 差别有统计学意义

    C. 差别无统计学意义　　　　　　D. 无统计学差别

    E. 差别无意义

二、多项选择题

1. 以下属于数值型变量数据资料的是

    A. 身高　　　　　　　B. 体重　　　　　　　C. 性别

    D. 年龄　　　　　　　E. 血压值

2. 以下属于定性变量数据资料的是

    A. 治疗效果　　　　　B. 血糖值　　　　　　C. 性别

    D. 民族　　　　　　　E. 职业

3. 直接来源的原始统计数据有

    A. 互联网资料　　　　　　　　　B. 信息部门提供的资料

    C. 病历　　　　　　　　　　　　D. 患者的体温

    E. 用调查工具获得的资料

4. 间接来源的原始统计数据有

    A. 统计年鉴　　　　　　　　　　B. 历史档案

    C. 专业期刊　　　　　　　　　　D. 学术研讨会获得的资料

    E. 测量的血糖值

三、填空题

1. 统计数据可以分为_____、_____和_____。

2. 原始统计数据的来源主要有_____和_____两个方面。

3. 按属性归类的资料又称_____。

4. 集中趋势的描述指标有_____、_____和_____。

5. 编制频数表的步骤为_____、_____、_____和_____。

6. 表示离散度的指标有_____、_____、_____、_____和_____。

7. 已知某计量资料为正态分布，且样本量较大，则该资料 95% 的变量值所在范围是_____；总体均数 99% 的置信区间为_____。

8. 表示抽样误差的指标为_____。

9. t 分布的形态变化与_____有关。

10. t 值越大，则 P 值_____。

11. 均数假设检验的基本步骤为_____、_____、_____、_____和_____。

12. 两样本均数 t-test 的无效假设为_____；自由度为_____。

13. 医学中常用的相对数有_____、_____和_____。

14. 进行率的标准化处理，先要选择标准，标准的来源有_____、_____和_____三种途径。

15. 率的标准化目的在于_____，标准化率不能反映_____。选用的标准不同，所得的标准化率_____。

16. 两样本率比较的假设检验可用_____或_____。

17. 进行四格表 χ^2 检验,当_____和_____时,需要对公式进行校正。

四、案例分析题

1. 在医学实际工作中,我们经常会收集到很多数值资料,如身高、体重、血压等数据,应采取怎样的步骤进行有序化整理?用什么指标进行描述?

2. 试根据表2-17资料,计算以下内容。

(1)均数、标准差、标准误和变异系数。

(2)确定95%的正常值范围。

(3)估计95%的总体均数置信区间。

表2-17　某年某市150名3岁健康女孩的身高频数表

单位:cm

组段	频数	组段	频数
80~<82	1	94~<96	24
82~<84	3	96~<98	17
84~<86	8	98~<100	10
86~<88	10	100~<102	6
88~<90	19	102~<104	2
90~<92	23	104~106	1
92~<94	26		

3. 我们在医学学习过程中,经常学习到关于人体生理、生化等方面的正常值。请思考,这些正常值是怎么得到的?

4. 在护理研究过程中,由于现实条件的限制,经常要进行抽样研究。试想一下:每次抽样所得的样本与总体之间,或样本与样本之间的结果会有何表现,为什么会有这样的结果?

5. 在实际工作中,我们通常是研究样本。如果希望通过样本指标来得到总体参数,应该怎样操作?

6. 根据大量调查得知,健康成年男子脉搏的均数为72次/min。某医生在某山区随机调查了25名健康成年男子,其脉搏均数为74.2次/min,标准差为6.5次/min。请思考:有哪些原因会造成该山区成年男子的脉搏均数与一般人群脉搏均数的不同,如何证实?

7. 在一次糖尿病知识知晓率调查中,调查某社区居民200人,其中有100人对糖尿病知识有所了解,知晓率为50%。请思考:下次抽样还会是这个结果吗?为什么?如果想用此50%的知晓率来估计社区全体人员的知晓率,又该如何操作?

8. 为了解某乡钩虫感染情况,随机抽查男性200人,感染40人;女性150人,感染20人。某乡钩虫感染随机抽查结果见表2-18。请思考:①该乡男性感染率是否高于女性?②若对该乡居民进行驱钩虫治疗,需要按多少人准备药物(全乡人口14 362人,其中男7 253人,女7 109人)?

表2-18　某乡钩虫感染随机抽查结果

性别	感染/人	未感染/人	合计/人	感染率/%
男	40	160	200	20.00
女	20	130	150	13.33
合计	60	290	350	17.14

9. 研究某种驱虫药的临床疗效。治疗蛔虫与蛲虫混合感染者184人,同时排出蛔虫与蛲虫者16人,只排出蛔虫者56人,只排出蛲虫者36人,两类虫均未排出者76人。问此种驱虫药对何种肠道寄生虫的驱除效果较好?

第三章　护理文献综述

知识目标：

1. 简述文献综述、文献检索的概念及意义。
2. 列举文献检索的方法和常用的医学数据库的名称和功能。
3. 说出文献综述的书写过程及综述论文的格式和要求。

能力目标：

1. 能找到医学研究问题，并将之转化为文献综述的选题。
2. 能根据已经确定的文献综述选题，从常用的医学数据库中，检索需要的文献。
3. 能按照医学文献综述的基本步骤，尝试撰写医学文献综述。

素质目标：

1. 养成良好的专业文献阅读、整理习惯和归纳、综述能力。
2. 培养基于循证和理论依据，科学分析和解决问题的习惯。
3. 形成持续关注某研究领域，不断学习和吸收新知识、新技术的习惯。

例 3-1　临床教学医院的蒋老师在研究肝硬化的治疗时，通过初步文献回顾了解到，肝纤维化是肝脏慢性炎症向肝硬化发展的过渡性阶段，肝纤维化的发展与致病因素的持续存在密切相关：病因持续存在，肝纤维化逐渐发展，致病因素去除有助于肝纤维化的逆转。干扰素（interferon，IFN）可以抗病毒，同时还有抗炎症和抗纤维化的作用。蒋老师尝试进一步研究 α-干扰素抗肝纤维化的作用机制及最恰当的抑制剂量、疗程、治疗时机的选择等，并书写"α-干扰素的抗肝纤维化作用"的文献综述。

请思考：蒋老师要如何完成该文献综述的撰写工作。

文献综述指在全面系统搜集有关文献材料的基础上，经过整理、归纳、分析、甄别、选用，对一定时期内某一学科或某一研究专题的学术成果和研究进展进行系统、全面的概述和评论。

医学文献综述是对医学专业领域内某种疾病医学、医学技术操作、医学理论以及医学相关学科研究的进展，通过系统地检索国内外文献、综合分析、归纳撰写而成。

文献综述的特点主要体现在"综""述"二字上。所谓"综"，即将大量分散、重复甚至观点相反的有关某一主题的文献资料进行归纳和综合，分析其异同点，使资料更精练、观点更明确；所谓"述"，即结合作者的观点和实践经验，对文献中的观点、结论进行分析和述评，阐明自己的看法，同时对该课题的未来发展方向及研究重点加以预测。

在医学研究中,进行文献综述的意义主要包括以下内容:

1. **为论文的选题寻求切入点和突破点** 科学研究本质上是一种创新活动,创新是对现有研究不足的弥补或突破。任何研究课题的确立,都要充分考虑到现有的研究基础、存在的问题和发展趋势,以及在现有研究的基础上继续深入的可能性。在综述中,"现有的研究基础"体现在"综"上。通过对文献的梳理和分析,我们可以全面了解相关领域的研究现状,预测后续研究成功的可能性。"存在的问题和发展趋势"体现在"述"上,是综述撰写者结合自己的学术观点进行的反思与发现。

2. **为论文的研究寻求新的研究方法和有力的论证依据** 文献综述是跟踪和吸收国内外学术思想和研究的最新成就,了解科学研究前沿动向并获得新情报信息的有效途径,有助于我们掌握国内外最新的理论、手段和研究方法。从已有的研究中得到的启发,不仅可以帮助我们找到论文深入研究的新方法、新线索,使相关的概念、理论具体化,而且可以为科学地论证自己的观点提供丰富的、有说服力的事实和数据资料,使研究结论建立在可靠的材料基础上。

3. **避免重复劳动,提高研究的意义和价值** 重复研究不仅浪费了大量的时间和精力,还将导致科研本身长期处于低水平的状态。文献综述的作用在于充分利用已有的研究材料,避免重复前人已经解决的问题、重做前人已有的研究、重犯前人已经犯过的错误。因此,在确定论文选题之前一定要做好文献综述研究,提高研究的意义和价值。

书写文献综述一般经过以下几个阶段:即选题、文献检索、利用文献(包括阅读文献、拟写提纲、文献归类、观点提炼)和书写综述论文,见图 3-1。

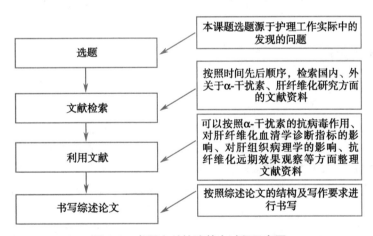

图 3-1　书写文献综述基本过程示意图

第一节　选　题

选题决定了论文的质量以及得到发表的可能性,一般来说文题要准确、简短、新颖,富于吸引力,能引起读者注意和兴趣。选题原则上应结合实际需要,选择自己临床经验较丰富的主题进行综述,注意创新性和实用价值,并有一定的信息占有量。

一、选题的来源

研究者可以根据专业知识,查阅大量文献并从实践及日常工作中发现问题。通常来源于以下方面。

1. 从医学实践中提出研究问题 无论是临床医护人员还是医学教师,都会在自己的工作实践中遇到困惑不解的问题。一般来说,在医学实践中,经常遇到的困难、服务对象经常发生的问题都可成为有价值的研究问题,如两种不同卧位用于肾癌根治术后康复的临床效果比较、呼吸运动训练对冠心病康复期患者运动耐力影响的研究、护患情境会话技巧改进、老年患者便秘的影响因素分析与护理、婴幼儿手足留置针固定方法的改进、简易洗头车在卧床患者洗头护理中的应用等。

> 在例 3-1 中,选题属于实际工作需要。

2. 从理论中提出研究问题 许多研究问题是研究者按照某一理论提出某种假设,推测按照此理论应该解决某一问题而提出的。它既可以是成熟的理论,也可以是尚有争论的学说。例如,用健康信念模式来发展研究工具,调查妇女乳腺癌的自查行为。

3. 从文献中提出研究问题 读者在阅读文献时随时注意空白点,经检索无前人研究,且有价值的方面即可作为选题的方向。另外也可通过文献启发思路,有的研究论文会在讨论部分提到本研究尚有哪些不足,这就为今后的研究提出了新的问题。

4. 新技术、新理论、新动向 从掌握的大量文献中选择反映本学科的新理论、新技术或新动向的题目进行综述。

5. 与自己科研内容和方向有关的题目 一般是研究生选题或进行重大科研课题之前的准备工作。

二、选题的途径

1. 基本技术 尽管现代医学已发展成为一门独立的学科,但是仍有许多理论有待发展和完善。

例如,有些护理专业图书写到,测腋温需要擦干腋汗后测量,但实际工作中护士为患者测腋温时常省去擦干腋汗这一操作程序。腋汗对腋温测试数值是否有影响,我们可以就这一问题进行研究。另外基础护理操作常规多数是医学前辈工作经验的总结,有些没有经过严格的科学验证,如患者的卧位、导管插入的深度、皮肤护理的方法等都可作为综述研究的选题。

2. 专科技术 医学的迅猛发展、新仪器和新技术的引进,急需医学知识技术提高,更新和改进的专科技术就是医学研究的课题。专科治疗和护理过程的疑点和难点是医学研究的重点。

例如,常见病的治疗方法、腹部术后患者的腹胀问题、化疗患者的不良反应等都是医学研究的选题。感染学是近年来兴起的学科,寻找医院感染的感染源和传播途径是其研究的内容。消毒隔离是护理工作的重要组成部分,医务人员对易引起医院感染的环节,可采取何种对策等方面的研究进展都可作为医学综述的研究方向。

3. 社区医学 随着人们对以健康教育、预防保健为重心的卫生保健需求日益增长。涉及社区保健服务、健康教育、用药指导、饮食指导、社区康复等工作由护士来主导。因此可开展如在社区健康教育的研究,包括健康教育的理论、健康教育手段、社区健康教育项目、社区不同人群的健康知识需求、"互联网+"健康教育、"人工智能"+健康教育等。

三、选题的思路

1. **找出问题**　首先,给自己一些时间思考每日的临床工作,如反复思考问题"我对什么领域感兴趣,我对什么问题感兴趣,最近我思考了什么问题"。写下所思考的问题,这些将成为未来的研究课题的雏形。然后,审慎评价这些问题,按照其重要性进行排列,并在每个问题后面简要阐述该问题重要性、研究的意义、研究结果将对医学实践造成的影响。

值得研究的问题一般具有以下特征:①问题应是精确、具体的,包含了可测量的变量;②问题应是现实的;③问题范围不应过大;④问题应是清晰的;⑤问题应包含可直接观察到的特征和行为。

2. **缩小范围**　一般情况下,最初确立的研究问题往往较大,需要进一步缩小范围,使选题更具可行性。例如,若研究题目为"老年患者压力性损伤问题的探讨",则范围过大,涉及内容包括压力性损伤的原因、临床表现、程度评定、预防、处理等。若将题目的范围缩小为"骨科老年患者翻身次数和压力性损伤发生率的相关性研究",则在研究对象、研究范围、研究变量等方面都比较具体和明确,使研究可行性和实用性提高。

3. **查询有关文献**　确立研究问题过程中非常重要的步骤是通过文献查询对研究问题进一步提炼。首先找到相应的数据库,然后设计适合的关键词,进行深入全面的查询,使最初的选题更精练、更具研究价值。

4. **评价研究题目的先进性、科学性、实用性、可行性**　一个医学问题是否值得研究,能否通过研究获得可信、有效的结果,都应在开展具体研究之前进行充分论证。可从选题内容和预期结果能否增进医学新知识、立题是否有创新、是否完全重复别人的研究、研究的预期结果能否应用到实际医学工作中解决临床医学问题并指导医学实践等方面加以评价。同时还应考虑是否可行,包括研究工作中的协作关系、仪器设备、时间、经费、人力、物力等各方面条件是否完备。仪器设备和测量工具是收集研究资料的手段,而足够的时间和经费是完成研究的保证。只有具备各方面条件,才能确立研究课题,并使研究工作顺利进行,最后取得较好的研究成果。

5. **明确地表述研究目的或研究问题**　可采用陈述句的形式表述研究目的(研究目标),也可通过疑问句的形式表述研究课题。但应注意,研究目的或研究课题的表述都应满足两个基本原则,即简洁、具体。

四、选题的常见问题

在护理科研中,常见的选题问题包括但不限于以下内容。

1. **选题陈旧**　选择已经被广泛研究过的主题,缺乏新颖性,可能导致研究结果与现有文献高度重复,缺乏创新。如选择研究"护理人员的职业压力及其应对措施",这个主题已经被广泛研究,如果再以此为主题进行研究,可能会因为缺乏新颖的观点和方法而显得陈旧。

2. **选题过于宽泛**　如果选题范围过大,可能会导致研究难以聚焦,难以深入探讨具体问题,从而影响研究的深度和广度。如选择研究"护理教育的方法和效果",这个主题非常广泛,可能涉及多个方面,如理论教育、实践教育、不同教育方法的比较等,如果无法具体化研究内容,可能会导致研究难以进行。

3. 选题缺乏实用性   选题应考虑其实际应用价值,如果研究结果对临床实践(如患者护理)没有明显帮助,那么对于研究的实用性会产生疑问。如"护理文献综述对护理学科发展的影响研究",虽然这是一个重要的研究领域,但如果研究结果不能直接应用于护理服务的改进,专家就会对其实用性产生疑问。

护理科研的选题应避免上述问题,确保选题具有新颖性、具体性和实用性,以便更好地推动护理学科的发展和临床实践的改进。

五、选题的注意事项

1. 实用新颖   一篇综述论文应有实用价值,其内容应比已发表的同类综述有所扩展或针对某一主题有所深入,避免在内容上完全重复已有文献。同时选题前应进行查新,了解课题的基本情况,做到有的放矢,并尽快成文。科研有较强的时间性,过了一定的时期,原本一个很好的课题就会失去它原有的价值。

2. 选题范围恰当   综述的主题越具体,越易于有针对性地搜集相关文献,也越容易深入论述某个主题。如选题"老年人心理问题研究进展",写作内容既要包括身体健康老年人的心理问题,也要包括老年患者的心理问题,同时老年人的心理问题有很多,范围较大,每个方面都不容易深入。若根据作者的经验和掌握资料的情况,选择某一个特定的群体作为研究对象,例如重点写"老年住院患者心理健康及其影响因素研究进展",就显得更加具体,容易写清楚和写透彻。

3. 发挥特长   选题应研究自己熟悉的东西,不仅易于成功,还可因思维优势形成自己的特色。

> 在例 3-1 中,蒋老师结合自己目前从事的临床医学和医学教学工作,在工作实践中发现值得研究的问题,故在论文撰写时能发挥特长。

4. 能找到足够数据的原始文献   撰写综述的基础是大量与该主题有关的原始文献,其中以原始的调查研究类论文为主。因此,在选题时也应考虑资料的来源要充足,否则文献综述就失去了充分的文献基础。

科 学 思 维

人 工 智 能

人工智能可以在数据收集与分析、选题建议与预测、文献综述与知识图谱、案例研究与验证以及跨学科协作等方面,为护理研究工作者提供强有力的支持。

首先,在数据收集与分析方面,可以进行大规模数据处理,快速识别和分类相关信息;可以通过先进的算法和模型挖掘数据的潜在关联和趋势,揭示之前未被注意到的研究点。

其次,在选题建议与预测方面,可以通过智能推荐系统为研究者提供个性化的选题建议;也可以进行趋势预测,有助于研究者把握研究先机。

第三,在文献综述与知识图谱方面,可以自动生成文献综述,帮助研究者快速了解某个领域的研究现状、主要观点和争议;构建护理学科的知识图谱,发现新的研究角度和交叉点。

第四，在案例研究与验证方面，可以分析国内外成功的"人工智能＋护理科研"案例，为研究者提供实践经验和启示；也可以基于人工智能的预测模型或推荐系统进行研究数据的验证和优化，为研究者提供新的研究思路和方向。

第五，在跨学科协作方面，人工智能可以打破学科壁垒，促进护理学与其他学科间的交流与合作，有助于发现新的研究问题和解决方案；构建跨学科数据集，为研究者提供丰富的数据资源，支持跨学科的研究选题和探索。

（徐明敏）

第二节 文 献 检 索

文献检索指根据学习和工作的需要获取文献的过程，即从众多的文献信息源中，迅速而准确地查找出符合特定需要的文献信息或文献线索的过程，是利用文献获取知识、信息的基本手段，是科学研究的组成部分。随着现代网络技术的发展，文献检索更多是通过计算机技术来完成。科学研究首先是从课题调研掌握资料起步的，文献检索有助于掌握本课题研究的进展动态、拓展思路、避免重复劳动，把研究水平提到新的高度。科研成果的评估与鉴定，也需要通过文献检索——资料的查新活动，才能作出正确的结论。特别是在社会科学文献检索系统尚不完备的条件下，文献检索能力的高低，往往影响着科研成果的价值。

一、文献类型

文献按载体类型可分为印刷型、缩微型、视听型、机读型；按文献加工程度可以分为零次文献、一次文献、二次文献、三次文献；按文献出版形态可以分为图书、期刊、会议文献、学位论文等。

1. **零次文献** 形成一次文献之前的文献，即未经出版发行或未进入社会交流的最原始的文献。如书信、论文手稿、笔记、试验记录、会议记录等，是一种零星、分散和无规则的信息。其主要特点是内容新颖，但不成熟，不公开交流，难以获得。

2. **一次文献** 是文献的基本类型。一次文献是人们直接记录其生产实践经验和科学研究发现而形成的文献，是文献信息源的主要组成部分。如期刊论文、科技报告、专利说明书、会议论文、学位论文等，体现创造性。其主要特点是内容新颖丰富，叙述具体详尽，参考价值大，但数量庞大、分散。

3. **二次文献** 是对一次文献进行加工整理后的产物。二次文献即对无序的一次文献的外部特征，如题名、作者、出处等进行著录，或将其内容压缩成简介、提要或文摘，并按照一定的学科或专业加以有序化而形成的文献形式，如目录、文摘杂志（包括简介式检索刊物）等。它有储存、检索、报道的功能，体现高度的浓缩性。其主要功能是检索、通报、控制一次文献，帮助人们在较短时间内获得较多的文献信息。二次文献具有汇集性、工具性、综合性、交流性等特点。

4. **三次文献** 是根据一定的需要和目的，在有关的一次文献和二次文献基础上综合分析、重新编写而成的文献。其包括各种专题述评、综述、进展报告及书目指南等。三次文献是情报研究的产物和成果，具有很强的综合性。

一般来说，一次文献是基础，是检索利用的对象。二次文献是检索一次文献的工具，又称检索工具。三次文献是一次文献内容的高度浓缩，也是我们利用的一种重要资源。

> 在例 3-1 中，蒋老师要撰写的文献综述属于三次文献。

二、检索文献

检索文献是从大量文献集合中查寻出符合特定需要的相关文献的过程。一般来说，文献根据其外部特征（如著者、标题、来源、卷期、页次、文种等），按照一定的方式编排并储存在一定的载体上；在检索过程中，可以通过一定的方法，从检索系统中提出符合检索条件的文献。

1. 文献的检索工具 是汇集各种信息，按特定的方法加以描述和编排，以供查考的工具。其具有储存（编制过程）和检索（查找过程）的功能。

检索工具与普通文献的主要区别在于它是一种工具书刊，是专供人们查找特定信息的，虽然它也具备可读性，但它不是供人们进行系统阅读的。

检索工具按内容与功用主要划分如下。

（1）目录：是著录一批相关的出版物，并按一定方式编排的一种揭示与报道信息的工具。

（2）索引：是将信息源内外表特征中具有检索价值的知识单元提取出来，按字顺、分类或其他逻辑次序排列，并注明与之对应的所在文献的页码与文摘号的检索工具。其包括篇目索引和内容索引，内容索引包括词语索引、主题索引、人名索引、地名索引、关键词索引。

（3）文摘：是以摘要的形式概括地报道单篇文献内容的浓缩性检索工具。文摘＝题录＋摘要。

2. 文献检索的方法

（1）直接法：又称常用法，指直接利用检索系统（工具）检索文献信息的方法。

（2）顺查法：指按照时间的顺序，由远及近地利用检索系统进行文献信息检索的方法。这种方法能收集到某一课题的系统文献，它适用于较大课题的文献检索。例如，已知某课题的起始年代，现在需要了解其发展的全过程，就可以用顺查法从最初的年代开始，逐渐向近期查找。

（3）倒查法：是由近及远，从新到旧，逆着时间的顺序利用检索工具进行文献检索的方法。此法的重点是放在近期文献上。使用这种方法可以最快地获得最新资料。

（4）抽查法：指针对项目的特点，选择有关该项目的文献信息最可能出现或最多出现的时间段，利用检索工具进行重点检索的方法。

（5）追溯法：指不利用一般的检索系统，而是利用文献后面所列的参考文献，逐一追查原文（被引用文献），然后再从这些原文后所列的参考文献目录逐一扩大文献信息范围，一环扣一环地追查下去的方法。它可以像滚雪球一样，依据文献间的引用关系，获得更好的检索结果。

（6）循环法：又称分段法或综合法。它是分期交替使用直接法和追溯法，以期取长补短，相互配合，获得更好的检索结果。

3. 文献检索的途径

（1）著者途径：许多检索系统备有著者索引、机构（机构著者或著者所在机构）索引，专利文献检索系统有专利权人索引，利用这些索引从著者、编者、译者、专利权人的姓名或机关团体名称字顺进行检索的途径统称为著者途径。

（2）题名途径：包括书名、刊名等，一些检索系统中提供按题名字顺检索的途径，如书名目录和刊名目录。

（3）分类途径：按学科分类体系来检索文献。这一途径是以知识体系为中心分类排检的，因此，比较能体现学科系统性，反映学科与事物的隶属、派生与平行的关系，便于我们从学科所属范围来查找文献资料，并且可以起到触类旁通的作用。分类途径检索文献资料，主要是利用分类目录和分类索引。

（4）主题途径：通过反映文献资料内容的主题词来检索文献。主题法能集中反映一个主题的各方面文献资料，因而便于读者对某一问题、某一事物和对象做全面系统的专题性研究。我们通过主题目录或索引，即可查到同一主题的各方面文献资料。

（5）引文途径：文献所附参考文献或引用文献，是文献的外表特征之一。利用这种引文而编制的索引系统，称为引文索引系统。它提供从被引论文去检索引用论文的一种途径，称为引文途径。

（6）序号途径：有些文献有特定的序号，如专利号、报告号、合同号、标准号、国际标准书号和刊号等。文献序号对于识别一定的文献，具有明确、简短、唯一性特点。依此编成的各种序号索引可以提供按序号自身顺序检索文献信息的途径，见图3-2。

图 3-2　文献检索途径

　　在例 3-1 中，我们可以根据分类途径选择医学，然后根据主题途径设计关键词"α-干扰素""肝纤维化"，然后按顺查法（也可结合追溯法）在数据库中查询 2018—2024 年的文献，见图 3-3、图 3-4。

图 3-3　主题途径检索

图 3-4　检索结果

4. 文献检索的步骤　文献检索是一项实践性很强的活动,它要求我们善于思考,并通过经常性的实践,逐步掌握文献检索的规律,从而迅速、准确地获得所需文献。一般来说,文献检索可分为以下步骤。

(1) 明确查找目的与要求,制订检索策略:首先要了解课题的目的、意义,明确课题的主题和研究要点以及主要特征,然后根据课题研究的特点和检索要求制订检索策略。制订检索策略包括检索提问、检索方法选择、检索工具选择以及检索范围(专业、时间、语种、文献类型)的限定等,其中最关键的是确定检索标识,如关键词、主题词、分类号、作者、作者单位等。由检索标识按布尔逻辑关系组成检索提问表达式。

(2)利用检索工具查找文献线索:根据课题检索的需要,选择相关的检索工具,然后用已构成的检索提问,按照相应的检索途径查找有关的索引,再根据索引指示的地址在文献部分或题录部分查得相应的文献线索,如题目、内容摘要、作者及作者单位、文献出处等。

(3)根据文献出处索取原始文献:首先对文献出处要进行文献类型辨识(缩写要还原原名称),然后再按文献出处的全称查找相应的馆藏目录及收藏单位,再检索或复制原文。

5. **常用的医学数据库**

(1)常见的中文医学数据库

1)中国知网,即中国知识基础设施工程(CNKI),是综合性文献数据库,提供 CNKI 源数据库、医药卫生类、外文类、工业类、农业类、经济类和教育类等多种数据库。每个数据库都提供初级检索、高级检索和专业检索等功能(图 3-5)。

图 3-5　中国知网

2)万方数据知识服务平台,集成期刊、学位、会议、科技报告、专利、标准、科技成果、法规、地方志、视频等十余种知识资源类型,覆盖自然科学、工程技术、医药卫生、农业科学、哲学政法、社会科学、科教文艺等学科领域,支持多维度组合检索(图 3-6)。

3)维普网,即维普资讯网,可提供数据库出版发行、知识网络传播、期刊分销、电子期刊制作发行、网络广告、文献资料数字化工程以及基于电子信息资源的多种个性化服务(图 3-7)。

4)中国生物医学文献数据库(CBM)收录 1978 年至今国内出版的生物医学学术期刊。学科范围涉及基础医学、临床医学、预防医学、药学、口腔医学、中医学及中药学等生物医学的各个领域(图 3-8)。

图 3-6   万方数据知识服务平台

图 3-7   维普网

图 3-8 中国生物医学文献数据库

（2）常见的外文医学数据库

1）PubMed 是美国国立卫生研究所（NIH）下属美国国立医学图书馆（NLM）开发的因特网检索系统，建立在美国国家生物技术信息中心（NCBI）平台上。该数据库具有信息资源丰富、信息质量高、更新速度快、强大的链接功能、检索方式灵活多样等特点（图 3-9）。

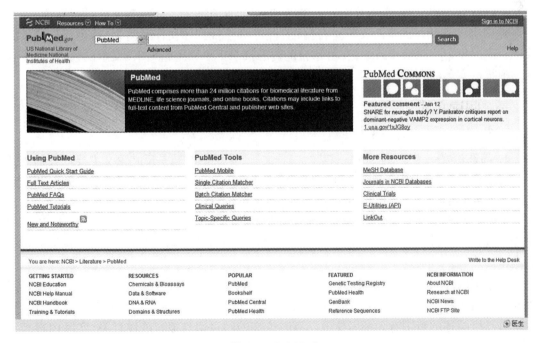

图 3-9 PubMed

2）MEDLINE 是 NLM 生产的国际性综合生物医学信息书目数据库，是当前国际上广泛使用的生物医学文献数据库之一。其内容包括美国《医学索引》（*Index Medicus*）的全部内容和《牙科文献索引》（*The Index to Dental Literature*）、《国际护理索引》（*The International Nursing Index*）的部分内容（图 3-10）。

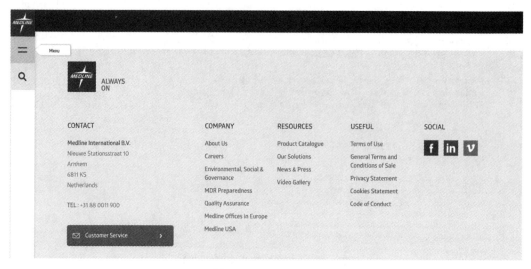

图 3-10　MEDLINE

（肖有田）

第三节　利 用 文 献

文献资料搜集全后，要对文献进行阅读和整理、去粗取精。可先对文献进行泛读，找出与主题内容密切相关的核心文献进行精读，注意必须找到原文仔细阅读，特别是权威性的文献。同时做好文献摘录或笔记，将重要的内容摘录下来，以提高阅读文献的效果，便于在成文时提取有关的内容。

一、阅读文献

通常，阅读文献大致有 3 个步骤。

1. **筛选论文**　主要方法是"三看"。一看文题，论文的文题是反映论文主要内容的概括语。看文题可以从文中选取自己感兴趣的或需要的内容。二看作者，指先看研究专题中有声望的专家写的论文。一般地说，因为专家经验丰富，对新理论、新方法的分辨力强，尤其对不同观点的理论和学说，其倾向的学说有较大的可信性，所以这种论文中的观点、论说的可读性较大。三看摘要，通过摘要，我们可以概括了解该论文的主要研究方法、论据以及最后结论。

2. **粗读**　对收集到的文献进行粗略阅读，也可运用"三看"方法。先看前言，明确其解决和回答的问题；再看材料与方法，了解其采用的研究手段；后看小结，看其结论是否正确，或对自己所综述的范围有无参考价值。有时论文的题目似与拟写综述有关，实际内容却不符合需要，这些论文就应舍去。如果内容符合需要，则应在这些论文上作出标记，同时将其文题、作者、姓名、刊载期刊的名称、卷、页和年份详细记录下来，以便在写作中反复核对和务求正确领会原作的叙述。

3. **精读** 对重要的论文依照粗读的提示，再深入细致读全文，并做好文摘卡片或笔记，或在复印件上画出记号，做好标记。精读过程中要将相关的、类似的内容，分别归类；对结论不一致的文献，要对比分析，按一定的评价原则，作出判断。

二、拟写提纲

在确定题目和广泛阅读文献的基础上，应着手拟定写作提纲，即所谓"搭架子"。将所收集到的资料，按提纲加工成文，要做到层次分明、有纲有目。拟写提纲的方法一般为将准备综述的主要内容，以简要的形式列出主要标题和小标题，在相应的标题下再列出拟叙述和讨论的问题及准备应用的文献，使论文大体有一个轮廓。通过这个初步提纲，我们可能发现，有些小标题下资料充足，有些小标题下资料明显不足，而另一些小标题下资料尚未弄清、难以应用等。这时就需要对不足的文献进一步查找，有疑问的文献重新核对，甚至要修改提纲，直至提纲及相应文献资料完善。

> 在例 3-1 中，通过文献检索，蒋老师在数据库中查到 136 篇相关文献，阅读文献后拟定以下提纲。
> 1. α-干扰素的抗病毒作用。
> 2. α-干扰素对肝纤维化血清学诊断指标的影响（2.1 肝纤维化血清学诊断指标；2.2 对血清学指标的影响）。
> 3. α-干扰素对肝组织病理学的影响。
> 4. α-干扰素抗纤维化远期效果观察。

三、文献归类

拟定提纲后，在精读和整理文献的基础上，将文献进行归类，放到拟定好的写作提纲中，并根据文献涉及的内容，对写作提纲进行细化和修改。应注意，在写作提纲的各级小标题中，均应有一定数量的文献。如果某个小标题下一篇文献都没有，应考虑是否删掉这个小标题。

四、观点提炼

提纲拟好后，可动笔成文。按初步形成的论文框架，逐个问题展开阐述，写作中要注意说理透彻，既有论点又有论据，下笔一定要掌握重点，并注意反映作者的观点和倾向性。一般综述作者自己的观点包括以下几方面：①选题独辟蹊径，能够表明当今学科的热点问题和关键的研究领域。在撰写综述之前，要查一下别人是否已发表过类似综述。②对他人的成果或论述进行分析，对不同的数据或观点进行比较，尽量给予客观的评价，这样才能对读者起到应有的解惑作用。③展望未来，对前景和趋势，作出符合该学科发展规律的预测，使读者得到启迪。④对该学科领域中存在的问题以及如何解决，提出中肯的意见、建议或思路，以引导读者。

科 学 思 维

我国脊髓灰质炎疫苗研发生产的拓荒者——顾方舟

顾方舟,中国杰出的医学科学家与病毒学专家。1955 年,我国多地发生脊髓灰质炎疫情,顾方舟临危受命,迎难而上。他和团队查阅国内外资料,在反复论证和比较"灭活疫苗"与"减毒疫苗"两种疫苗的优缺点的基础上,得出结论:中国走"减毒疫苗"的技术路线现实可行,能够实现广泛接种和群体免疫。他带领团队制订技术方案,进行临床数据对比;历经数十载春秋,攻克了一个又一个难题。为了解决液体疫苗的弊端,他们又成功研制出了糖丸疫苗,攻克了计量难、服用难、储存难、运输难、普及难的五大难关,让糖丸疫苗发放到每一个角落,有效地控制了脊髓灰质炎的流行,成功护佑了亿万孩子的生命健康。

（肖有田）

第四节　书写综述论文

查阅和阅读文献后,一般应在短期内写出初稿,以免时间拖得过长,导致前后脱节、条理紊乱或文字不畅等。一旦动笔,最好一气呵成。全文写完后应逐段认真斟酌、推敲。每次修改后最好放置两三天后再修改一遍,直至满意。

一、文献综述的格式

文献综述一般由文题、作者署名、摘要、关键词、正文等部分组成。

（一）文题

论文的文题应醒目新颖,能概括论文的主要内容,能表达出论文的主题,文题与内容要相符,使人一看就能对论文的含义有一个明确的概念。综述论文的陈述方式一般为"×××的研究进展",或"×××综述"。文题书写要规范,如采用缩写形式或代号时一定是得到普遍公认的,如综合性重症监护病房(intensive care unit, ICU)、冠心病监护病房(cardiac care unit, CCU)等。论文题目不能太长,一般以不超过 20 个汉字为宜,英文题目一般不超过 10 个英文实词。

在例 3-1 中,文题为:α-干扰素的抗肝纤维化作用。

（二）作者署名

论文作者署名是对科研人员工作的承认和尊重,并且直接关系到科研人员职业生涯的发展。署名通常仅限于那些对所发表的研究工作作出实质性贡献并能够对其贡献负责的人。根据国家自然科学基金委员会 2023 年 12 月发布的《科研诚信规范手册》,作者身份应当具备以下条件:①对概念构思和设计、数据获取、数据分析和解释等作出了实质性贡献;②起草或修订过论文和著作中的重要知识内容;③审定了待出版或发表物的最终稿。仅仅是争取到研究资助,提供试验条件、数据和资料、写作上的协助,或者对研究小组进行了一般性管理与监督的人,不能署名为作者。

多位作者共同完成的论文联合署名时,作者排名方式一般应当按照实际贡献和责任大小的顺次排列,但学科领域或出版机构另有规定或惯例的除外。第一作者是主要贡献者和直接创作者,同时又是论文的直接责任者,享有更多的权利,承担着更多的义务。除有特别声明外,第一作者就是第一权利者、第一责任者和第一义务者。

有的人虽然是课题研究组成员,参加了部分研究或试验工作,但由于其工作性质是辅助性的,不应列为作者;也有人对研究工作确有贡献,并对成果有答辩能力,但未直接参加作品的创作工作,也不宜作为论文的作者。作者应是上述 3 个条件的同时具备者。不够署名条件但确对研究成果有所贡献者可在文末致谢。

在例 3-1 中,蒋老师根据课题组成员的贡献,最后署名为:

蒋渝

岳阳职业技术学院

(三)摘要

摘要即论文的内容提要,也是论文的一个组成部分。摘要是论文内容高度概括的简短陈述,它使编辑和读者能够迅速和准确地了解论文的主要内容。摘要应着重说明研究工作的创新内容,不列图和表,也没有引文,尽量不用缩短语,一般不分段,而是独立成章的,文字一般不超过 200 字。

在例 3-1 中,摘要为:

探讨了 α-干扰素的抗病毒作用、对肝纤维化的血清学诊断指标和肝组织病理学的影响及抗肝纤维化的远期效果四个方面的问题,说明 α-干扰素有较好的抗肝纤维化的作用。

(四)关键词

关键词指从文献的题目、摘要或正文中抽出的、能表达文献主题内容的具有实质意义的词语,也就是对解释和描述文献主题内容来说重要的、关键性的词语。一篇论文可选 3～5 个关键词。可从问题、摘要、正文中,特别是文中小标题中选择,也可参考中国科学技术信息研究所及北京图书馆主编的《汉语主题词表》等。关键词要写原形词,而不用缩写词,尽可能用规范语言作关键词,以便论文能被国内外文献检索系统收录,提高论文的引用率。带有形容词的词组应后置,短语不能作为关键词,住院患者不能作为关键词。

在例 3-1 中,关键词为:

α-干扰素;肝纤维化

(五)正文

1. **引言(前言)**　要说明本文立题依据和综述目的,介绍有关概念或定义和讨论范围,并介绍综述的有关医学问题的现状、存在问题、争论的焦点和发展趋势等。前言应起到概括和点明主题的作用,使读者对综述内容有一个初步的了解。前言部分不宜过长,文句要简练、重点突出。

在例 3-1 中，前言为：

肝纤维化在国际疾病分类（ICD-10）中可作为一种病名（K74.001），但主要是一种组织病理学概念，功能上可以表现为肝功能减退、门静脉高压等。肝纤维化指肝脏内结缔组织异常增生，特点为汇管区和肝小叶内有大量纤维组织增生和沉积，以 Ⅰ、Ⅲ 型胶原纤维为主，其形成机制主要由于肝炎病毒、乙醇、药物与毒物、血吸虫、代谢和遗传、胆汁淤积、自身免疫性肝病等多种损伤因素长期慢性刺激肝脏，使肝窦内肝星状细胞的活化，并进一步导致胶原纤维生成增加和分布异常……

2. **主体**　包括论据和论证。主体是通过提出问题、分析问题和解决问题，比较各种观点的异同点及其理论根据，从而反映作者的见解。为把问题说得明白透彻，一般按照写作提纲分成不同层次的小标题进行论述。这部分应包括历史发展、现状分析和趋向预测几个方面的内容。

（1）历史发展：要按时间顺序，简要说明这一课题的提出及各历史阶段的发展状况，体现各阶段的研究水平。

（2）现状分析：介绍国内外对本课题的研究现状及各派观点，包括作者本人的观点。将归纳、整理的科学事实和资料进行排列和必要地分析。对有创造性和发展前景的理论或假说要详细介绍，并引出论据；对有争论的问题要介绍各家观点或学说，进行比较，指出问题的焦点和可能的发展趋势，并提出自己的看法。对陈旧的、过时的或已被否定的观点可从简。对一般读者熟知的问题提及即可。

（3）趋向预测：在纵横对比中肯定所综述课题的研究水平、存在问题和不同观点，提出展望性意见。这部分内容要写得客观、准确，要指明方向。

主体部分没有固定的格式，有的按问题发展历史依年代顺序介绍，也有的按问题的现状加以阐述。不论采用哪种方式，都应比较各家学说及论据，阐明有关问题的历史背景、现状和发展方向。

在例 3-1 中，主体为：

α-干扰素的抗肝纤维化作用体现在干扰素的抗病毒作用、对肝纤维化血清学指标的影响、对肝组织病理学的影响、抗肝纤维化的远期效果四个方面[2-3]。

1　抗病毒作用

α-干扰素具有理想抗病毒药物的所有条件——抑制病毒在细胞内的繁殖；激活免疫系统，清除被病毒感染的细胞；并能防止病毒基因整合到宿主细胞的染色体 DNA 中。α-干扰素抗病毒的功能主要是通过抑制病毒的增殖而实现的，由于干扰素抑制了病毒亲代早期 RNA 的转译，导致病毒不能合成其特异的蛋白质，无子代病毒基因形成，而终止了感染……

2　对肝纤维化血清学诊断指标的影响

2.1　肝纤维化血清学诊断指标

肝硬化前期病变是以细胞外间质（ECM）异常过度沉积为主要特征的病理改变，国内外学者在寻找非损伤性诊断方法时，ECM 及其代谢产物通常是首选研究的血清学标志物，目前临床上常用的血清纤维化指标包括……

2.2　对血清学指标的影响

控制慢性肝病肝纤维化的发展可改善患者预后。血清 HA，LN，PⅢP，CⅣ等肝纤维化指标可以反映肝脏胶原的合成状态，并与肝纤维化程度密切相关，是观察α-干扰素抗肝纤维化疗效的重要指标……

3　α-干扰素对肝组织病理学的影响

肝纤维化指肝组织内细胞外基质（ECM）成分过度增生与异常沉积，导致肝脏结构或（和）功能异常的病理变化，结构上表现为肝窦毛细血管化与肝小叶内以及汇管区纤维化……

4　α-干扰素抗纤维化远期效果观察

李海荣等[12]将 69 例慢性乙肝患者等分为治疗组 34 例和对照组 35 例，分别在给予α-干扰素治疗前后观察肝纤维化指标……

3. **小结**　是对综述的中心内容进行扼要总结。作者应对与该主题有关的各种观点进行综合评价，基于对文献内容的归纳和综合，提出自己的观点，提出存在的问题及今后发展的方向，对有争议的学术观点，小结时用词要恰如其分、留有余地，不要过分偏激地支持某一方，也不要盲目下结论，可针对有争议的问题，提出进一步研究的内容。

在例 3-1 中，小结为：

目前的大量临床试验和动物实验都证明α-干扰素对肝纤维化有抑制减轻作用，但是对于α-干扰素抗肝纤维化的作用机制及最恰当的抑制剂量、疗程、治疗时机的选择等，仍需进一步研究和探讨。

4. **参考文献**　对综述论文来说，参考文献是重要的组成部分。综述列出的文献量要比一般论文多，因为综述写作内容主要依据参考文献而来，将与论文有关的文献列于论文后面，以便读者查阅。

（1）参考文献的要求：①必须是作者亲自阅读过的；②一般只限于正式出版物上发表的论文，文摘、内部刊物、内部资料及未发表的论文均不列入参考文献中；③引用论点必须准确无误，不应断章取义；④文献条目不宜过多，一般论著在 10 条以内，综述在 25 条以内；⑤著录必须准确，著录格式应按国家标准《信息与文献　参考文献著录规则》（GB/T 7714—2015）书写。

（2）参考文献的类型：普通图书[M]，会议录[C]，报纸[N]，期刊[J]，学位论文[D]，报告[R]，标准[S]，专利[P]，档案[A]。

电子文献类型：数据库[DB]，计算机程序[CP]，电子公告[EB]。

电子文献的载体类型：联机网络[OL]，光盘[CD]，磁带[MT]，磁盘[DK]。

（3）常见参考文献的书写方式

1）期刊类

【格式】

[序号]作者.篇名[J].刊名,出版年份,卷号(期号):起止页码.

【举例】

[1] 徐丹丹,叶双,陈思汗,等.海南省护理人员安宁疗护态度及培训需求的现状及影

响因素调查[J].中国医学伦理学.2023,36(1):57-63.

[2] STONE P W, LARSON E L, MOONEY-KANE C, et al.Organizational climate and intensive care unit nurses' intention to leave[J].Critical Care Medicine, 2006, 34(7):1907-1912.

2）专著类

【格式】

[序号]作者.书名[M].版次.出版地:出版社,出版年份.

【举例】

[3]刘乃刚.杨甲三精准取穴全图解[M].北京:人民卫生出版社,2017.

[4] PEEBLES P Z, Jr. Probability, random variable, and random signal principles[M]. 4th ed. New York:McGraw Hill, 2001.

3）报纸类

【格式】

[序号]作者.篇名[N].报纸名,出版日期(版次).

【举例】

[5]喻文苏,胡紫宜.调整人力配置 攻克医学难关[N].健康报,2023-02-02.

4）论文集

【格式】

[序号]作者.篇名[C].出版地:出版者,出版年份:起始页码.

【举例】

[6]伍蠡甫.西方文论选[C].上海:上海译文出版社,1979:12-17.

5）学位论文

【格式】

[序号]作者.篇名[D].出版地:保存者,出版年份:起始页码.

【举例】

[7]霍苗.临床护士循证护理实践行为影响因素及作用路径研究[D].长春:吉林大学,2022:55-57.

6）报告

【格式】

[序号]作者.篇名[R].出版地:出版者,出版年份:起始页码.

【举例】

[8] World Health Organization. Factors regulating the Immune response:report of WHO Scientific Group[R]. Geneva:WHO, 1970.

7）专利著录

【格式】

[序号]专利所有者.专利题名[P].专利国别:专利号,出版日期.

【举例】

[9]邓一刚.全智能节电器:200610171314.3[P].2006-12-13.

在例 3-1 中,参考文献为:

[1] 谢仕斌.肝纤维化的治疗策略[J].广东医学,2006,(8):1120.

……

文献综述初稿完成,要反复修改和补充,力求完善,包括检查论文内容是否概括了所讨论的医学问题的历史背景、分析推论是否客观、引用文献是否充分等。综述中一般不用图解和照片,若为了说明问题必须用图解时,也需要在图的文字叙述中注明"参见原文图解"。

二、文献综述的书写要求

1. 搜集文献应尽量全　掌握全面、大量的文献资料是写好综述的前提,否则,随便搜集一点资料就动手撰写不可能写出好的综述。

2. 注意引用文献的代表性、可靠性和科学性　在搜集到的文献中可能出现观点雷同,有的文献在可靠性及科学性方面存在着差异,因此在引用文献时应注意选用代表性、可靠性和科学性较好的文献。

3. 引用文献要忠于文献内容　由于文献综述有作者自己的评论分析,因此在撰写时应分清作者的观点和文献的内容,不能篡改文献的内容。最好不要间接引用文献,因为综述作者从他人引用的参考文献转引过来,这些文献在他人引用时是否恰当、有无谬误,综述作者是不知道的,所以最好不要间接转引文献。

4. 参考文献不能省略　有的科研论文可以将参考文献省略,但文献综述绝对不能省略,而且应是文中引用过的、能反映主题全貌的并且是作者直接阅读过的文献资料。

5. 综述篇幅不可太长　期刊对综述的字数一般都有数量的规定。初写综述时,往往容易出现虚话、空话较多,重点不突出等现象。综述并不是简单的文献罗列,一定有作者自己的综合和归纳。有的综述只是将文献罗列,看上去像流水账,没有作者自己的综合与分析,使人看后感到重复、费解,材料与评述不协调。

科学思维

青蒿素的发现

20 世纪 60 年代,疟原虫对奎宁类药物产生抗药性。1969 年,39 岁的屠呦呦接受了国家疟疾防治项目"523"办公室的任务,任中药抗疟组组长。屠呦呦和课题组历经 380 多次试验、190 多个样品、2 000 多张卡片发现,青蒿提取物对鼠疟原虫的抑制率只有 12%～40%;课题组通过反复分析,认为抑制率上不去的原因,可能是提取物中有效成分浓度过低。

屠呦呦重新把古代文献搬出来,东晋葛洪《肘后备急方》中的"青蒿一握,以水二升渍,绞取汁,尽服之"给了屠呦呦新的想法,原来古人用的是青蒿鲜汁,药物的温度是关键。她重新设计提取方案,反复试验提取高浓度青蒿素,并成为首批临床试验志愿者。青蒿素的发现开创了中药抗疟药物发现之先河,并为寻找抗疟药开辟了一条新的途径,由此带动国际抗疟领域工作的新进展,挽救了数百万人的生命,也为全球公共卫生事业作出了巨大贡献。

2015年，屠呦呦因发现青蒿素获得诺贝尔生理学或医学奖。2019年，她被授予"共和国勋章"。如今屠呦呦依然矢志研究青蒿素的深层机制，在传承中创新，在创新中传承。

（蒋　渝）

边 学 边 思

一、单项选择题

1. 医学文献综述属于
　　A. 议论文　　　　　　　B. 科研工作书面总结　　　　C. 经验论文
　　D. 专题性学术论文　　　E. 个案医学论文

2. 分类途径的文献检索标识是
　　A. 文献代码　　B. 关键词　　C. 主题词　　D. 分类号　　E. 著者名

3. 医学综述的资料和数据主要来源于
　　A. 科研设计　　　　　　B. 对研究对象的访谈　　　　C. 病历记录
　　D. 文献　　　　　　　　E. 调查资料

4. 下列属于三次文献的是
　　A. 文摘　　　　　　　　B. 综述　　　　　　　　　　C. 研究报告
　　D. 学位论文　　　　　　E. 原始研究资料

5. 综述与科研论文的区别主要在于
　　A. 写作步骤　　　　　　B. 文章格式　　　　　　　　C. 书写方法
　　D. 资料来源　　　　　　E. 创新点

二、多项选择题

1. 文献检索方法中的工具法常用的有
　　A. 追溯法　　B. 分段法　　C. 顺查法　　D. 倒查法　　E. 抽查法

2. 文献综述写作格式包括
　　A. 文题　　　　　　　　B. 作者署名　　　　　　　　C. 结果
　　D. 正文　　　　　　　　E. 参考文献

三、填空题

1. 书写文献综述一般经过_____、_____、_____、_____等几个阶段。

2. 文献按加工程度可划分为_____、_____、_____、_____；按出版形态可划分为_____、_____、_____和_____。

四、简答题

1. 文献检索的基本步骤是什么？

2. 简述医学文献综述的意义。

3. 简述医学文献综述选题的注意事项。

五、案例分析题

1. 糖尿病是一种高患病率的慢性病。连续性护理将"以患者为中心"的服务理念延伸到患者家庭及社区,取得良好的社会效益和经济效益。请查阅相关文献,就糖尿病连续性护理的内涵及意义、实施形式、实施效果、测量工具进行综述。

2. 随着市场经济的发展,医疗技术的不断进步和医学模式的转变,医学理念得到更新,但是也遇到一些挑战,如护患价值观的不一致问题。请查阅相关文献,就护患价值观一致性这一领域的研究进展进行综述。

3. "以家庭为中心"的护理已被多数医疗组织一致认同为儿科护理的较好模式,各项研究已取得长足进展,其优势也得到了广大研究者的认可。随着医学内涵的不断深化,我国"优质护理服务示范工程"广泛深入开展,"以家庭为中心"的护理在儿科、产科快速发展。请就"以家庭为中心"的护理在儿科的研究进展进行文献综述。

4. 为应对信息密集化的工作环境对医护工作者的挑战,提高医护工作者的医学信息能力,请运用信息学理论和医学理论对医学信息能力内涵进行分析,查阅相关文献,综述医学信息能力内涵研究进展。

5. 手术室的护生教学是护生临床教学的重点,故对手术室的护理带教也提出了更高的要求。如何使护生在有限的时间内熟悉手术室的环境,掌握操作技能,尽快适应手术室工作,为将来临床实践服务,是护理工作者值得探讨的问题。请查阅相关文献,撰写手术室护生临床带教的研究进展综述。

6. 护生自主学习能力直接决定着今后临床护理工作的质量和效率,也决定着未来护理队伍的知识技能快速适应护理学科发展的需要。为了使护理教学工作聚焦于重点,提升护生的自主学习能力,胜任不断变化的护理工作,请查阅相关文献,就护生自主学习能力的研究进展进行综述。

第四章　护理调研报告

第一节　了解调查研究

一、调查研究的概念与特点

调查(survey)一词来源于拉丁文(supervidere),意为观察。调查研究(survey research)指在没有任何干预措施的条件下,客观地观察和记录研究对象的现状及相关特征。调查研究的特点是研究对象及相关因素是客观存在的,不能用随机化方法平衡混杂因素对调查结果的影响。调查研究的上述特点决定了调查研究只能对研究对象进行被动观察,因此又称观察研究(observational study)。调查研究的目的是尽可能地控制以提高研究效率,需要考虑多种因素,满足不同研究需要,因此正确的设计是取得有效研究结果的基石。

二、调查研究的分类

调查研究是一大类研究方法的统称,可从不同的角度进行分类。

(一)按调查时间划分

按调查时间的顺序可分为病例对照研究(case-control study)、现况研究(prevalence

survey）和队列研究（cohort study）。按时间的长短可分为横断面研究和纵向调查,其中纵向调查又分为病例对照研究和队列研究。

1. 病例对照研究　又称回顾性研究,是以所患研究疾病的病例和具有可比性的对照分别组成病例组和对照组,调查各组人群过去暴露于某种或某些可疑危险因素的比例或水平,比较两组之间在所研究因素上的差异,探索可能的发病原因。病例对照研究只是客观地收集研究对象的暴露情况,不加任何干预措施,研究的方向是回顾性的,是由果查因,因此又称回顾性研究。该方法可以观察一种疾病与多种因素之间的关联性,如"不同年代育龄妇女婚育观及其变化的回顾性研究"等。

2. 现况研究　又称横断面研究,是在特定时间（或短期内）收集特定范围人群某一时点内健康、疾病及有关因素的资料,描述所研究疾病（或健康状况）及其有关因素在目标人群中的分布情况。现况研究由于收集的资料是在某一时间横断面收集的,故又称横断面研究。其由于所收集的资料基本上不是过去的记录,也不是随访的调查资料,而是调查当时所得到的现患病例和其他有关资料,故又称现患调查。在现况研究中常进行相关性研究,即所查的疾病或健康状况与某些特征或因素是同时存在的,即在调查时因与果并存,故只能为病因研究提供线索,而不能得出有关病因因果关系的结论。如"初中生的愤怒情绪现况研究"等。

3. 队列研究　又称前瞻性研究,将一个范围明确的人群按是否暴露于某可疑因素或暴露程度分为不同的亚组,追踪各组结局并比较差异,从而判定暴露因素与结局变量之间的关联性。队列研究的研究人群按原始暴露的状态分组,但是否暴露不是人为给予的。队列研究的方向是前瞻性的,即是由因至果的研究,因果关联的说服力明显高于病例对照研究。如"帕金森病患者生活质量的前瞻性研究"等。

（二）按调查对象划分

按调查涉及的对象多少可分为普查（census）、抽样调查（sampling survey）和典型调查（typical survey）。

1. 普查　是对总体中全部个体进行调查。普查可分为以了解人群某病患病状况、健康状况等为目的的普查和以早期发现人群中患者为目的的筛查。普查具有以下特点:①通常是一次性的或周期性的;②规定统一的标准时点;③规定统一的普查期限;④规定普查的项目和指标;⑤普查的数据一般比较准确,规范化程度也较高;⑥普查的使用范围比较窄,只能调查一些最基本及特定的现象。如调查全国最新人口数时采用的是普查。普查在确定调查对象上比较简单;所获得的资料全面,可以知道全部调查对象的相关情况,准确性高;普查所获得的数据为抽样调查或其他调查提供基本依据。同时,也存在工作量大、花费大、组织工作复杂,易产生重复和遗漏现象,由于工作量大而可能导致调查的精确度下降、调查质量不易控制等缺点。

2. 抽样调查　即按一定的比例从总体中随机抽取有代表性的一部分人（样本）进行调查,以样本统计量估计总体参数。样本的代表性强弱是抽样调查能否成功的关键。样本含量适当和随机抽样是保证样本代表性的两个基本原则。如要调查某市 0～6 岁儿童视力情况,一般采取抽样调查的方法进行。

3. 典型调查　是有目的地选择典型的人和单位进行调查。例如调查某个先进社区延续护理的开展情况,可为探讨新时期社区护理工作模式提出建议,进一步总结出的先进经验可在其他地区试行推广。

（三）按调查采取的方式划分

按调查采取的方式（手段）可分为问卷调查、访谈调查、测量调查和调查表法等。

此外，按资料的来源分为初级资料和次级资料调查；按调查项目性质和分析方法分为定性调查和定量调查等。调查研究方法众多，且在科学研究与实际工作中有着广泛的应用，因此选用何种研究方法进行研究应根据调查研究的目的作出科学设计。

三、案例实践

例 4-1　邱老师在前期的文献研究中发现，共情既是护士的基本素质也是护士的一种实际能力，这种能力是可以习得的。国内对护生共情能力的研究较少，且缺乏相关测量工具。她决定选择合适的量表对湖南省高职护生的共情能力进行现况调查。

请思考：邱老师应该如何进行调查研究？

例 4-1 的目的是了解湖南省高职护生的共情现状，探讨影响高职护生共情的因素，为有针对性地制订干预措施提供科学依据，属于调查性研究。具体研究设计及实施应包括以下几个方面，见图 4-1。

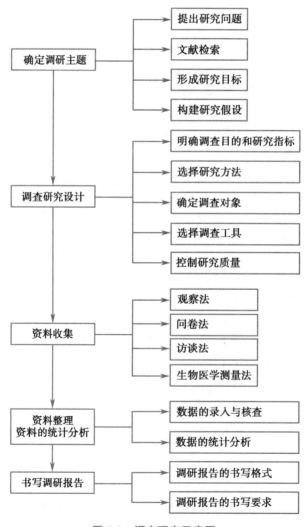

图 4-1　调查研究示意图

科学思维

王桂英与"布条辨认法"

第 37 届国际南丁格尔奖章获得者王桂英经常说:"别人的一生可能做很多事,我用一生做了一件事——为护理事业做了我该做的事。"1951 年,王桂英工作的天津工人医院被作为抗美援朝后方医院,接受了护理前线伤病员的任务。200 多名伤病员同时送到了医院,任何的延误都有可能使伤员失去最好的治疗机会。危急中,她请医生在列车上对伤员进行检查,并用她事先做好的布条在胸前做记号。红色的布条表示危重患者,黄色、白色的布条表示不同的伤情和位置。伤员到达时她就守在大门口,将别着不同布条的伤员分别送到手术室和不同的病房。王桂英创造的"布条辨认法"使伤员们迅速得到救治,无一人延误。

（陈 茵）

第二节 确定调研主题

调查研究的选题步骤与其他研究选题的步骤基本相同,基本包括提出研究问题、文献检索、形成研究目标、构建研究假设等过程。

一、提出研究问题

现代著名教育家陶行知先生曾经说过:"发明千千万,起点是一问。"这句话强调了提出问题在科学研究和创新过程中的重要性,因为解决一个问题也许仅仅是一个数字上或实践上的技能,而提出新的问题、新的可能性、从新的角度去看旧的问题,则需要创造性的想象力,标志着科学的真正进步。

护理专业调查研究的选题来源主要包括 4 个方面,即临床护理工作实际需要、近年研究发展较快的问题、从理论中提出研究问题以及挑战所有标准和普遍认同的观点。其中最常见的选题是来自临床护理工作实际需要的问题。

例 4-1 的"问题提出"为:

邱老师之所以选择调查高职护生的共情能力现况,其原因是在实际工作中,她发现护士的共情能力对于护理工作质量和护士身心健康有着积极的意义。通过文献研究,她对护士和护生的共情研究现状有了一定的了解,因而她想结合自己的工作,通过调查研究了解高职护生共情现况及主要影响因素,为后期有针对性地实施干预措施提供科学依据。

二、文献检索

在调查研究之前,必须了解与课题相关的信息,而这些信息的来源途径可以是多种多样的,但文献检索是一个主要方面。文献检索的意义:①了解研究课题的研究现状和最新动态;②查看自己选题内容是否与他人研究完全重复,以减少盲目性;③节省时间,提高信息获取效率。由此可见,从事调查研究必须要查看文献,并带着问题查阅文献。

文献检索是一项实践性很强的活动,它要求我们善于思考,并通过经常性的实践,逐步掌握文献检索的规律,从而迅速、准确地获得所需文献。一般来说,文献检索可分为以下步骤:明确检索目的与要求→选择检索工具→确定检索途径和方法→根据文献线索,查阅原始文献。

目前的很多数据库都支持布尔逻辑检索技术,运用该检索技术时,常用的检索词有逻辑与(and)、逻辑或(or)、逻辑非(not)。

"逻辑与",用"and"或"*"表示,可以缩小检索范围,有利于提高信息的查准率。如,A and B,表示检索同时含有检索词A和检索词B的信息。

"逻辑或",用"or"或"+"表示,可以扩大检索范围,避免漏检,提高结果的查全率。如,A or B,表示检索结果中包含有检索词A或检索词B其中一个即可。

"逻辑非",用"not"或"—"表示,用于从检索结果中排除不需要的概念,可以缩小检索范围,有利于提高查准率。如,A not B,表示检索结果中包含检索词A同时不包含检索词B的信息。

例4-1的"文献检索"为:

通过中文数据库"中国知网"的期刊查询,利用直接法,以主题"护士"与"共情"检索,时间为近10年内,共找到750条结果,见图4-2。

图4-2 中国知网文献检索结果

三、形成研究目标

研究目标是为了实现研究目的、回答研究问题而确定的具体研究内容。研究目标的陈述中应包括研究对象、研究变量,同时应以行为动词引出。研究目标必须是简洁、具体、可测量的。好的研究目标往往能从自变量的陈述上反映研究的创新点。

> 例 4-1 的"研究目标"为:
> 本研究的研究目的是了解高职护生的共情现状,探讨影响高职护生共情的因素,为针对性地制订干预措施提供科学依据。

四、构建研究假设

选定课题后,要根据一定的科学知识对研究课题设想出一种或几种可能的结论,这就是研究假设。

研究假设是一种理性猜测或预感,或是对一个悬而未决的有意义的问题所做的尝试性回答。研究假设建立在前人研究或一定理论基础上,并容易进行它的"证实"或"证伪"工作。

不是所有的研究都需要提出明确的预期目的,如量性研究需要有研究设计,因此有假设提出,而描述性研究就不一定有假设形成,质性研究在研究开始没有假设和研究设计,然而在研究时,可能会产生研究的预期性答案。

> 例 4-1 的"研究假设"为:
> 研究假设为不同来源的高职护生共情水平不同,且影响因素是多方面的。

科学思维

假设的特点

假设是对选题提出的问题做假想性的回答,并根据这种回答建立有关变量关系的陈述。在护理研究中,我们可以用已有的事实材料和科学原理为依据,对未知事实进行假定的解释。

假设具有以下特点:

1. 具有推测的性质 任何假设都是对外界现象的猜测,尚未达到确切可靠的认识,有待进一步通过科学试验来检验或证实。

2. 具有事实和科学知识的基础 科学的假设是以真实的事实材料为基础的。

3. 假设是人们认识、接近客观真理的方式 虽然假设对未知事实的解释还无把握或尚属疑问,但它是对客观事物有根据的推测性解释。

(穆亚敏)

第三节 调查研究设计

无论进行何种研究,都要有系统的研究思路和可操作性的工作方案,这是一项科学研究成功的基本保证。调查设计的目的是用尽可能少的人力、物力、财力和时间,获得符合统计学要求的调查资料,得出预期的结论。调查设计的要点是将调查研究目的转化为拟分析指标,再将分析指标转化为调查项目,制订相应的调查表进行搜集、整理和分析资料。完整的调查设计包括以下几个方面。

一、明确调查目的和研究指标

明确调查目的是设计中最核心的问题,这是研究设计的首要前提。在进行调查设计时,需要把研究总目标具体化,然后才可以把这些具体目标转化为可操作的、能用调查指标(研究指标)来表达的目标。

调查目的是选定调查指标的依据,而调查指标又是调查目的的具体体现。研究指标的多少要适当。过多、过细,超出了研究的需要是不可取的,但研究指标过少、过粗,无法说明研究目的,甚至会毁掉整个研究。

> 例 4-1 的"研究目的"为:
> 调查湖南省高职护生共情现状及主要影响因素,为有针对性地制订干预措施提供科学依据。

二、选择研究方法

根据研究目的和研究指标,认真思考哪些研究方法能回答本次研究所提出的科学问题?这些方法中哪种是回答该问题最适宜的方法?根据现有的人力、物力、技术条件,研究者能够采用的是哪种方法?经过认真思考,研究设计者要综合上述问题,在几类调查研究的方法中选择既是能实现研究目的,又是力所能及的研究方法用于本次研究。

> 例 4-1 的"研究方法"为:
> 从时间上分析应属于现况研究,从调查对象上分析应属于抽样调查。

三、确定调查对象

研究方法确定后,就要解决在什么时间、地点、用什么方式获得研究对象,需要多少研究对象的问题,见图 4-3。研究对象(受试者)必须按照研究预期目的规定条件,严格进行选择。研究方法的不同,对研究对象的来源与特征要求亦不同。除普查之外,调查研究一般

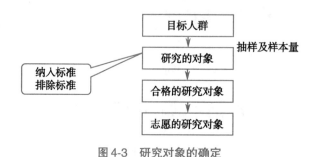

图 4-3　研究对象的确定

采用抽样调查,因此样本的代表性成为研究结果能否推至总体的首要前提。同时,要获得研究对象的知情同意后,才能成为志愿的研究对象。为保证样本的代表性,抽样方法、样本含量等问题应认真考量。不同的研究方法,样本含量的估计方法亦不同。通常的调查性研究中如果研究对象总体少于 1 000 人,抽样大于 30%;总体 10 000 人,抽样 10%;总体 10 万以上的,抽样 1%。

（一）常用的抽样方法

抽样调查是从总体中抽取一定数量的观察单位组成样本,然后用样本信息推断总体特征。根据样本抽取的方式不同,可分为概率抽样和非概率抽样。理论上来说,概率抽样获得样本的代表性要优于非概率抽样,更重要的是在资料分析时统计学推断有效的基本前提是随机样本的概率分布。

1. **概率抽样（probability sampling）** 指总体中的每一个个体都有一定的概率被抽中。常用的概率抽样方法包括:简单随机抽样、系统抽样、分层抽样和整群抽样。

（1）简单随机抽样（simple random sampling）:是将调查总体的全部观察单位编号,然后用随机数字表或抽签等方法随机抽取部分观察单位组成样本。如调查某医院某月的 2 000 份护理文书的书写合格率,随机抽取 100 份检查。可先将 2 000 份病历编号:0,1,2,…,1999;再从随机数字表中任意指定某行某列,例如第 5 行第 9 列,由此处起,向右依次抄录随机数字 25 组,每组 4 个数字,凡后面出现与前面有相同的数字者弃去,得到 0873,3732,0405,6930,1609,0588,…。凡首字≥8 者减 8,≥6 者减 6,≥4 者减 4,≥2 者减 2,依次得873,1732,405,930,1609,588,…。所有属于这些编号的病历组为本次调查的样本。

简单随机抽样是最基本的抽样方法,也是其他抽样方法的基础。它的优点是计算方便,缺点是做大规模调查时,对总体中所有个体一一编号是非常困难的,抽取到的个体比较分散,在实际工作中难以做到。因此,简单随机抽样仅适用于一些总体不很大且比较单纯的现象,如观察单位在总体中分布比较均匀时。

（2）系统抽样（systematic sampling）:又称等距抽样或机械抽样,即先将总体的观察单位按某一顺序号分为 n 个部分,再从第一部分随机抽取第 k 号观察单位,依次用相等间隔,机械地从每一部分各抽一个观察单位组成样本。例如某医院某月的护理文书书写合格率的调查,如果采用系统抽样,总体例数 $N=2 000$,样本例数 $n=100$,则抽样间隔为 2 000/100=20。先在 1～20 之间随机确定一个数字。例如为 5,每间隔 20 个观察单位抽取一个,即抽取编号为 5,25,45,…,1985 组成样本。

系统抽样易于理解,简便易行,比较适合观察单位在总体中分布比较均匀时使用。但如果总体观察单位按抽样顺序存在周期性变化趋势时,将产生明显的偏差。例如做住宅卫生调查时,某幢宿舍,每层 10 户,两头为三套间,中间为两套间,用系统抽样,可能得到的样本全为两套间或全为三套间。显然,这样的样本对该幢宿舍是缺乏代表性的。另外,值得指出的是,应用系统抽样时,一旦确定了抽样间隔,就必须严格遵守,不得随意更改,否则,可能造成另外的系统误差。

（3）分层抽样（stratified sampling）:是将调查的总体按照某种特征分成若干层,然后在每层中随机抽样的方法。

如调查高职院校护生学习倦怠感,由于不同年级学习倦怠感不同,故可先按年级进行分层抽样。先将整个人群按一年级、二年级、三年级分为三个层,再从每一层中随机抽取一定数量的观察单位组成样本。在分层时,应当使样本中各层的比例接近总体的比例,如分别按总体中年龄构成比例确定每个年级组的调查人数,这就增强了样本的代表性。

分层可将一个内部变异较大的总体分成一些内部变异较小的层,并保证总体中每一层都有相应比例的个体被抽到,所以抽样误差较其他抽样方法小。

(4)整群抽样(cluster sampling):将总体分成若干群组,以群组为抽样单位进行随机抽样,被抽到的群组中的全部个体均作为调查对象。例如在某护校学生近视眼患病率的调查中,该校共有20个班,每班约40人。这时可以以"班"为单位,采用随机数字表或抽签的方式随机抽取5个班,然后对抽到的5个班的所有学生进行调查。

整群抽样的优点在于简单易行,便于组织,容易控制调查质量,省时、省力、省钱。其缺点是抽样误差较大,特别是群间差别较大时。因此,整群抽样适合于群间差异较小的总体。在样本例数确定后,为降低抽样误差,可采用增加抽取的"群"数而相应地减少"群"内的观察单位数。在实际工作中,往往缺乏抽样总体可靠的观察单位名单,例如一个乡或一个村确切的居民数,但是,一个县包括多少个乡,每个乡有多少个村,则是很清楚的,是可以利用的"群"组,因此整群抽样方法较为常用。

当样本例数一定时,一般情况下,上述4种抽样方法的抽样误差:整群抽样≥简单随机抽样≥系统抽样≥分层抽样。在实际调查研究中,选用哪种抽样方法要根据观察单位在调查总体中的分布特征而定,常常将两种或几种抽样方法结合起来使用,例如多阶段分层整群抽样。概率抽样的类型比较见表4-1。

表4-1　概率抽样的类型比较

类型	优点	缺点
简单随机抽样	符合概率抽样原理 仅受随机误差影响	总体很大时不易施行 需要取得总体全部名册
系统抽样	容易施行,节省成本	当抽样框具有周期性、单调性则样本不具代表性
分层抽样	高抽样效率 样本的代表性比较好,抽样误差比较小	不易正确分层
整群抽样	节省研究时间与成本 可避免遗漏不易接触的样本	群的大小差异会影响抽样正确性 抽样误差概率较高

2. 非概率抽样(non-probability sampling)　指个体被抽中的概率是未知和无法计算的。尽管一些非概率抽样方法不能按常规的理论来计算抽样误差和推断总体,但在特定条件下,这些方法还是很实用的。

(1)定额抽样(quota sampling):指先将总体按某种或某些特征分成不同的类别,然后依据每一类所占比例抽取相应数目构成样本的方法。该法注重样本与总体在结构比例上的一致性。

(2)偶遇抽样:可以是抽取偶然遇到的人或者选择那些离得最近、最容易找到的人作为调查对象。例如,某护理人员要调查患者对目前医疗收费的看法,直接抽取就诊的患者进行调查就是偶遇抽样;又如某护理教师调查护士学校在校生对各类屈光不正的知晓程度,可直接在她执教的班级分发问卷调查,该班级就构成一个便利样本;社会调查或商业调查中在街头路口拦住过往行人或在公共车站、电影院门口对乘客、观众等进行调查等都属于偶遇抽样。

（3）雪球抽样（snowball sampling）：当对总体人群的确切范围所知较少，当了解他们的相关情况时，可以从能找到的少数个体入手，并请他们介绍其他认识的符合条件的人，再去找那些人进行调查，如此重复下去直到达到所需的样本含量。

（4）立意抽样（purposive sampling）：是研究者根据研究目的主观判断来选择调查对象的方法。例如针对某些特殊人群如吸烟者的调查，我们不可能在人群中把这部分对象随机抽查出来，只能是发现一个调查一个。

需要强调的是，以上的非概率抽样得到的样本一般不宜用于对总体的推断分析，通常适用于探索性的观察研究。

（二）样本含量估计

在调查设计中，除要考虑抽样方法外，还要考虑到样本含量的问题。样本含量适当是抽样调查的基本原则。样本含量过少，所得指标就不稳定，推断总体的精度就差；而样本含量过多，不但造成浪费，也会给调查的质量控制带来更多的困难。样本含量估计的目的就是在保证一定的估计精度和可靠性的前提下，确定最少的观察单位数。

样本含量的估算一般有查表法和公式法。

样本含量的估算一般分为以下几个步骤：确定设计方法；确定资料的类型；考虑统计方法；确定基本参数，基本参数一般包括检验水准 α、检验效能 $1-\beta$、总体标准差 σ、容许误差 δ 等。

（1）检验水准 α：本次研究允许的 I 类错误概率水准 α，α 越小，所需样本含量越大，一般取 α 为 0.05，应明确是双侧还是单侧检验。

（2）检验效能 $1-\beta$：β 为 II 类错误的概率，指可能发生的假阴性错误。$1-\beta$ 越大，所需样本含量越大。一般取 β 为 0.2，此时，检验效能为 0.8，一般检验效能不低于 0.75。

（3）总体标准差 σ：是反映研究总体内个体之间差异程度的一种统计指标。在其他条件相同的情况下，σ 越大，即总体中各观察单位计量值的变异程度越大，所需样本 n 含量越大；反之，σ 越小，n 越小。

（4）容许误差 δ：即预计样本统计量和相应总体参数的最大相应误差控制在什么范围，常取置信区间长度之半。在其他条件确定的情况下，容许误差越小，样本含量越大；反之，容许误差越大，样本含量越小。

不同统计检验方法，样本量的估算公式不一样。如抽样调查总体参数估计时的样本量计算公式为

$$N=\left(\frac{u_{\alpha}\sigma}{\delta}\right)^2$$

四、选择调查工具

调查工具的选择是护理调查研究中的一项重要内容，调查工具选择与设计的好坏直接关系到调查的质量。常用的调查工具可分为两大类，即量表和调查问卷。

（一）量表

1. **量表的概念** 量表又称测量工具，是由若干问题或自我评分指标组成的标准化测定表格，用于测量研究对象的某种状态、行为或态度。

在医学研究中,许多疾病状态是可以准确测量的,如原发性高血压患者的血压,白血病患者的白细胞数,乙型病毒性肝炎患者的病毒载量等。但也有许多疾病状态是无法精确测量的,如疼痛、失眠、心理压抑、认知障碍、生存质量、生活自理能力等,在医学实践中只能对通过测量这些状态的某些表征或通过研究对象的自我主观感受来间接地测评,这时量表就成为最常用和可行的工具。

2. 量表的基本结构　量表是由若干个领域(子量表或亚量表)组成。领域指测评特征涵盖的内容或层次,每个领域又可由若干方面组成,每个方面实际上是与测评特征有关的项目,每个方面可包含若干条目,条目实际上就是问题,对测评特征的某方面(项目)从不同的侧面提出问题或进行测量,了解被测者的状况。

3. 测量量表的来源

(1)通用量表:如日常生活能力(activity of daily living, ADL)量表、健康调查量表36(36-Item Short Form Health Survey, SF-36)等。

(2)自行编制的量表:由研究者自行编制。

(3)改良的量表(包括国外翻译的量表):如杰斐逊共情量表(护生版)。

4. 量表的适用范围　适合评价无法直接作为客观定量测量的指标。例如许多生理、心理和社会特征属于这种类型。量表的适用范围可以具体地分成以下几种情形。

(1)无法直接测量的指标:如临床医学研究中常见病痛评价指标,包括疼痛、失眠、疲乏、活动能力障碍、残疾等,特别是近几十年来发展的评价健康水平的生存质量。

(2)抽象的概念和态度:如社会医学中常常涉及的指标,包括幸福感、满意度、社会交流能力等。

(3)复杂的行为或神经心理状态:如心理学研究中的儿童多动症、认知障碍、阅读障碍、运动协调性低下等。

5. 量表评价的优缺点　量表测评具有客观性强,可比性好,程序标准化,易于操作的优点。但由于受研究对象个体差异影响大,量表制订要求高,如果量表设计有缺陷,可能导致结果偏倚。

(二)调查问卷

1. 调查问卷的基本结构　一份完整的调查问卷通常由问卷标题、卷首语、指导语、主体(问卷项目和答案)、被调查者的个人信息以及结束语等组成。

(1)问卷标题:设计标题的原则是简明扼要,通俗易懂,不使用专业术语,而且有较好的概括性,使被调查者从中可以大致了解调查内容。此外,标题还要有良好的相关性,即标题和调查内容之间有较强的一致性。

> 例4-1的"问卷标题"为:
> 高职护生共情现状的调查问卷。

(2)卷首语:也是问卷说明,一般包括以下内容。

1)自我介绍(让调查对象明白你的身份或调查主办的单位)。

2)调查的目的(让调查对象了解你想调查什么)。

3)回收问卷的时间、方式及其他事项(如告诉对方本次调查的匿名性和保密性原则,调查不会对被调查者产生不利的影响,真诚地感谢受调查者的合作,答卷的注意事项等)。

例 4-1 的"卷首语"为：

亲爱的同学：

您好！欢迎参加本次调查。本课题的研究目的是通过了解护生的共情现状，分析影响共情的相关因素，从而为护理教育中加强护生共情教育，提高护生共情能力提供科学依据。

此问卷以不记名方式进行，所有信息我们将为您保密！请在相应的选项号码上打"√"，或在_____中填写相关内容，请勿缺项、漏项。此问卷由三部分组成，大约需要花费您 20min。我们诚恳地希望得到您的支持与合作，同时表示衷心感谢！

（3）指导语：旨在告诉被调查者如何填写问卷，包括对某种定义、标题的限定以及示范举例等内容。

例 4-1 的"指导语"为：

"杰斐逊共情量表（护生版）"指导语：

说明：请认真阅读以下问题，理解问题的意思，根据自己的情况表明你同意或反对的程度，在相应的数字上打"√"。1~7 表示 7 个不同的等级，数字越大就表明你对此事的认可度越高，越赞同。1= 非常不同意，2= 反对，3= 部分反对，4= 不确定，5= 部分同意，6= 同意，7= 非常同意。

（4）主体：问卷的主体由问卷项目和答案组成。根据问题的回答方式，问卷问题可分为开放式问题和封闭式问题。

1）开放式问题：是调查者不提供任何可供选择的答案，由被调查者自由答题，这类问题能自然地充分反映调查对象的观点、态度，因而所获得的材料比较丰富、生动，但统计和处理所获得的信息的难度较大。可分为填空式和简答式。

填空式问题（fill-in question）可能是一个词，也可能是一个不完整的句子，加上一个空白处。被调查者也只需要答一个词、一个数字或一个短语。

例 4-1 的"填空式问题"为：

1. 如调查护生的一般情况，涉及年龄时，通常采用填空式，即年龄_____岁。

2. 调查护生临床见习情况时，亦可采用填空式，如寒假或者暑假见习，每周_____日，共计_____周。

简答式问题（short-answer question）与填空式问题不同之处是答案的长度，简答式问题回答的内容相对更多。根据问题要求，简答式问题的答案可长可短。短的答案可以是一句话，长的答案可以是一小段。一般说来，简答式问题可用来调查客观存在的事实、调查受访者的主观思想，以及用来作为封闭式问题的补充。第一种简答式问题回答起来最容易，被调查者只要给出客观情况即可；第二种简答式问题回答起来最困难，需要被调查者认真思索，理清思路，才可以回答完整；第三种简答式问题介于二者之间，回答这种问题具有一定的挑战性。

> 例4-1的"简答式问题"为：
>
> 如调查提高护生共情能力干预措施的建议时，可采用简答式问题：
>
> 您对提高护生共情能力的措施方面有什么建议？

2）封闭式问题：后面同时提供调查者设计的几种不同的答案，这些答案既可能相互排斥，也可能彼此共存，让调查对象根据自己的实际情况在答案中选择。它是一种快速有效的调查问卷，便于统计分析，但提供选择答案本身限制了问题回答的范围和方式，这类问卷所获得的信息的价值很大程度上取决于问卷设计自身的科学性、全面性。

封闭式问题又可分为：

A. 是否式（把问题的可能性答案列出两种相矛盾的情况，请被调查者从中选择其一——"是"或"否"）。

> 例4-1的"是否式"为：
>
> 是否已参加临床见习或者临床实习？□是　　□否

B. 选择式（每个问题后列出多个答案，请被调查者从答案中选择自己认为最合适的一个或几个答案并做上记号）。

> 例4-1的"选择式"为：
>
> 家庭生源地是：①城市（县级及以上城市）；②乡镇；③农村
>
> 您的民族是：①汉族；②土家族；③苗族；④侗族；⑤瑶族；⑥白族；⑦回族；⑧壮族；⑨藏族；⑩其他_____

C. 评判式（又称排列式，后面列有许多个答案，请被调查者依据其重要性评判等级，用数字表示排列的顺序）。

如了解老年人在室内发生跌倒时前3位的地点是：①屋门口；②客厅；③卧室；④厨房；⑤浴室；⑥台阶；⑦其他。

（5）被调查者的个人信息：很多情况下，调查者与被调查者之间相互不了解，被调查者个人信息最好放在问卷的结尾部分，即结束语之前，而不是放在问卷的开头部分。因为一般来说，被调查者一开始对调查有一定的顾虑，可能不愿意公开个人信息，随着问卷调查的进行，被调查者对调查内容有了进一步的了解，也慢慢地对调查建立起了信任，这时他们会更愿意填写个人信息。如果研究者不是匿名调查，如进行跟踪调查时就需要被调查者的姓名，还需要被调查者提供联系方式。

（6）结束语：又称致谢语，一般放在问卷的最后，用来简短地对被调查者的合作表示感谢，也可以征询一下被调查者对问卷设计和问卷调查本身的看法和感受。当然，不同问卷的结束语略有不同，如邮寄问卷的结束语可能是"再次感谢您参与访问，麻烦您检查一下是否有尚未回答的问题后，将问卷放入附近的回邮信封并投入信箱"。而一份拦截访问的问卷的结束语可能会是"访问到此结束，这里有一份小礼物送给您，请签收。谢谢您，再见"。

2. 调查问卷设计的步骤 问卷设计是由一系列相关的工作过程所构成的。为使问卷具有科学性、规范性和可行性，一般可以参照以下流程进行。问卷设计流程图见图4-4。

（1）明确调查目的和内容：问卷设计的第一步是要充分地了解调查目的和内容，这一步的实质是规定问卷设计所需的信息，这不仅是问卷设计的前提，也是它的基础，为什么要做调查，而调查需要了解什么？针对哪些人群？同时要充分考虑受调查人群的文化水平、年龄层次和协调合作可能性等。为此，需要认真就研究方案、主题和理论假设进行讨论，将问题具体化和条理化。

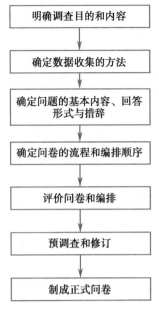

图4-4 问卷设计流程图

> 例4-1的"调查目的"为：
> 了解湖南省高职护生共情能力现状及影响因素，为有针对性地制订干预措施提供科学依据。

一般来讲调查项目主要包括：①背景资料，如调查对象的姓名、住址、单位、电话等；②人口学项目，包括年龄、性别、民族、婚姻状况、文化程度、职业等；③研究项目，这一部分是具体调查的核心内容，是根据本次研究的目的和选用的调查指标所确定的必须要调查的项目。在资料分析时根据这些项目来计算各种分析指标，调整各种混杂因素对研究结果的影响，利用合适的统计学方法进行组间比较、因素的筛选以及关联性的判断及预测等。

> 例4-1的"调查内容"为：
> 调研问卷主要包括：①学生一般情况问卷，自行设计，包括性别、年龄、民族、入学前学历、家庭经济情况、生源地、是否独生子女、是否学生干部等。②艾森克人格问卷简式量表中国版，用来测量高职护生的人格特征。③杰斐逊共情量表（护生版），用来测量护生共情现状。

（2）确定数据收集的方法：不同类型的调查方式对问卷的格式和要求也有所差别。在面访调查中，被调查者能与调查员面对面地交谈，可以询问较长的、复杂的和各种类型的问题。街头拦截式的面访调查，要求问卷内容尽量简短。电话访问要用丰富的词汇描述问题，可用对话的风格来设计。也可以将调研资料输入信息化平台，借助现代信息技术进行线上调研。

> 例4-1的"数据收集的方法"为：
> 由于所调查的对象是学生，可以采用问卷进行现场集中调查法或者使用调研平台进行线上调研。

（3）确定问题的基本内容、回答形式与措辞：这一步是确定问卷中具体包括哪些问题以及这些问题都应该询问什么内容，能否准确、有效地反映调查所需信息。

　　1）确定问题的基本内容：一份问卷的内容不宜过多，否则不但浪费时间和资料处理的费用，还会使被调查者感到厌烦，影响调查的质量。把所有的问题提出来后，要对已编写好的题目逐一进行检查，将重复的、可要可不要的题目删掉。把表述不准确、不适当的题目加以修改，有的题目如不能充分体现调查内容时，还要加以补充。

　　2）确定问题的回答形式：大多数问卷的题目都是以封闭式问题为主，也含有少量的开放式问题。两种形式的问题各有利弊，用哪种形式完全取决于研究问题的性质和特点。一般来说，需要快速回答，采用封闭式问题；需要被调查者充分陈述自己的观点和看法，采用开放式问题。

　　3）问题的措辞：问卷中的问题是了解被调查者的意图和提供资料的依据，如何将所需内容转化为被调查者容易接受的句子，就必须注意措辞的技巧。提问的措辞要准确清楚，易于理解和接受。如果措辞不当，会造成拒答或理解偏差，从而影响调查质量。

　　（4）确定问卷的流程和编排顺序：问卷在编排过程中，应注意以下内容。

　　1）简单的问题放在前面：在安排问题时，把简单的、容易回答的问题放在前面，而复杂的、较难的问题放在后面，使被调查者开始时感到轻松，愿意继续回答下去。如果让被调查者一开始就感到很难回答，就会影响他们回答的情绪和积极性。

　　2）能引起被调查者兴趣的问题放在前面：把被调查者感兴趣的问题放在前面，这样可引起他们填写问卷的兴趣和注意力，而把比较敏感的问题放在后面。如果一开始就遇到敏感性问题，会引起被调查者的反感，产生防卫心理，不愿意回答或拒绝回答，从而影响整个调查访问的顺利进行。

　　3）开放式问题放在后面：开放式问题一般需要较长时间和一定的思考，而被调查者一般是不愿花太多时间甚至动脑筋思考来完成问卷的，如果将开放式问题放在前面，会使被调查者产生畏难心理，影响被调查者填写问卷的积极性，从而影响整个问卷的回答质量。

　　4）按问题的逻辑顺序排列：设计问卷时，问题的安排应具有逻辑性，以符合被调查者的思维习惯，否则，会影响被调查者答卷的兴趣，不利于调查者顺利完成访问。

　　（5）评价问卷和编排：问卷设计进行到这一步，问卷的草稿已经基本完成。通常为保证问卷的有效性和可行性，需要咨询行业相关专家，聘请专家对问卷的整体结构、基本内容等方面进行审阅，并提出相关修改意见，以获得各方面的认可。

　　（6）预调查和修订：问卷设计完成后，在进行大规模正式调查之前，需要对问卷的内容、措辞、问题的顺序等进行全面的检查。具体办法是通过模拟调查试验，即预调查，来检查问卷中是否存在问题，并进行适当的修改。如果预调查是按调查设计严格执行的，预调查的样本可以用作实际调查的样本，从而可节约正式调查所付出的成本。

　　（7）制成正式问卷：问卷应当用质量好的纸张印刷，要有一个"专业性"或"职业性"的外形。如果问卷有多页，不应该简单地用订书机订一下，必须正规地装订成册，每页最好是双面印刷，这样会更规范。

　　3. 问卷设计的注意事项

　　（1）问卷中所提的问题，应围绕研究目的来编制，力求简单、明了，含义准确。不要出现双关语，避免片面和暗示性的语言。如"太阳底下最光辉的职业是教师，你喜欢教师职业吗？"

　　（2）问题不要超过被调查者的知识、能力范围。如对在校护生的问卷中不要出现"ICU护士职业倦怠感的问题"。

（3）问题排列要有一定的逻辑次序,层次分明。问卷的目的、内容、数据、卷面安排、标准答案等都要认真地推敲和设计。

（4）调查表上应有供人填写答案的足够空间,并编有填写调查单位的名称、填表人的姓名和填表年月日的栏目。

（5）问卷形式可以采用封闭式和开放式相结合的方式,问题数量要适度,一般应控制在30个问题以内,最好在20min内能答完。

（6）为使调查结果更为客观、真实,问卷最好采用匿名回答的方式。

（三）问卷与量表的区别

问卷与量表都是研究者用来搜集数据的一种技术,即对个人行为和态度的一种测量技术。它的用处在于量度,特别是对某些主要变量的量度。虽然问卷和量表都可以用来搜集数据,但这二者还是存在一些差异。

1. 在编制架构上的差异

（1）量表需要理论的依据,问卷则只要符合主题即可:通常量表的编制都是根据学者所提的理论来决定其编制的架构,如若要编制护士组织气氛感知量表时,可根据国外学者Stone的组织气氛整体模型来编制。此理论模型将护士组织气氛测评分为"资源保障""团队行为""管理支持""质量管理""人力资源管理"和"循证护理支持"六个维度,因此编制者可依照这六个维度编成一份有六个分量表的护士组织气氛感知量表。

调查表是将研究内容具体化到一系列问题形式的一种表格,是进行现场调查的内容和提纲。调查表中的问题包含了研究的所有内容。

（2）量表的各分量表都要有明确的定义,问卷则无此要求:在编制量表时,若没有分量表,编制者就直接将此量表的定义加以说明。若所编制的量表包含有若干个分量表,各个分量表亦需要将其定义加以界定清楚。一方面让编制者在编题时能切合各个分量表的主题,另一方面是让阅读者能了解此量表的各个分量表究竟是做何解释。

2. 在计分上的差异

（1）量表是以各个分量表为计分的单位,问卷是以各个题为单位来计次:假如一个量表有若干个分量表,其计分的方式是以各个分量表为单位。由于量表通常是以点量尺的形式呈现,研究者只要将分量表中每一题的分数相加即可。问卷则和量表不同,它是以单题为计算单位,即以每一题的各个选项来计算其次数。

（2）量表的计算单位是分数,而问卷的计算单位是次数:量表是将各题的分数相加而得到一个分数,因此所得的分数是属于连续变量,而问卷是以各题的选项来计次,所得的结果是各个选项的次数分配,属于间断变量。

3. 在统计分析上的差异

（1）量表在描述统计方面有平均数、标准差、积差相关;在推论统计方面有 t 检验、方差分析、共变量分析、回归分析等。

（2）问卷在描述统计方面有次数分配、百分比;在推论统计方面有 χ^2 检验(如适合度检验、百分比同构型检验、独立性检验、显著性检验等)。

五、控制研究质量

调查研究往往涉及众多工作人员和调查对象,控制研究过程是保证研究质量的关键。首先,要做好调查员的培训,调查员不但要有高度的责任心和实事求是的科学态度,还要有娴熟的业务技术。另外,收集资料的方法一旦确定,整个研究过程都需要保持一致,保证信息的同质性。为了保证高效顺利地完成调查任务,组织者要有较高的组织协调能力,同时具备清晰的工作思路。

科 学 思 维

典型调查

　　典型调查是一种非全面的专门调查方法。它通过对研究对象总体进行全面分析,有意识地选择若干个具有代表性的单位进行系统周密的调查研究。这种方法的特点在于调查单位少,且是调查者有意识选择出来的;调查内容具体细致;所需时间短,反映情况快。例如,假设一个城市想要了解市民对公共交通服务的满意度,可以采用典型调查的方法。首先,通过对市民的整体满意度进行全面分析,选择几个具有代表性的区域或群体进行深入调查。然后,通过这些典型区域的调查结果,可以推断出整个城市市民对公共交通服务的满意度情况。这种调查方法不仅效率高,而且能够较为准确地反映市民的整体满意度,为城市公共交通服务的改进提供依据。典型调查的关键在于选择好典型,这需要根据调查目的和研究对象的情况来决定。如果调查目的是了解总体的一般情况,可以选择中等水平的单位;如果目的是总结经验教训,可以选择最先进的和最落后的单位。通过这样的选择,典型调查能够有效地补充全面调查的不足,同时在一定条件下验证全面调查数据的真实性。

（李国平）

第四节　资料收集与整理

一、资料收集

　　资料收集(collection of data)是整个研究过程中很具体的工作环节,指研究者经过周密的设计后通过不同的方法从研究对象处获取资料的过程。真实、准确和完整的资料是研究结果科学性和真实性的基础。

　　护理研究中资料收集的常见方法有观察法、问卷法、访谈法和生物医学测量法。

（一）观察法

　　观察是人类认识周围世界的一个最基本的方法,也是从事科学研究的一个重要的手段。观察不仅是人的感官器官直接感知事物的过程,而且是人的大脑积极思维的过程。

　　在社会研究中,我们所说的观察法指观察者根据研究课题,用自己的感官和辅助工具去直接地、有针对性地了解正在发生、发展和变化着的现象,以取得研究所需资料的一种方法。它要求观察者的活动具有系统性、计划性和目的性,而且要求观察者对所观察到的事实作出实质性和规律性的解释。

　　1. 按观察情境分为试验室观察与实地观察。

　　（1）试验室观察:指在备有各种观察设施的试验室内,对研究对象进行的观察。这种观察方式在心理学研究中经常使用。

（2）实地观察：指在自然环境下对当时正在发生的事情进行观看、倾听和感受的一种活动。

2. 按观察者的角色不同，可分为参与观察与非参与观察。

（1）参与观察：指研究者深入到所研究对象的生活背景中，在实际参与研究对象日常社会生活的过程中所进行的观察。最早使用"参与观察"一词的学者是林德曼，他在1924年提出将社会科学研究中的观察者分成两大类型：客观观察者和参与观察者。

（2）非参与观察：指观察者处在被观察的群体或现象之外，完全不参与其活动，尽可能地不对群体或环境产生影响。非参与观察的长处是研究者可以有一定的距离对研究对象进行比较"客观"的观察，操作起来比较容易一些。但其弱点：①观察的情境是人为制造的，被研究者知道自己在被观察，往往比参与观察受到更多的"研究效应"或"社会赞许"的影响。②研究者较难对研究的现象进行比较深入的了解，不能像参与观察那样遇到疑问时立刻向被研究者发问。③可能受到一些具体条件的限制。

3. 按记录资料的方式不同，可分为结构观察与无结构观察。

（1）结构观察：指按照一定的程序、采用明确的观察提纲或观察记录表格对现象进行的观察。它与结构访谈的形式有点相似。

（2）无结构观察：指没有任何统一的、固定不变的观察内容和观察表格，完全依据现象发生、发展和变化的过程所进行的自然观察。它与无结构访谈的特征相类似。

（二）问卷法

1. **问卷法的特点、意义** 问卷调查与其他调查方法相比，具有以下3个特点。

（1）调查对象是经过思考之后才对问卷作出反应的。

（2）问卷调查适用于大样本或小样本的情况。

（3）有利于获得定量资料。

问卷是研究者用来收集资料的一种技术，它的性质重在对个人意见、态度和兴趣的调查。问卷的目的主要是通过填答者填写问卷，得知被测者对某项问题的态度、意见，进而比较、分析大多数人对该项问题的看法，作为研究参考。在心理与教育方面，很多问题无法直接测量，只能通过问卷的方法进行间接测量。

2. **问卷法调查的实施**

（1）调查对象数量的确定

1）调查对象数量的控制：需要考虑的两个因素是问卷的回收率和问卷的有效率。

2）调查对象的数目（保证研究对象的数目）：问卷调查的回收率和有效性一般不可能达到100%，因此选择调查对象时，其数目应多于根据抽样要求的研究对象数。

（2）问卷的分发与回收：问卷的分发方式有多种，常用的方式包括现场调查、邮寄调查、电话调查、网络调查等。

1）现场调查：研究人员事先就研究的目的和填写要求向研究对象说明，然后留出时间让研究对象填写，问卷当场回收。填写中如有疑问，研究人员现场解释。这种方法效率高、花费少，但收集资料的深度受到限制。

2）邮寄调查：邮寄问卷发放的范围较广，但回收率低，常需要重复邮寄。一般回收率在60%以上是比较满意的结果。邮寄法的回收率与问卷的内容、研究对象是否有时间和兴趣答卷、问卷的排版、印刷质量等因素有关。标准的邮寄问卷包括首页、问卷正文、写明回寄地址并贴足邮资的信封三部分。对在一定时间内（2～3周）尚未收回问卷的研究对象，可再次寄信或电话提醒,在信中应再寄一份问卷,以备用。

3）电话调查:通过电话的方式收集资料,调查速度快,范围广,费用大;回答率高;误差小;在电话中回答问题一般较坦率,适用于不习惯面谈的人,但电话调查时间短,答案简单,难以深入,受电话设备的限制。

4）网络调查:是利用互联网进行市场调查,利用互联网直接进行问卷调查等方式收集一手资料的方法。网络调查作为一股新生力量,正朝着主流形式发展。其主要特点有及时性、费用低、客观性、交互性、突破时空性。

（3）对回收问卷的审查:对于问卷的数据处理,必须建立在有效问卷的基础上,才能保证问卷调查结论的科学性。因此,对问卷数据进行整理加工时,不能把无效的数据算入。

（三）访谈法

访谈法关心的是人的内在世界,而那个世界却常常是不容易观察得到,所以需要通过访谈或其他互动的方式来了解。情境脉络的建立很重要,因为没有一个特定的时空点,受访者很难从他记忆中告诉你他在某一个时空下的状态;所以普通的一问一答并不是深度访谈,而有系统地进行深度访谈很重要。

1. **访谈问题设计** 根据访谈的目的设计访谈问题,问题的询问搜集以"现在-过去-未来"为时间构架,询问问题的内容包括经验/行为问题、意见/价值问题、感受问题、知识问题、感官问题、背景/人口资料问题。

（1）从广泛的、普遍的问题开始,逐渐过渡到具体的、敏感的问题。

（2）按内容进行分组,注意问题语言恰当,适合研究对象的年龄和文化程度。

（3）问题尽量中立、开放,做到简洁、明了,如果不能最好打印发放。

2. **访谈记录**

（1）访谈记录单:访谈的问题及研究对象的回答。

（2）记录方式:现场记录、事后记录。

3. **资料分析**

（1）内容分析法（content analysis）:对资料内部的主要组型进行确认、编码和分类的历程,见图4-5。

分析方法如下:

1）对每一页编上页码的内容,将文字资料中的每一句、每一段、每一篇,或观察到的场景所得到的"关键字"或"关键认知",予以特定概念化表示并加以命名。

2）将确定的概念、名称及简单意思,写在标签上,贴在出处的固定处,以方便查阅。

3）将所找到的"关键字"或"关键认知"分别归类到相近的含义,并计算各类的次数。

（2）叙事分析（narrative analysis）:叙事分析发展的重点在于研究者将"生活故事和对话"的表达本身视为"研究问题"而予以剖析。研究者已不仅是将所听到的故事、说辞、对话视为"社会真相",而是当作经验的再次呈现。

（3）扎根理论（grounded theory）:扎根理论的方法起源于格拉斯和施特劳斯两人20世纪60年代对临终患者心理情况的一项实地观察,是一种定性研究的方式。其主要宗旨是从经验资料的基础上建立理论。研究者在研究开始之前一般没有理论假设,直接从实际观察入手,从原始资料中归纳出经验,然后上升到系统的理论。这是一种从下往上建立实质理论的方法,即在系统性收集资料的基础上寻找反映事物现象本质的核心概念,然后通过这

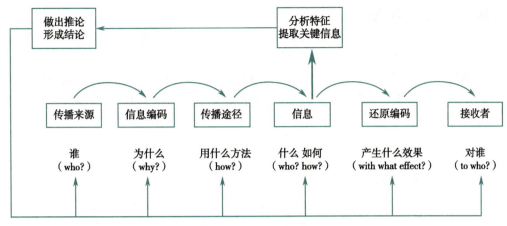

图 4-5 内容分析的模式 5W1H

些概念之间的联系建构相关的社会理论。扎根理论一定要有经验证据的支持，但是它的主要特点不在其经验性，而在于它从经验事实中抽象出了新的概念和思想。

4. **访谈的技巧** 访谈是人与人之间社会互动的一种表现形式，对于彼此陌生的人，一开始的接触是相当困难的。在调查实践中，一般是请一位与调查对象熟悉的人带路或陪同。经由熟悉调查对象的人的引见，可以明显增加被访者对访问者的信任感。访问者在进门后的第一个问题是如何称呼的问题。一般说来，称呼恰当，就为接近被访者开了一个好头，称呼搞错了，就会闹笑话，甚至引起对方的反感，影响访问的正常进行。访问者与被访者接触后，必须采取各种有效的方法与被访者接近。一般有以下几种方式。

（1）正面接近：即开门见山，先做自我介绍直接说明调查的目的、意义和内容，请求被访者的支持与合作。这种方式可以节省时间、提高效率。

（2）求同接近：即寻找与被访者的共同点，激发被访者的热情与兴趣。

（3）友好接近：即从关怀帮助被访者入手，以联络感情、建立信任。

（4）自然接近：即在某种共同活动的过程中接近对方。

（5）隐蔽接近：即以某种伪装的身份、伪装的目的接近对方，并在没有觉察的情况下调查了解情况。

总之，在进入访谈现场的过程中，访问者无论采取何种方式接近被访问者，都应以朋友的姿态与对方建立起融洽的关系，然后再进入正题。

问卷法与访谈法各有其优缺点，问卷法与访谈法比较见表 4-2。

表 4-2 问卷法与访谈法比较

项目	问卷法	访谈法
优点	省钱；省时；能确保匿名性；很少因访问者不同而造成偏差；研究工具有较好的信度和效度；获得资料广泛	应答率高；适合不会填写问卷的对象；及时解决问题；资料较深入、完整；可控制提问顺序；能提供额外资料；能观察到研究对象非语言行为和言语动作
缺点	回收率低；可能收集到不真实资料；漏答；误解研究者本意；研究对象必须有一定阅读能力，有精力和智力完成问卷	费时；花费大；霍桑效应；人际沟通影响资料质量；需要对访问者进行培训；访问者可能误解研究对象非语言行为

（四）生物医学测量法

生物医学测量法是通过使用特别的仪器设备和技术，从研究对象中测量获取的生理、生化资料，例如血压、血气分析、血氧饱和度等。

很多护理研究都要利用生物医学测量法收集部分资料，如通过细菌培养比较两种消毒方法的效果，通过心电图、肌电图、脑电图的测定和患者睡眠质量的自我评定，评价重症冠心病监护病房（cardiac care unit, CCU）患者的护理干预措施的效果等。

1. 目的

（1）测量与护理有关的基本生理过程：例如，研究青少年在愤怒和平静状态下的血压变化，研究抗癌型小白鼠的蛋白质摄入量和营养状况。

（2）选择护理干预方法：例如探讨心脏外科手术患者术后的最佳体位，则可通过测量研究对象的血气分析结果；新生儿开始沐浴的不同时间（出生后4h、8h）对其体温的影响等。

（3）评价护理干预效果：常将改进的新干预方法与传统的护理常规作比较，例如，放松技术和意念想象疗法对冠心病患者生理心理功能的影响等。

（4）改进标本采集方法：护理操作流程的改善需要一些客观指标来衡量。例如，血红蛋白在床旁测量的结果与标本收回试验室测得的结果的差异，以改进标本采集时间；血糖标本采取时间和留置时间的研究等。

（5）测量患者的生理功能：例如研究太极拳运动对社区中老年人生理功能的影响，则可选用血压、脉搏、呼吸、体重指数、握力等指标。

2. 种类

（1）机体指标的测量：通过体检、生理指标的测量直接从生物体测得结果，例如，脉搏、血压的测量，心电图测量，指尖血氧饱和度测定等。

（2）实验室指标的测量：不是从生物体体内直接测量结果，而是抽取标本后通过进行实验室检验测得结果，包括化学测量法、微生物测量法、组织细胞学测量法。

3. 生物医学测量法的特点及应用

（1）优点：生物医学测量法所获得的结果客观、精确、可信度高，在护理研究工作中，应重视应用该方法来测量数据和收集资料，以提高护理研究的水平和深度。由于该方法涉及专科基础，受仪器功能和精确度的影响，护理研究人员在应用时往往需要获得该领域的专业人员的合作，并应考虑系列相关因素，包括研究经费是否足够、是否要进行人员的培训、测量是有创性还是无创性、是否掌握仪器的安全性能、是否了解仪器的敏感度并熟练掌握其使用方法等，很多研究都要利用生物医学测量法收集部分资料。

（2）缺点：该方法不适用于收集研究对象的心理、社会方面的资料。

二、资料整理

资料整理，指运用科学的方法，将调查所得的原始资料按调查目的进行审核汇总与初步加工使之系统化和条理化，并以集中简明的方式反映调查对象总体情况的过程。

（一）资料整理的意义

1. 它是对调查资料的全面检查　搜集资料过程可能会出现虚假、短缺、冗余等现象，需要对资料进行科学的整理与审核，查缺补漏，去假存真，去粗取精，确保资料的真实、准确和完整。

2. 它是进一步分析研究资料的基础　对分散、零碎的资料进行加工整理，使之系统化、条理化,在此基础上,对资料的分析研究才成为可能。

3. **它是保存资料的客观要求**　对资料进行整理后能使原始资料具有真实性和可靠性,使原始资料具有长期保存和利用的价值。

（二）资料整理的原则

1. **真实性**　是资料整理必须遵循的最基本原则。

2. **准确性**　事实要准确,数据要准确,事实材料不能含糊不清、模棱两可、互相矛盾。

3. **完整性**　反映某一社会现象的资料必须尽可能全面,如实地反映该现象的全貌,不能残缺不全。

4. **统一性**　各个调查指标要有统一的理解和解释,对调查指标的计算方法和计算单位也要统一。

5. **简明性**　整理后的资料要以简单、明确、集中的形式反映出来。

（三）资料整理的一般步骤

1. **资料的审核**　审查资料的真实性、准确性和完整性,发现问题,及时解决。

2. **资料的编码**　如果所收集的资料要输入计算机处理,必须对原始资料进行编码。

3. **资料的分组**　根据调查的目的和任务及分析研究对象的需要,确定分组标志,对原始资料进行分组整理与统计。

4. **资料的汇总**　将分散资料以集中的形式显示出来。全部数据汇总或在分组基础上汇总。

5. **制作统计表和统计图**　以统计表和统计图的形式,集中、简明、直观显示汇总资料。

科 学 思 维

肝胆外科专家——吴孟超

吴孟超是我国著名的肝胆外科专家,中国科学院院士。他最先提出中国人肝脏解剖"五叶四段"的新见解,在国内首创常温下间歇肝门阻断切肝法,率先突破人体中肝叶手术禁区,建立了完整的肝脏海绵状血管瘤和小肝癌的早期诊治体系。

在临床工作中,他带领团队注重广泛搜集并深入研究大量的国内外文献资料,坚持积累肝脏疾病患者的临床数据,仔细观察,详细记录,高龄的他还坚持每周完成手术,不断从实践中总结经验和教训。

吴孟超领导的学科规模从一个"三人研究小组"发展到目前的三级甲等专科医院和肝胆外科研究所,并成为国际上规模最大的肝脏疾病研究和诊疗中心。该团队坚持临床实践与科学研究相结合,提出许多创新的理论和方法,推动了国内外肝脏外科的发展,使中国在该领域的研究和诊治水平居国际领先地位。

（陈　茵）

第五节　资料的统计分析

调查过程中收集到的原始资料必须经过整理、分析,去粗取精,去伪存真,才能揭示出事物的本质和规律性。

一、数据的录入与核查

从调查表获得的数据,首先要录入计算机,才能进行下一步的分析。为防止和减少计算机录入的错误,应采取有效的措施来提高计算机录入的质量,保证资料的完整、准确和可靠。同一份资料,由两位录入人员分别录入并进行核对。一般来说,数据的录入应包括定义变量、录入数据和保存数据三个步骤。

> 以例 4-1 为例,邱老师调查了 2 094 名高职护生的共情现状,需要对回收的 1 943 份合格问卷进行数据录入,具体操作步骤如下。

(一)定义变量

1. 定义变量名　在 SPSS 环境下,新建一个数据文件后,单击数据编辑窗口底部的"变量视图"标签切换到变量定义界面,然后开始定义变量名、变量类型以及定义变量值标签。以例 4-1 为例,邱老师需要定义的变量名有独生子女、学生干部、生源地、入学前学历、性别、民族等,见图 4-6。

	名称	类型	宽度	小数位数	标签	值	缺失	列	对齐	测量
73	年龄分段	数字	8	2		无	无	10	靠右	标度
74	学制	数字	11	0		{1, 五年高职…	无	8	靠右	有序
75	所在年级	数字	11	0		{1, 二年级}…	无	8	靠右	有序
76	文理科	数字	11	0		{1, 文科}…	无	8	靠右	有序
77	民族	数字	11	0		{1, 汉族}…	无	8	靠右	有序
78	学生干部	数字	11	0		{1, 是}…	无	8	靠右	有序
79	年龄分层	数字	8	2		{1.00, 18岁…	无	8	靠右	标度
80	年龄	数字	11	0		无	无	8	靠右	标度
81	观点采择	数字	8	2		无	无	8	靠右	标度
82	临床见习	数字	11	0		{1, 是}…	无	8	靠右	有序
83	调整收入	数字	8	2		{1.00, <100…	无	8	靠右	标度
84	稳定性	数字	8	2		无	无	8	靠右	标度
85	居住地2	数字	8	2		{1.00, 城市}…	无	8	靠右	标度
86	独生子女	数字	11	0		{1, 是}…	无	8	靠右	有序
87	性别	数字	11	0		{1, 男}…	无	8	靠右	有序
88	入学前学	数字	11	0	入学前学历	{1, 初中毕业…	无	8	靠右	有序
89	随强型	数字	8	2		无	无	8	靠右	标度
90	共总2	数字	8	2		无	无	8	靠右	标度
91	内外向	数字	8	2		无	无	8	靠右	标度
92	掩饰量表	数字	8	2		无	无	8	靠右	标度
93	共总	数字	11	0		无	无	8	靠右	标度
94	家庭住址	数字	11	0		{1, 城市}…	无	8	靠右	有序

图 4-6　定义变量名示意图

2. 定义变量类型　在 SPSS 统计软件中,其默认的变量类型为"数字",即标准数值型变量,如果遇到字符型变量,如姓名,则需要将变量类型更改为"字符串"。例 4-1 中,所需定义的变量均可转换为数值型变量,因此不需要改变变量类型。

3. 定义变量标签　对于分类变量,因其不是具体的数据项,因此除定义变量名之外还需要给变量值定义标签。

以例 4-1 为例，性别有男、女之分；民族可以分为少数民族、汉族；这些均要进行变量标签的定义，见表 4-3。

表 4-3 "例 4-1"变量值与变量值标签一览表

变量名	变量值	变量值标签
独生子女	0	非
	1	是
学生干部	0	非
	1	是
生源地	0	城市
	1	农村、乡镇
入学前学历	0	高中及同等学力
	1	初中及同等学力
性别	0	女
	1	男
民族	0	少数民族
	1	汉族

将上述变量值标签，在"值"下的单元格中，单击定位后，在弹出的"值标签"对话框，在例 4-1 中，"性别"的变量标签定义为例，应先在"值"中键入"0"，再在"标签"中键入"女"；然后单击"添加"按钮。类似地，继续在"值"中键入"1"，再在"标签"中键入"男"，见图 4-7，然后再按"添加"和"确定"按钮即可，可按照此方法将所有需要定义变量标签的变量进行定义。

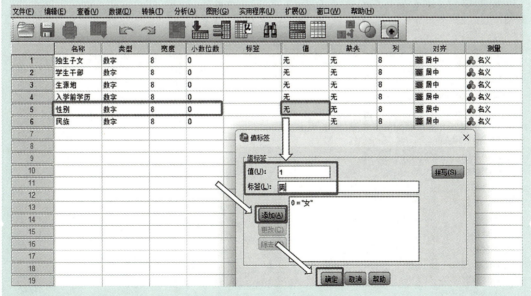

图 4-7 定义变量标签示意图

（二）录入数据

完成变量定义后，单击数据编辑窗口左下方的"数据视图"标签，切换到数据表视图，此时，电子表格中的列为变量，行为个案，依次完成数据的录入。以例4-1为例，1 943名护生共情现状的调查数据见图4-8。

	年龄	性别	民族	学生干部	临床见习	调整收入	居住地	入学前学	共情总分	观点采择	情感护理	换位思考
1	20	0	1	1	0	2.00	2.00	0	112.00	56.00	43.00	13.00
2	20	0	1	1	0	2.00	2.00	0	112.00	56.00	43.00	13.00
3	19	0	1	0	1	1.00	1.00	0	132.00	65.00	53.00	13.00
4	19	0	1	0	1	1.00	1.00	0	132.00	65.00	53.00	13.00
5	18	0	0	1	0	2.00	2.00	0	120.00	58.00	50.00	14.00
6	18	0	0	1	0	2.00	2.00	0	120.00	58.00	50.00	14.00
7	20	0	1	0	0	2.00	2.00	0	99.00	47.00	43.00	11.00
8	20	0	1	0	0	2.00	2.00	0	99.00	47.00	43.00	11.00
9	20	0	1	0	0	2.00	2.00	0	93.00	44.00	35.00	12.00
10	21	0	1	0	0	2.00	2.00	0	84.00	41.00	30.00	13.00
11	20	0	1	0	0	1.00	2.00	0	117.00	57.00	46.00	12.00
12	20	0	1	0	0	1.00	2.00	0	117.00	57.00	46.00	12.00
13	20	0	1	0	0	1.00	2.00	0	87.00	44.00	30.00	12.00
14	20	0	1	0	0	2.00	2.00	0	110.00	53.00	43.00	12.00
15	20	0	1	0	0	2.00	2.00	0	110.00	53.00	43.00	12.00
16	20	0	1	0	0	1.00	2.00	0	117.00	64.00	43.00	6.00
17	20	0	1	0	0	1.00	2.00	0	117.00	64.00	43.00	6.00
18	20	0	1	0	0	2.00	1.00	0	106.00	56.00	40.00	10.00
19	20	0	1	0	0	1.00	2.00	0	112.00	60.00	42.00	8.00
20	20	0	1	0	0	1.00	2.00	0	112.00	60.00	42.00	8.00

图4-8　数据录入

（三）保存数据

选择主菜单"文件"中的"保存"或"另存为"，并输入需要保存的文件名，选择保存路径，单击"保存"按钮即可。以例4-1为例，见图4-9。

文件(F) 编辑(E) 查看(V) 数据(D) 转换(T) 分析(A) 图形(G) 实用程序(U) 扩展(X) 窗口(W) 帮助(H)							
新建(N) ▶							
打开(Q) ▶							
导入数据(D) ▶							
关闭(C)　Ctrl+F4	民族	学生干部	临床见习	调整收入	居住地	入学前学	共情总分
保存(S)　Ctrl+S	1	1	0	2.00	2.00	0	112.00
另存为(A)...	1	1	0	2.00	2.00	0	112.00
保存所有数据(L)	1	0	1	1.00	1.00	0	132.00
导出(T) ▶	1	0	1	1.00	1.00	0	132.00
将文件标记为只读(K)	0	1	0	2.00	2.00	0	120.00
还原为所保存的文件(E)	0	1	0	2.00	2.00	0	120.00
重命名数据集(M)...	1	0	0	2.00	2.00	0	99.00
显示数据文件信息(I) ▶	1	0	0	2.00	2.00	0	99.00
缓存数据(H)...	1	0	0	2.00	2.00	0	93.00
收集变量信息	1	0	0	2.00	2.00	0	84.00
停止处理程序　Ctrl+句点	1	0	0	1.00	2.00	0	117.00
切换服务器(W)...	1	0	0	1.00	2.00	0	117.00
存储库(R) ▶	1	0	0	1.00	2.00	0	87.00
打印预览(V)	1	0	0	2.00	2.00	0	110.00
打印(P)...　Ctrl+P	1	0	0	2.00	2.00	0	110.00
"欢迎"对话框(W)...	1	0	0	1.00	2.00	0	117.00
最近使用的数据(Y) ▶	1	0	0	1.00	2.00	0	117.00
最近使用的文件(F) ▶	1	0	0	2.00	1.00	0	106.00
	1	0	0	1.00	2.00	0	112.00
	1	0	0	1.00	2.00	0	112.00

图4-9　数据保存

二、数据的统计分析

在进行数据统计分析之前,首先要明确资料的类型,要做哪些统计描述和推断,采用什么统计方法来消除混杂因素的影响,拟作哪些探索性分析等。应将统计分析表列出,并通过它检查设计是否合理,是否有遗漏,以便及时补充完善。

在例 4-1 中,共情总分、不同维度共情得分等均为计量数据,结果描述应该采用统计描述中的频数分析;要分析不同年龄、入学前学历、生源地的护生共情总分的差异有无统计学意义,则要进行 t 检验。

(一)统计描述

统计描述指用于描述及总结一组数据重要特征的统计学方法,其目的是概括试验或观察得到的数据特征以便于分析。其结果的表达方式主要是统计指标、统计表和统计图。统计指标的作用是用简单的数字表达大量数据的一些重要特征,如频数、均数、标准差、百分率等。

1. 频数

在例 4-1 中,如要统计 1 943 名护生的基本情况,如性别、生源地、独生子女、入学前学历时,则可采用统计描述中的频数分析。点击"分析→描述统计→频率",弹出对话框后,将上述变量添加至对话框内,单击"统计"即可,见图 4-10、图 4-11。

图 4-10 频数分析的操作方法

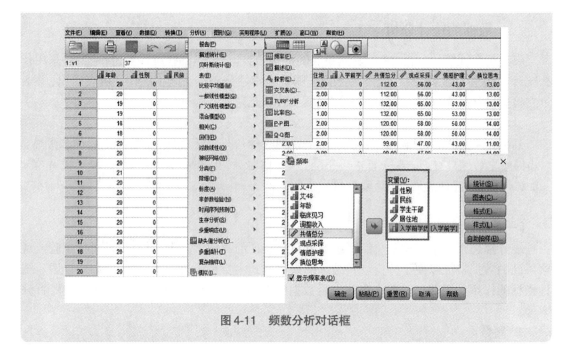

图 4-11　频数分析对话框

2. 均数与标准差

在例 4-1 中,如要统计描述 1 943 名护生共情总分情况,则需要分析均数和标准差的情况。点击"分析→描述统计→描述",弹出对话框后,将需要统计的变量添加至对话框内,点击"选项",选择需要分析的项目"平均值""标准差",在"显示顺序"中选择"变量列表",单击"确定"即可,见图 4-12。

图 4-12　统计描述

（二）其他统计方法

不同类型的数据和统计模型可以用相应的统计方法进行分析和检验，如 t 检验、方差分析、χ^2 检验、非参数检验、相关分析、回归分析等。各种假设检验得到的 P 值是得出结论的主要依据。

在例 4-1 中，邱老师如果想要了解独生子女与非独生子女护生的共情总分是否存在差别，则需要进行独立样本 t 检验。点击"分析→比较平均值→独立样本 t 检验"，见图 4-13；在"独立样本 t 检验"对话框中，将"共情总分"放入"检验变量"，将"独生子女"放入"分组变量"，点击"定义组"，对"独生子女"进行分组设定，见图 4-14；单击"继续"，回到"独立样本 t 检验"对话框，单击"确定"即可。

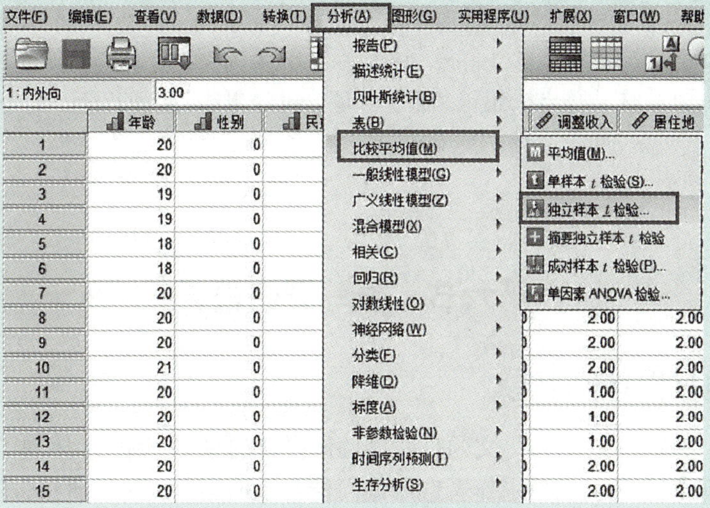

图 4-13　独立样本 t 检验（1）

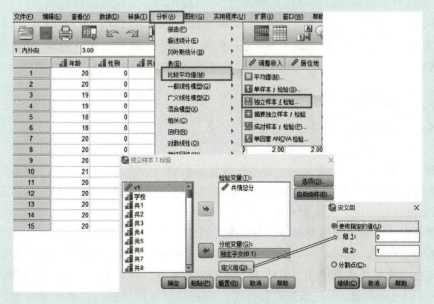

图 4-14　独立样本 t 检验（2）

科 学 思 维

"中国天眼"

500米口径球面射电望远镜（Five-hundred-meter Aperture Spherical radio Telescope，FAST，中国天眼），为国家"十一五"重大科技基础设施建设项目，研究团队历时近30年开展技术攻关，进行了无数次现场考察、数据分析和模型试验，在超高疲劳性能钢索研制、望远镜测量与控制方法等领域突破一系列世界技术难题。

2016年"中国天眼"落成，平稳运行4周年于2020年1月通过国家验收正式对国内天文学家开放，并于2021年3月正式向全球开放，2024年度自由观测项目申请通道向全球开放，体现构建人类命运共同体的理念。

中国天眼是具有我国自主知识产权、世界最大单口径、最灵敏的射电望远镜，极大拓展了人类观察宇宙视野的极限。其综合性能达到国际领先水平，对促进我国天文学实现重大原创突破具有重要意义。在2024年1月19日的"国家工程师奖"表彰大会上，国家天文台中国天眼工程团队获得"国家卓越工程师团队"荣誉称号。

（胡进晖）

第六节　书写调研报告

一、调研报告的书写格式

1. **文题**　又称题目、篇名。文题是一篇调研报告的总纲和缩影，体现了一篇调研报告的中心思想和研究主题。它要求作者选用最简洁合适的词汇反映调研报告的特定内容，把主题明白无误地告诉读者以启迪读者的兴趣。因此，作者择题用词必须言简意明，主题确切，并且要具有可检索性以便制作文献索引；不宜使用过于笼统或泛指的词句，以至于名实不符或不能反映文章应有的主题特色；用词要精练，达到高度概括，避免烦琐。一般以不超过20字为宜，避免使用特殊术语和不常用的缩略语、缩写、简称、符号、公式、化学结构式以及商标名称等。

> 例4-1的"文题"为：
> 湖南省高职护生共情现状的调查研究

2. **署名**　作者署名的意义在于尊重作者对其调研报告所拥有的著作权，体现作者对调研报告的负责精神，也有利于读者对有关学术问题与作者进行咨询和切磋。署名是严肃的事，应切实反映作者的实际贡献与责任。

作者署名应只限于直接参加了科研选题、制订方案、试验过程、撰写论文，并对调研报告内容直接负责者。能够对调研报告的主要内容负责答辩者才能获得作者署名的资格。署名排列先后意味着作者群中担负具体工作的多少和实际贡献的大小，而不代表其学术威望或其职称、职务的高低，不应该是论资排辈。对在科研及论文撰写过程中曾给予一定指导和帮助者，不宜列在作者署名中，可通过在文末致谢对他们的贡献和劳动表示肯定和谢意。

作者署名人数不宜过多,一般不超过 6 名。合作者则以其负责贡献情况顺序排列。署名中还应列出作者的单位部门和邮政编码以便取得联系。

例 4-1 根据作者贡献大小的"作者署名"为:

邱志军[1] 刘可[2] 姜娜[1]

(1 岳阳职业技术学院;2 中山大学护理学院)

3. 摘要 是作者对论文内容不加注释和评论的简短陈述。摘要的撰写要求为简练、准确,一般以 300 字左右为宜。目前多采用结构式摘要,它有固定的结构要求,信息量大,能独立成文,便于进入数据库和计算机检索系统,有利于二次文献的加工和整理,可供读者搜集有关科研文献、阅览和筛选是否参读全文。

结构式摘要的撰写内容包括:①目的(objective),扼要说明本科研之目的,提出该课题的缘由以及本研究的范围和其重要性;②方法(methods),简要描述本课题的设计、途径、研究对象与方法及如何取得数据等;③结果(results),根据统计学处理结果,列出课题研究的主要结果和数据;④结论(conclusion),表达调查研究后所得出的观点、见解及对后期进一步研究的指导意义等。

为了能让读者掌握论文的概况,摘要内容应该包含与论文等量的主要信息。摘要书写时一般要求不分段落;使用第三人称为陈述的主语,应用规范的专业名词和术语,避免出现图表或化学结构式等,也不可引证参考文献资料。

例 4-1 的"摘要"为:

研究目的:了解湖南省高职护生的共情现状,探讨影响高职护生共情的因素。

研究方法:采用分层整群按比例抽样的方法,于 2009 年 11 月到 12 月,在湖南省 11 所有护理专业的高职院校进行抽样,在确保样本的代表性和样本含量的前提下,根据对入选学校三年制二年级和五年制四年级护生人数的统计情况,按照<100 人整群抽样、≤1 000 人抽取 20%、>1 000 人抽取 10% 的原则进行抽样,共计抽取 2 094 人。采用自行设计的一般情况问卷、自行翻译的杰斐逊共情量表(护生版)和艾森克人格问卷简式量表中国版,对高职护生的共情现状及其影响因素进行统一问卷调查……

研究结果:……高职护生的共情总分为 104.42±17.64;其中三年制高职护生为 107.16±17.20,五年制高职护生为 100.75±17.57……

研究结论:

(1)高职护生的共情总体水平有待提高。

(2)三年制高职护生的共情得分高于五年制高职护生。

(3)影响高职护生共情总分的因素包括人格特征(内-外向、精神质、神经质、掩饰性)、是否为独生子女、入学前学历、生源地和年龄。其中,人格特征是影响高职护生共情的主要因素。

(4)影响高职护生共情总分和各维度得分的因素不完全一致,如年龄只对共情总分和观点采择维度有影响,是否独生子女和入学前学历未影响换位思考维度得分,应注意不同因素对高职护生共情能力的影响。

4. 关键词　目的是便于读者了解论文的主题,起到帮助读者在检索中能通过此词组迅速查到文献的作用。因此,应选择最重要、最关键、能代表论文主题或反映内容特征的、通用性强的、专业所熟知的名词性单词和词组,应尽可能取医学主题词表(medical subject headings,MeSH)中的名词,它是规范化的叙词表。可从文题、摘要、正文中特别是文中小标题中选择。带有形容词的词组宜后置,如萎缩性胃炎应为"胃炎,萎缩性",名词与形容词间用逗号隔开,以突出主要名词。关键词之间通常使用分号";",最后一个关键词之后不需要任何标点符号。每篇论文一般可选用3～5个关键词。

> 例4-1的"关键词"为:
>
> 护理;高职护生;共情

5. 引言　又称前言、绪言,这是文稿正文最前面的一段短文,起到提纲挈领的作用。其内容涉及交代本科研的概念、定义、范围、程序和科学假设,介绍课题研究的背景材料(包括其历史与现状),相关领域已做了哪些研究和已解决到何种程度,国内外目前的进展和动态,作者对本研究开展的依据和理由,以及拟解决的问题等。

引言必须紧扣论文的主题,撰写时要言简意赅,重点突出,不要等同于摘要,或成为摘要的注释,要避免冗长地引证国内外文献。不应详述同行所熟知的如教材上已经陈述的基本理论和试验方法等。对有关评价本研究科学价值的用词必须客观慎重和实事求是。

> 例4-1的"引言"为:
>
> 共情又称同理、通情等,对于从事服务性工作的人员来说,共情能力的高低与能否提供高质量的服务有很大关系。共情可以促进良好护患关系的建立和发展,是一切护患沟通的精髓[1]。护士如果缺乏共情,很容易被患者感知,从而影响沟通的过程和效果[2]。而作为一种能力,共情是可以通过训练而得到提高的……

6. 研究对象与方法　任何一项课题研究都有具体的研究对象。这些对象可以是人、是物,也可以是文献记载或其他文字资料等,数量可以是一个,几个,也可以成千上万个。但是,作为课题研究对象的确定不是随意的。第一,它取决于课题的性质,由课题的性质确定什么作为课题研究的对象。第二,无论什么样的研究对象,都必须保证通过对它进行科学研究能够得出可靠的结论。第三,确定研究对象应考虑其现实性和可能性,即根据研究者所具备的条件能否对研究对象进行研究。第四,确定研究对象时还应考虑研究效率和效益,尽可能在比较短的时间内,以比较少的投入取得较大的研究成果。

研究方法部分一般包括研究工具的选择及统计分析方法。研究工具常用的有量表,一般要介绍如量表的来源,有几个维度,有多少条目,如何评分以及填写方法,回收率情况等。如果使用自行设计的量表则需要介绍量表设计的依据,量表是否经过预调查,量表的信度、效度测定等。

7. 结果　是论文中的核心部分,所有结果都必须真实可靠,切忌弄虚作假;叙述时即使是相反的结果,也应如实反映,这对其他研究者有重要参考意义。文中不可使用玄虚不实之词,例如"多见、罕有、大约、可能"等。其所使用的计量单位和符号都必须是规范要求的法定计量单位和国际通用符号。同时,结果取得的数据还须经过统计学方法处理。

结果可以采取文字、表格和插图3种形式来表达,其中以文字描述为主,表格和插图应少而精,如能精确运用,可减少烦琐的文字叙述。三者必须紧密结合而不相互重复,使其成为有机的整体。

（1）文字描述:是结果表达的重要手段,要简明扼要、清晰明了,力求用最简洁的语句,抓住关键予以准确表达,应避免冗长繁杂,并与表格和插图配合,互相呼应,相得益彰。结果中一般不宜引用参考文献。

（2）表格的应用:当结果主要表达的是隶属关系或程度对比时,宜采用表格形式。表格是医学论文中最为常用的一种表述结果的方法,便于阅读、分析和对比,能够取代烦琐的文字叙述。表格的内容应精练、栏目清楚、数据准确,并与文章中所列完全相符。

表格一般由表序、表题、标目、数据、线条和表注等组成;目前采用表格的规范格式可概括为三条线和三部分,即顶线、标目线和底线,表(标)题、标目和数据。

（3）插图的应用:如结果强调事物的形貌或总体变动趋势时,则采用插图形式,它能形象、直观、简洁地表达丰富的论文内容,突出重点,具有文字和表格难以比拟的形象功能。插图要主题明确、真实可信,插图与文字要衔接。图中所有的文字、数字、符号等均需要植字,并注明图序、图题、图注等文字说明。附图一般要大于实际制版大小。

8. **讨论**　是论文中的重要组成部分,对论文中所得到的结果进行分析、推论、解释和预测,使之上升为理论,这是从感性认识升华到理性认识的阶段,从理论的高度和深度来阐明事物的内部联系和发展规律,显示了本科研成果的学术水平与实用价值。作者在讨论中要着重提出自己对研究课题、临床分析、流行病学调查的独特见解、在理论和方法上有何新的观点与新的发现。讨论部分是衡量一篇论文水准的体现,因此,作者撰写时必须抓住重点、紧扣主题,可引用国内外有关的文献资料以佐证作者自己的论点。

讨论的写作要求:①坚持科学、实事求是。讨论中必须重视科学性,准确的数据、科学的理论,不任意取舍结果内容,不隐瞒缺点和失败。②层次分明、表达合理。讨论时按次序围绕论点,提出论据加以论证,要紧密结合本文的主题,避免空泛议论。③避免重复。讨论中不要重复本文引言和结果中已经叙述过的内容,在引证文献进行推理时,要避免把讨论写成文献综述。

9. **结论**　对整篇文章做总结,是对调研数据的结果与分析讨论的整体进行归纳与概括。结论主要反映作者撰写论文之目的和解决了什么问题,指出在理论上和实践上所具有的意义和价值,阐述研究过程中尚有待解决的问题和进一步深入本课题研究的有关建议等。

结论的措辞要严谨、表达准确,它不应是正文中某些结语的简单重复赘述,结论要突出新的创见,作出有根据的评价。由于现今的论著文章都在正文前已列有摘要,为了避免文中前后重复叙述,因此,结论这一段落多被省略,已不属论文撰写中的必要组成部分,但对一般报道性体裁的文稿,仍可按其内容的需要于文末撰写。

10. **参考文献**　是护理论文一个必要的组成部分,它不仅表明论文的科学依据与历史背景,提示作者在前人研究基础上的提高、发展或创新所在,并能对作者的独特见解提供线索,且可供读者查阅文献、了解内容,评价护理研究价值。

一般在调研报告最后列出本次研究工作所参考过的主要文献目录,目的在于表明论文的科学依据与历史背景;反映出作者对他人成果的尊重;为读者进一步查阅和探索有关问题,了解文献的详细内容提供线索。

所列参考文献的要求:①必须是作者亲自阅读过的。②一般只限于正式出版物上发表的文章,文摘、内部刊物、内部资料及未发表的文章均不列入参考文献中。③引用论点必须准确无误,不应断章取义;文献条目不宜过多,调研报告的参考文献条目一般在 10 条左右。④著录必须准确,著录格式主要遵循《信息与文献 参考文献著录规则》(GB/T 7714—2015)标准书写。

二、调研报告的书写要求

1. 写调研报告要首先做好调查研究,掌握大量详细的第一手材料。

2. 分析材料,鉴别真伪,确立正确的主题,如实反映客观情况。

3. 调研不是为了调研而调研,而是要解决问题。因此,要使调研报告能真实反映情况,作为制订方针、政策的参考。

科学思维

中国健康与养老追踪调查项目

中国健康与养老追踪调查(China Health and Retirement Longitudinal Study,CHARLS)是由武汉大学和北京大学共同执行的大型跨学科调查项目,旨在收集一套代表中国 45 岁及以上中老年人家庭和个人的高质量微观数据,用以分析我国人口老龄化问题,推动老龄化问题的跨学科研究。

CHARLS 问卷内容包括:个人基本信息,家庭结构和经济支持,健康状况,体格测量,医疗服务利用和医疗保险,工作、退休和养老金,收入、消费、资产,社区基本情况等。

该项目的调查研究于 2011 年开展,覆盖 150 个县级单位,450 个村级单位,约 1 万户家庭中的 1.7 万人,这些样本以后每两到三年追踪一次,调查结束一年后,数据将对学术界公开。调查员们克服重重困难,至今已完成 5 轮全国追访。

CHARLS 的访问应答率和数据质量在世界同类项目中位居前列,数据在学术界得到了广泛的应用和认可。

(陈 茵)

边学边思

一、单项选择题

1. 某医院有 1 200 名护士,为调查该医院护士的心理状况,抽取所有工作编号尾数为"5"的护士进行调查,该抽样方法为

    A. 单纯随机抽样   B. 系统抽样   C. 整群抽样

    D. 方便抽样   E. 目的抽样

2. 采用下列抽样方法得到的样本代表性最差的是

    A. 单纯随机抽样   B. 分层抽样   C. 整群抽样

    D. 系统抽样   E. 偶遇抽样

3. 研究"年龄与血压的关系"中,自变量是

    A. 年龄   B. 教育水平   C. 经济收入

    D. 血压   E. 体重

4. 研究 "健康教育对糖尿病患者依从性的效果"，因变量是

    A. 健康教育　　　　　　　B. 依从性　　　　　　　　C. 效果

    D. 并发症　　　　　　　　E. 血糖水平

5. 下列有关护理科研论文书写格式正确的描述是

    A. 文章的题目不能太长，以不超过 30 个字为宜

    B. 作者署名应按照年资或职称的高低排列

    C. 结果部分可采用统计表或图来描述

    D. 参考文献不是论文的组成部分，可以省略

    E. 摘要字数以 100 字为宜

6. 护理研究的第一步是

    A. 查阅文献　　　　　　　B. 确定研究对象　　　　　C. 确立调研主题

    D. 科研设计　　　　　　　E. 设计调查问卷

7. 下列科研设计的内容需要排除的是

    A. 确定研究对象　　　　　B. 设对照组　　　　　　　C. 随机分组

    D. 确定论文书写的内容　　E. 确定观察指标

8. 在观察法中，观察者的角色最易触犯伦理问题的是

    A. 完全的参与者　　　　　B. 完全的观察者　　　　　C. 观察的参与者

    D. 参与的观察者　　　　　E. 局外观察者

9. 某医院护理部对内、外科各 100 名护士进行有关预防医院感染相关知识的考核，内科护士考核的平均得分为（95.17±8.32）分，外科护士考核的平均得分为（90.32±5.19）分。若两组数据均呈正态分布，比较内、外科护士考核平均分之间的差异可选择

    A. χ^2 检验　　　　　　　B. 相关分析　　　　　　　C. t 检验

    D. 秩和检验　　　　　　　E. 回归分析

10. 某社区医院对该社区内的老年人进行有关原发性高血压的筛查，获得了男性、女性老年人患有该病的人数。这些资料属于

    A. 计数资料　　　　　　　B. 计量资料　　　　　　　C. 等级资料

    D. 半计量资料　　　　　　E. 半计数资料

11. 关键词可帮助读者在检索中

    A. 了解论文内容　　　　　B. 迅速查到文献　　　　　C. 找到分类索引

    D. 找到著者索引　　　　　E. 找到主题索引

12. 在查阅文献时，利用文章后面所附的参考文献进行查找的方法称为

    A. 顺查法　　B. 倒查法　　C. 抽查法　　D. 追溯法　　E. 分段法

13. 护理研究问题主要来自

    A. 护理实践　　　　　　　B. 文献　　　　　　　　　C. 论文报告

    D. 他人工作　　　　　　　E. 理论研究

14. 通过观察指标获得数值资料的研究方法属于

    A. 质性研究　　　　　　　B. 现象学研究　　　　　　C. 人种学研究

    D. 量性研究　　　　　　　E. 扎根理论研究

15. 在研究过程中，研究者取得了患者和家属的同意，使用录像机隔着单面透视玻璃对痴呆患者的行为进行录像。此时观察者的角色为

A. 完全观察者　　　　　　　　　　B. 参与的观察者

C. 观察的参与者　　　　　　　　　　D. 完全参与者

E. 局外观察者

16. 下列属于计数资料的是

　A. 患者需求程度、出院例数、年龄大小

　B. 血压、脉搏、呼吸

　C. 身高、护龄、工作满意度

　D. 疼痛例数、出院人数、接受中药治疗的人数

　E. 体重、红细胞计数、转氨酶值

17. 下列有关概率(P)的描述正确的是

　A. P是描述某事件发生可能性大小的一个度量,范围在$-1\sim1$

　B. $P\leq0.05$在统计学中被认为是事物差别有高度统计学意义的界限

　C. $P\leq0.01$在统计学中被称为是小概率事件

　D. 必然发生事件的$P=0$,不可能发生事件的$P=1$

　E. P的大小只能用小数来表示

18. 论文的文题不能太长,一般临界字数是

　A. 10个字　　　　　　　　　B. 15个字　　　　　　　　　C. 20个字

　D. 25个字　　　　　　　　　E. 30个字

19. 以下对护理研究的描述应排除的是

　A. 从实践中发现需要研究的护理问题

　B. 通过科学方法有系统地研究或评价该护理问题

　C. 直接或间接地用以指导护理实践的过程

　D. 通过研究改进护理工作,提高对患者的护理

　E. 对医疗新技术的开展有直接的指导作用

20. 下列科研选题注意事项中应排除的是

　A. 选择对临床有指导意义和创新内容的问题进行研究

　B. 选题范围不可太大,涉及面过大则不易深入

　C. 研究问题的可行性

　D. 研究内容尽量完全重复别人的工作

　E. 最好结合自己熟悉的专业选题

21. 研究糖尿病患者的自我护理能力,组成该总体的糖尿病患者为

　A. 有限总体　　　　　　　　B. 无限总体　　　　　　　　C. 个体

　D. 层　　　　　　　　　　　E. 样本

22. 某护士对本科室的患者进行调查,即选择最容易找到的人作为研究对象,该护士采用的抽样方法是

　A. 定额抽样　　　　　　　　B. 雪球抽样　　　　　　　　C. 方便抽样

　D. 分层抽样　　　　　　　　E. 系统抽样

23. 血压(mmHg)、体重(kg)、身高(cm)、肺活量(ml)等属于

　A. 计量资料　　　　　　　　B. 等级资料　　　　　　　　C. 计数资料

　D. 随机资料　　　　　　　　E. 抽样资料

24. 护理科研论文的结构式摘要的书写,一般需要排除的选项是
    A. 目的   B. 病例介绍   C. 结果
    D. 结论   E. 方法
25. 对个案研究描述应排除的是
    A. 针对事先设计的护理资料进行研究   B. 了解资料的内涵
    C. 探讨未知领域   D. 对新措施、新理论进行深入分析
    E. 写出论文的过程
26. 一般要求摘要的文字为
    A. 50 个字左右   B. 100 个字左右   C. 200 个字左右
    D. 300 个字左右   E. 500 个字左右

二、多项选择题
1. 选题过程能够综合体现科技工作者的
    A. 临床工作能力   B. 科研能力   C. 理论水平
    D. 学历背景   E. 工龄长短
2. 问卷调查法的优点是
    A. 回收率高   B. 适用于各种研究设计   C. 样本弹性大
    D. 收集资料方式多   E. 收集资料范围广
3. 进行预试验的目的是
    A. 确认变量   B. 确定研究问题
    C. 熟悉和摸清研究条件   D. 检查课题设计中的问题
    E. 加速科研工作的进度
4. 科研论文题目书写的基本要求是
    A. 文题与内容相符   B. 文题要醒目准确
    C. 艺术夸张使其富吸引力   D. 一般不超过 20 个字
    E. 文题尽量不加标点符号
5. 摘要的主要内容包括
    A. 目的   B. 方法   C. 引文   D. 结果   E. 结论
6. 护理论文正文按四段式书写,其内容应包括
    A. 前言   B. 摘要   C. 材料与方法
    D. 结果   E. 讨论与分析
7. 在研究设计中选择样本的注意事项是
    A. 按随机原则选取样本   B. 严格规定总体的条件
    C. 样本量越大越好   D. 严格遵循研究对象入选的标准
    E. 根据课题内容确定样本例数
8. 评价护理研究选题包括
    A. 是否有创新   B. 是否可行   C. 是否有普遍性
    D. 科研设计是否合理   E. 统计方法选择是否恰当
9. 下列有关问卷设计中注意问题的描述,正确的是
    A. 开放式问题排在问卷的开头部分

    B. 隐私性问题排在问卷的最后

    C. 问卷不宜过长,填写时间不宜超过 30min

    D. 问卷开头应有指导语

    E. 开放式问题应留出足够的空间以便填写

10. 护理论文正文四段法格式书写的内容应排除

    A. 前言　　　　　　　B. 摘要　　　　　　　C. 材料与方法

    D. 讨论　　　　　　　E. 参考文献

三、填空题

1. 调查研究按照调查对象的不同可以分为_____、_____和_____。

2. 护理研究中资料收集的常见方法有_____、_____、_____和_____。

四、案例分析题

1. 护理美学是一门人文素质必修课程,对于提高护理人员的审美能力和创造美的能力都有一定的帮助。本学期张老师想采用自制问卷,了解护生对护理美学各部分教学内容的兴趣,为今后课程教学提供参考,请问应如何进行研究设计?

2. 负责就业工作的孙老师想对护理专科毕业生进行老年护理工作意愿调查,请问应如何进行研究设计?根据调查所得数据撰写一篇调查报告。具体要求:①格式规范,要素齐全;②标题简洁明了,能说明主题;③层次清晰,论述有理有据,文献引用准确、客观;④字数要求在 3 000 字以上。

3. 姚老师想通过调查了解本届护生在进入临床实习前的压力与应对的现状,为制订针对性的干预措施提供参考。请帮姚老师进行调研设计,并制订调研方案。

4. 职业自我概念是一个人整体自我概念的重要组成部分,来源于个人对自我及对职业世界的认识,并在此基础上形成个人对职业的态度、职业责任感、职业理想、职业道德及职业价值观等。李老师想了解护生职业自我概念的现状,进而探讨提高护生职业自我概念的对策,请问应如何进行研究设计?

5. 主观幸福感是个人根据自定的标准对其生活质量的总体评价。护士主观幸福感的状况是生活质量的整体反映,对其身心健康及其发展都有积极影响。医院护理部准备组织开展一次在职护士主观幸福感的问卷调查,以便了解护士主观幸福感水平,请问应如何进行研究设计?

第五章　护理研究设计

学习目标

知识目标:
1. 概述护理研究设计的主要内容。
2. 列举试验性研究设计的基本要素及设计原则、主要方法。
3. 比较类试验性研究及非试验性研究设计的内涵、优点和缺点。

能力目标:
1. 能从日常实践中发现可研究的护理问题,并选择恰当的研究方法进行研究设计。
2. 能按照试验前后对照或单纯试验后对照设计方法,针对感兴趣的护理问题进行研究设计。
3. 能按照类试验性研究的方法,针对某一事件/问题科学设计研究方案。
4. 能按照非试验性研究的方法,选择感兴趣的护理问题进行研究设计。

素质目标:
1. 形成基于缜密、严谨的研究设计,科学解决生活或工作中问题的习惯。
2. 养成坚持归纳和演绎、分析和综合、理论与实践相结合的方式,创造性探索未知的工作方式。
3. 养成应用和发展护理理论、验证假设、探索新知的习惯。

研究设计指制订课题研究的技术方案和计划实施方案。它是整个研究工作的蓝图,集中体现了课题研究人员的设想、构思。换句话说,研究设计是研究人员表明自己要做什么,怎么做,何时做,什么时间做完,做完以后能获得什么结果以及获得的结果有什么意义。

护理研究设计是与护理工作相关的科学研究具体内容方法的设想和计划安排。其目的是要制订出一个通盘的、周密的、安排合理的、科学性强的设计方案。它是科研开始之前的先导,是科研进行过程中的依据,是试验统计处理的前提,是研究结果准确可靠的保证。护理研究根据研究对象、研究过程和资料收集的过程分为三大类,即试验性研究、类试验性研究和非试验性研究。

第一节　了解护理研究设计

研究设计因研究的目的不同,所选择的研究方法不同,设计方案的具体内容差异会很大。有几个主要内容是必须要考虑的,包括确定研究对象、设立对照组、是否随机分组、确定观察指标、选择研究方法和统计学处理等。

例 5-1 骨外科病房的邱老师通过文献研究发现,舒适护理可使患者在生理、心理、社会等方面达到愉快的状态或降低患者不愉快的程度。同时邱老师在护理全髋关节置换术(total hip arthroplasty, THA)后患者的过程中发现,术后疼痛、患者术后康复功能锻炼的依从性等是影响患者康复效果的重要因素。为改善全髋关节置换术后患者护理效果,提高患者康复功能锻炼依从性,在常规护理的基础上,尝试对全髋关节置换术后患者开展舒适护理试点。

请思考:①邱老师应该如何进行设计?②如何确定研究对象?③如何对研究对象进行分组?④如何确定观察指标?

一、确定研究对象

研究对象包括样本和由样本推及的总体。

一般来说,对于研究对象的确定,应该包括以下 5 个方面的内容。

1. 明确诊断 指根据研究的目的对研究对象进行概念定义。如果护理研究的对象是患者,第一诊断必须符合国内外公认的诊断标准;如果是其他人员,例如护士或者护生等,也需要进行概念定义。

2. 获得研究对象的时间和地点 指样本入选的时间和地点。

3. 研究对象的纳入/排除条件 根据研究目的和条件,为了尽可能使样本具有代表性和本研究具有可重复性,确定研究对象的纳入标准和排除条件。

4. 抽样方法 选择研究对象的方法主要有概率抽样和非概率抽样。具体内容及方法见第四章。在实际研究过程中,研究者可根据研究的目的、样本的可及性及样本量选择合适的抽样方法。

5. 样本量 临床试验报告中有无预先的样本量估计是评价试验质量的重要依据之一,因此,在研究设计阶段需要确定研究所需的样本量。从理论上讲,研究某一干预措施与对照之间的差异,样本量越大,其结果越接近真实值,则认为结果越可靠。由于受资源和伦理等方面因素的影响,样本量不可能做到无限大。样本太小,应有的差别不能显示出来,难以获得正确的研究结果,结论也缺乏充分的依据;样本太大,会增加实际工作中的困难,对研究条件的严格控制也不易做到,并且造成浪费。因此,估计样本含量,是在保证研究结论具有一定可靠性的条件下,确定最少的样本量。

样本含量估算方法主要有公式计算法、查表法、文献法或专家咨询等。样本含量又是个比较复杂的问题。不同的参考书上介绍的计算公式和工具表往往不一样,以致同一问题所得的结果也可能有出入。所以,不论按哪种公式或工具表求得的结果,也只能是个近似的估计数。

例 5-1 的"研究对象的描述"为:

采用偶遇抽样法,选择 2010 年 3 月—2011 年 12 月,在某医院住院实行"单侧全髋关节置换术"的患者 117 例。样本纳入条件:①年龄在 18 岁以上,90 岁以下;②能够自理和准确、清晰回答问题;③无严重心血管疾病或精神异常;④自愿参与。

二、设立对照组

处理因素的试验效应的有无与大小,只有通过比较才能知道。比较的基线是对照,对照体现了试验设计的基本原理。因此,只有正确地设立了对照,才能平衡非处理因素对试验结果的影响,从而把处理因素的效应充分暴露出来。

对照可采用的形式有多种,应根据不同的试验研究目的,选用合理的对照,常用的对照主要有以下几种类型。

1. **空白对照**　即对照组不加任何处理因素。例如抗肿瘤药物动物实验中,实验组小白鼠喂抗肿瘤药物,对照组不喂任何药物。空白对照在动物实验以及实验室方法研究中常采用,以评定测量方法的准确度,以及观测实验是否处于正常状态等。

2. **试验对照**　即对照组不施加处理因素,但施加某种与处理因素有关的试验因素。如某药厂研发了一种能加速儿童增高的药物,进入临床试验阶段后,该药物的服用方法是每日清晨用 250ml 牛奶送服。此时若验证该药物是否有加速儿童增高的作用,就可以采用试验对照,即试验组按试验规定的方法服药,而对照组不服该药,但每日喝同样规格的牛奶,这样才能鉴别该药是否有效。

3. **标准对照**　即采用目前通用的方法或标准的方法做对照。这种对照是在临床试验研究中应用最多的一种,因为在多数情况下,出于伦理学上的考虑,不能采用空白对照。具体方法是如果欲验证某一新疗法的作用,可在试验组采用该新疗法(或在采用目前通用的治疗方法的基础上再加用新疗法),而在对照组只采用目前通用的治疗方法,然后进行疗效比较。

4. **相互对照**　即几种处理方法相互为对照。这也是临床上比较常用的一种对照形式,例如 3 个不同治疗方案的相互对照,这种对照只能在已知几种治疗方案均有效,需要比较哪种更好时应用。

5. **潜在对照**　即以潜在的公认的事实做对照。对急性粒细胞白血病、恶性肿瘤等过去治疗效果不好的疾病,做试验治疗时通常可不设对照。

6. **安慰剂对照**　采用无有效药理成分的物质使其在剂型、颜色、味道、用法、用量上无法区分,用来排除患者的心理作用或观察疗效者的主观倾向。设置安慰剂时需要考虑伦理学原则,必要时在两组都给予基本治疗。

7. **自身对照**　即对照与试验在同一受试对象身上进行。例如以观察高血压患者应用抗高血压药前后血压值变化的情况来验证该抗高血压药的疗效。自身对照简单易行,应用也较广泛,但若随时间的改变致试验前后某些环境因素或自身因素发生了变化,而这种变化又可能对试验结果造成影响,则不能简单采用自身对照。

例如用某种药物治疗因某种疾病而住院的患者若干例,经过 2 周时间的治疗后,与入院时相比,病情均明显好转,结论“该药对这种疾病的治疗是有效的”。这里采用治疗前与治疗后进行对比的自身对照方式所得出的结论是靠不住的,这是因为:①治疗前后,除了用药与否以外,其他的许多因素,譬如入院前后的休息状况、饮食规律等也发生了变化,这些变化也可能有利于患者的康复;②治疗措施的心理作用未排除,而该药本身或许并无疗效;③该病也可能是自限性疾病,不医治 2 周后也可能会好转或痊愈,此时可另设平行的自身对照组,两组差值进行比较。

设立对照应做到:①组间除干预措施不同之外,其他影响结果的非处理因素如年龄、性别、病情、病程等应尽可能相同或相近；②各组研究对象所研究疾病的易感性及发病机会均衡可比；③各组发现、观察与检测受试对象的方法、诊断标准等必须一致；④对各组的受试对象必须具有无歧视性。在实际工作中，有些研究形式上虽设立对照组，却没有真正起到对照的作用。

> 例5-1的"设立对照"为：
>
> 可以采用相互对照的方式，将入选的研究对象分为试验组（干预组）和对照组（常规组）。其中，对照组：2010年3月—2011年2月接受THA患者57例，男36例，女21例；年龄48～87岁（68.9±4.5）；20例为股骨颈骨折，31例为股骨粗隆间骨折，4例为股骨头缺血性坏死，其他2例。试验组：2011年3月—2011年12月接受THA患者60例，男37例，女23例；年龄46～89岁（69.6±4.7）；24例为股骨颈骨折，30例为股骨粗隆间骨折，3例为股骨头缺血性坏死，其他3例。两组患者在性别、年龄、病种、手术方式等方面差异无统计学意义。

三、是否随机分组

随机分组时可将研究对象以个人为单位用掷硬币（正、反两面分别指定为试验组和对照组）、抽签、使用随机数字表，也可采用系统随机化法，即用现成的数据（如研究对象顺序号、病历卡号、工号、学号等）交替随机分配到试验组和对照组中。随机分组后，当样本量较大时，若每组不完全相等，一般可进行试验研究，当样本量较小时，若每组内个体数量相差较大，则需要再重新随机分组，直至达到预定的均衡要求。在进行研究设计时，需要根据研究项目的情况，确定是否能够或者是否需要进行随机分组。

> 例5-1的"随机分组"为：
>
> 根据患者的入院时间，遵循患者自愿的原则，分为舒适护理组（干预组）和常规护理组（常规组）。干预组由责任护士进行舒适护理干预和功能锻炼指导，常规组进行术后常规护理和功能锻炼指导。

四、确定观察指标

根据课题和研究的要求，将要观察的内容具体化和指标化。具体化是将要观察的方面具体成几个可以加以观察的项目。指标化是给需要观察的项目选定一个可以评价记录并显示出不同程度与水平的指标体系。对于临床护理研究项目，若要观察某干预措施的效果，可以从对研究对象生理、心理和社会方面的影响确定观察项目和指标，最好既包含定量指标又包含定性指标。

在确定观察的项目和指标时，应注意以下问题：

1. 尽量将观察项目具体化，并给予明确的限定。同时，所确立的观察项目与观察的目的应有本质的联系，能较全面地反映与研究课题有关的某些特征的变化。

2. 确定的项目是便于观察记录的具体内容。例如，统计切口愈合时间、住院天数等，比较容易观察。

3. 确定观察的指标时,除定性以外可以定量的要尽可能量化。例如术后伤口疼痛程度,不能仅以严重、一般等描述性词汇来划分程度,可以使用专门量表(例如疼痛数字评分量表等)测量疼痛评分等。

4. 确定的指标不可以模棱两可,不可以提出存在交叉关系的指标,以避免观察与记录时无所适从。例如,统计答题的正确率,必须考虑学生回答得不全对怎么办,因此就不能仅仅统计对错,还可以设"不全对"一档,并事先规定好各档次之间的界限,避免产生某一答案归入这类与归入另一类均可的现象。确定好需要观察的指标后,需要设计一个观察表,及时记录各种观察的数据资料,便于资料的统计分析。

> 例 5-1 的"确定观察指标"为:
> 邱老师通过综合考虑 THA 患者的情况,将患者康复训练前及出院前的焦虑评分、入院 2h 及术后 72h 的疼痛评分、住院时间及康复训练依从性作为观察指标,比较两组患者以上指标的情况。

五、选择研究方法和统计学处理

任何一项研究都离不开方法的支撑。常用的研究方法包括调查法、观察法、试验法、文献研究法(查找文献法)、实证研究法、定量分析法、定性分析法、跨学科研究法、个案研究法、功能分析法、数量研究法、模拟法(模型方法)、探索性研究法、信息研究方法、经验总结法、描述性研究法、数学方法、思维方法、系统科学方法等。在研究的不同阶段,所使用的研究方法也不尽相同。一般来说,注意使用多种研究方法,各种研究方法可相互补充,也便于新成果的产生。

对于资料的统计分析方法,也需要在设计阶段进行说明。一般会根据研究的目的及资料的类型,确定资料的统计描述和统计推断方法。

科学思维

个案研究法

个案研究法(case study method)指对个体案例进行调查研究与深入分析,用来解决相关问题的研究方法。正如文献研究法的研究对象是"文献",个案研究法的研究对象是"个案"。个案的范围包括个人、群体、组织、事件、问题、现象等内容。个案研究有3种基本类型:①个人调查,即对组织中的某一个人进行调查研究,如 1 例乳腺癌患者随访 2 年的连续性护理个案管理。②团体调查,即对某个组织或团体进行调查研究,如社会变迁视角下农村留守老人养老方式构建研究——以某省某县为个案。③问题调查,即对某个现象或问题进行调查研究,如医养结合养老模式运行效果研究——基于某省某机构的个案分析。

(邱志军)

第二节 试验性研究设计

试验性研究设计是根据诊断标准确定研究对象的总体，再根据研究的入选标准，选择合格的研究对象，排除不愿意参加者，按照随机分配的原则将愿意加入的合格对象随机分配至试验组或对照组，向各组施加相应的干预措施，同时观察一定时期，比较试验组与对照组的观察指标有无差异的研究设计。

一、试验性研究设计的基本知识

（一）试验性研究的基本要素

试验性研究包括试验因素、试验对象和试验效应3个基本要素。

1. **试验因素** 又称受试因素或处理因素，指为达到试验目的所采用的作用于试验对象的因素。如医疗护理研究中的治疗方法和各种医疗护理措施等。如某种护理措施对压力性损伤患者护理效果的临床评价研究，该种护理措施就是试验因素。

确定受试因素应处理好以下几个方面的问题。

（1）要抓住试验中的主要因素：一次试验涉及的因素不宜过多，应根据研究目的确定几个主要的、关键的因素。

（2）明确非处理因素：非处理因素虽然不是欲研究的因素，但有些非处理因素可能会对结果造成影响。例如用两种疗法治疗某病患者时，患者的年龄、身体的状况，以及病情的轻重等都是非处理因素。在这些非处理因素中，有的也可能会对疗效产生影响，从而使研究者分辨不出是这些因素的作用还是治疗方法本身的作用，故这些非处理因素又称混杂因素。明确了可能会对试验效应产生影响的非处理因素，才能在设计时考虑如何消除这些因素的混杂作用。

（3）处理因素的标准化：处理因素的性质、强度、施加方法等必须标准化并制订保证标准化的具体措施。

（4）处理因素水平的划分要适当：处理因素水平的划分是人为的，可多可少，但水平数也不宜过多，研究人员应在设计方案时充分查阅相关文献，使这种划分有充分的专业依据。例如药物剂量可划分为高、中、低三档。

2. **试验对象** 试验对象是处理因素的载体，实质上它所代表的是根据研究目的而确定的观察目标总体。试验对象应满足2个基本条件：对处理因素敏感；反应必须稳定。医学研究的对象一般分为人、动物和生物材料。以动物为试验对象时，应按试验目的、要求的不同，选择不同种属、品系的实验动物。总的原则是该动物对施加的处理因素敏感、特异、经济并易于获得。以人为试验对象时，试验对象可分为患者或健康人。如循证护理在导尿术实践教学中的应用效果，该研究设计的试验对象是护生。病例选择最基本的要求是正确诊断、正确分期，以及对病情的正确判断。此外，还应考虑所选病例是否能与研究者合作以及是否符合伦理学原则。对健康人的选择，需要说明的是这里的"健康人"并非以"完全健康"为条件。譬如研究人体肝脏的某项功能的变化时，只要未患能引起肝功能异常的疾病的人，即便是患有其他疾病，也可作为试验对象。

3. **试验效应** 主要指选用什么样的标志或指标来表达处理因素对试验对象的某种作用的有无及大小的问题。如果指标选择不当，未能准确地反映处理因素的作用，那么获得的研究结果就缺乏科学性。因此选择好观察指标是关系研究的重要环节,指标应具有客观性、特异性和灵敏性。

(1)客观性:观察指标有主观指标与客观指标之分,主观指标是由患者回答或医生定性判断来描述观察结果;而客观指标则是借助仪器等手段进行测量来反映观察结果。特别是在临床试验中,主要指标易受研究者和试验对象心理因素影响,例如疼痛程度这个指标虽然可用阈值表达,但它可因医生抚慰而减轻,亦可随患者耐受性降低而加重。因此应尽量选用客观的、定量的指标,一些难以量化的指标需要考虑采用专业上得到广泛认可的标准化量表。

(2)特异性和灵敏性:特异性表示该指标能鉴别真阴性的能力;灵敏性则指该指标能检出真阳性的能力。选择的指标应能反映处理因素的效应本质,是特异性和灵敏性指标可用性的体现。特异性高的指标最易揭示处理因素的作用,不易受混杂因子所干扰,减少假阳性率;同样灵敏性高的指标可减少假阴性率。例如,血性脑脊液对于诊断蛛网膜下腔出血是比较特异的指标,脑脊液细胞数检查对于化脓性脑膜炎的诊断属于灵敏性指标,但在结核性脑膜炎时也发生变化,因此,对于化脓性脑膜炎不具有高特异性,仅能作为辅助指标或次要指标。

(二)试验性研究设计的原则

试验性研究设计的主要作用就是减小误差、提高试验效率,为达到此目的,在设计中应遵循对照、随机化和重复原则。

1. **对照原则** 对照是控制各种混杂因素的基本措施。设立对照满足均衡的原则,也就指在所设立的对照组和试验组相比,除给予处理因素不同之外,其他对试验效应有影响的因素(即非处理因素)尽量一致。例如,研究改良法测定胃液唾液酶类酶蛋白,要求受试对象的健康状况相同,采集标本的方法与时间一致,不同的只是一组用改良法测定,另一组(对照组)用原方法测定,这样测定的结果才可以比较,其结果的差异从理论上才可能归因于处理因素的不同。考察对照组是否满足均衡的原则,根据结果变量的不同类型可采用方差分析、χ^2 检验等方法对试验组与对照组受试对象的非处理因素的差别进行均衡性检验,如果这检验没有统计学意义,可认为相应因素在对比组之间是均衡的。

2. **随机化原则** 随机化主要包含两层意思:一是根据研究目的所确定的受试对象,只要符合规定的纳入标准,都应有同等机会被选入样本,而不应有意挑选;二是对于每一个入选的受试对象应当用随机的方法分配到各组。调查与试验设计中都提到随机化的问题,但调查研究中主要是针对上述的第一层意思,即从符合条件的同质研究总体中随机抽样;而试验设计中的随机化是上述的第二层意思,即在同质研究对象中随机化分配处理。由于受试对象的选取与分组都是随着机遇而定的,避免了人为挑选所致的偏倚,同时也使得一些尚不为研究者所认知的非处理因素造成的偶然误差相互抵消,故随机化是增强试验研究中非处理因素均衡性的重要手段之一,同时也是进行统计推断的前提条件。

3. **重复原则** 所谓的重复,一是重复试验或平行试验;二是受试者有一定重复,即各样本组的例数要有一定的数量。这里指的是后者,即样本的含量要足够大。一般来说,在随机分组的前提下,样本例数越大,抽样误差就越小,各组之间非处理因素的均衡性也越好,但当样本含量太大时,往往又会给整个试验的质量控制工作带来更多的困难,同时也会造成浪费。因此,在试验设计时,还应保证在试验结果具有一定的可靠性的前提下,确定最少的样本例数。

（三）试验性研究的优缺点

试验性研究是最有说服力的一种研究设计，通过随机和设立对照组最大限度地控制了处理因素的干扰。其优点主要有：①随机分组，可比性好；②防止选择偏倚；③研究对象明确；④盲法观察，结果可靠。

同时，该研究方法也会由于设计比较完美，而导致比较耗费人力、物力和时间；如果对照组只使用安慰剂，不给予有效的药物或者治疗，可能存在不符合伦理的情况；研究对象均来自合格的（愿意参加试验的）研究对象，要外推到一般人群时，可能会受到限制等方面的不足。因此，该方法应用的普遍性比较差。

（四）试验性研究设计的主要方法

试验性研究设计的前提是随机化，即随机抽样和随机分组，分为试验组给予干预，对照组不给予干预措施但仍应保证有常规治疗和护理，比较两组结果。常用的设计方法有试验前后对照设计、单纯试验后对照设计、随机临床试验研究设计、所罗门四组设计等。

二、主要试验性研究设计方法

（一）试验前后对照设计

试验前后对照设计是护理研究常用的典型试验性研究设计方法，将研究对象随机分为试验组和对照组，试验组给予特定的干预措施（处理因素），对照组不给予特定的干预措施（处理因素），得出自变量与因变量的关系。

1. **设计方法**   在试验前后对照设计研究的设计方案中，在干预前需要测量两组研究对象某观察指标并进行比较，评价两组有无可比性。对试验组实施干预措施，对照组一般只给予常规治疗和护理。干预结束后再测量两组某观察指标，进行比较，评价干预效果。将试验组干预后测量的结果与干预前测量的结果进行比较，评价干预效果。其设计模式如图 5-1 所示。

试验前后对照设计研究的优点：①能准确地解释自变量与因变量之间的关系；②由于利用随机分组方法分出两个组，因此可以控制"偶然事件""被试缺失"等因素对试验结果的干扰；③都进行了前后测量，便于做对照比较。

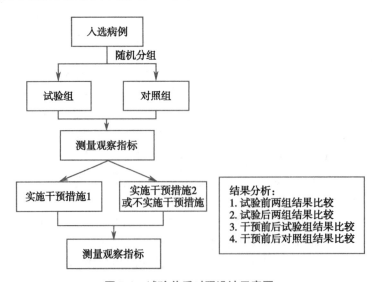

图 5-1   试验前后对照设计示意图

试验前后对照设计研究的缺点：①由于大多研究对象是人，所以易受很多非处理因素的干扰，如个性、环境、病情严重程度等；②个体间同质性要求较高，可能产生前测与试验处理的交互作用效果而影响外在效度。

2. 案例实践

例 5-2 姜老师一直从事高职学生的辅导工作，发现积极心理学团体辅导对提高学生的积极心态有较好的作用，所以想探讨积极心理学团体辅导对高职新生的应用效果。请你帮她进行研究设计。

（1）案例分析：例 5-2 主要研究积极心理学团体辅导对高职新生的影响，至少可以采用两种设计的方法。一是不另外设立对照组，将入选对象全部作为试验组，在进行积极心理学团体辅导前后分别测量同一组研究对象的主观幸福感的影响，比较两次测量的结果的差异是否有统计学意义；二是将入选对象分为对照组和试验组，对照组采取常规入学教育，试验组采取积极心理学团体辅导＋常规入学教育，分别测量干预前后两组研究对象的总体主观幸福感指标。图 5-2 显示的是设立对照组的研究示意图。

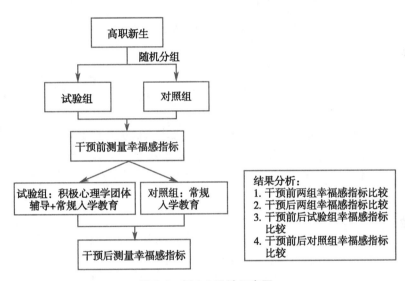

图 5-2 例 5-2 设计示意图

（2）案例设计

1）确定研究对象：采用偶遇抽样法，2010 年 10 月，针对新生开展主题为"幸福虹桥"的团体辅导招募，53 位学生报名，其中有 3 位学生在接受团体前访谈后选择自动放弃。

2）随机分组：可以采用或者不采用随机分组的方法。如果采用随机分组，可以采用随机数字表法，或者抽签法进行分组。

3）选择对照方法：如果只设了一个试验组，则无须对照；如果将入选案例分为试验组和对照组，则设立了对照。剩余 50 位团体成员，抽签后分为两组，每组 25 人。一组为试验组，另一组被列入等候名单，作为对照组。

4）确立观察指标：本研究的主要研究指标为主观幸福感。

5）确认变量：自变量为积极心理学团体辅导，因变量为主观幸福感。

（二）单纯试验后对照设计

单纯试验后对照设计是将研究对象随机分为试验组和对照组，对试验组施加特定的干预措施结束后,测量两组观察指标的数据,并进行比较,评价干预效果。

1. **设计方法**　在单纯试验后对照设计研究的设计方案中,随机分组后,在干预前没有测量两组研究对象某观察指标;对试验组进行干预措施,对照组一般只给常规治疗和护理;干预结束后测量两组观察指标,进行比较评价干预效果。见图5-3。

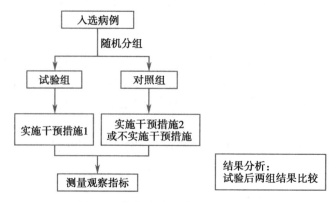

图5-3　单纯试验后对照设计示意图

单纯试验后对照设计研究的优点:①能准确地解释自变量与因变量之间的关系;②由于利用随机分组方法分出两个组,因此可以控制"偶然事件""被试缺失"等因素对结果的干扰。

单纯试验后对照设计研究的缺点:①由于没有进行试验前测量,易存在试验前研究对象偏倚;②由于大多研究对象是人,所以易受很多非处理因素的干扰,如个性、环境、病情严重程度等;③个体间同质性要求较高,可能产生前测与试验处理的交互作用效果而影响外在效度。

2. **案例实践**

例5-3　神经内科的护士小王,想研究时间护理方法在脑卒中患者护理中的应用效果,并与常规护理的临床效果进行比较。请你帮她进行研究设计。

(1)案例分析:例5-3主要研究时间护理方法对脑卒中患者的影响,可以进行如下设计。将符合要求的研究对象随机分为对照组和试验组,对照组采取常规护理,试验组采取时间护理+常规护理,测量干预后两组研究对象的住院时间、治疗后的日常生活能力(ADL)评分以及在患者出院时统计病死率和对护理满意度并进行比较。图5-4显示的是设立对照组的研究示意图。

(2)案例设计

1)确定研究对象:采用偶遇抽样法,选取某时间段内某院神经内科住院的脑卒中患者100例,所有患者均经临床表现结合CT检查确诊,排除精神疾病与严重心、肺、肝、肾功能障碍患者。

2)随机分组:一般可以采用随机数字表法,或者抽签法进行分组。

3)选择对照方法:如果设立对照的话,可以按照入院的单双号将患者分为时间护理组50例和常规护理组50例。

4)确立观察指标:本研究的主要研究指标为患者的住院时间、患者出院时的ADL评分、病死率、对护理满意度、社会支持情况等。

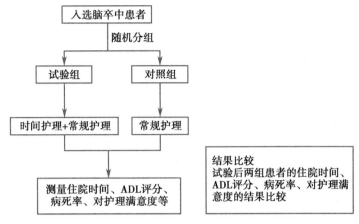

图5-4　例5-3研究设计示意图

5）确认变量：自变量为时间护理，因变量为住院时间、ADL 评分、病死率、对护理满意度、社会支持情况等。

科 学 思 维

随机对照试验

随机对照试验是一种对医疗卫生服务中的某种疗法或药物的效果进行检测的手段，常用于医学、药学、护理学研究中，在司法、教育、社会科学等其他领域也被广泛应用。值得注意的是，随机对照试验并不能用于研究和解决所有的临床问题。在某些情况（诊断性研究、多数的病因学研究、疾病的自然病史等）下，使用随机对照试验也可能是不可行、不恰当的。

（唐　萍）

第三节　类试验性研究设计

一、类试验性研究设计的基本知识

（一）概述

类试验性研究设计又称半试验研究，与试验性研究设计的区别是设计内容缺少按随机原则分组或没有设对照组，或两个条件都不具备，但一定有对研究对象的治疗护理干预内容。

类试验性研究的结果虽对因果关系论述较弱，不如试验性研究可信度高，但类试验性研究结果也能说明一定问题，在护理研究中比较实用。由于在实际对人的研究中，很难进行完全的试验性研究，特别是要达到随机分组比较困难，因此选择类试验性研究的可行性较高。

（二）类试验性研究的优点和局限性

优点：类试验性研究在实际人群中进行人为干预因素研究的可行性高，同试验性研究相比更为实用。特别是在护理实践中,当无法严格控制干扰变量而不能采用试验性研究来回答因果关系时,类试验性研究是较好的研究方法。

局限性:由于类试验性研究无法随机,已知的和未知的干扰因素就无法像试验性研究那样均衡分布在各组中。特别是无对照组的类试验,效果的判断很难完全归因于干预措施,结果不如试验性研究的可信度高。

二、主要类试验性研究设计方法

常用的类试验性研究设计的方法:不对等对照组设计、自身前后对照试验和重复测量设计等。

(一)不对等对照组设计

不对等对照组设计又名非随机同期对照试验,指试验组与对照组的研究对象不是采用随机的方法分组,是由研究对象或研究者根据试验条件和人为设定的标准选择,并分配到试验组或对照组,进行同期的对照试验,见图 5-5。

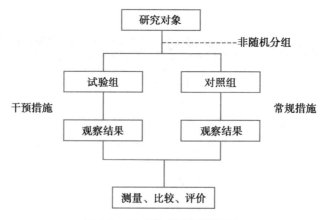

图 5-5 不对等对照组设计要点

不对等对照组设计根据能否同时进行前测和后测,可以分为不对等对照组类试验前后设计和不对等对照组类试验后设计。

1. 不对等对照组类试验前后设计 该类研究具有试验组和对照组,但是试验组和对照组限于条件无法做到随机分组,也就是两组不对等;可以在干预前、后分别对观察指标进行测量。

(1)设计方法:不对等对照组类试验前后设计除了不能随机分组外,设计方法和试验前后对照设计相同,见图 5-6。

(2)案例实践

例 5-4 某医院肝胆外科王老师想研究渐进性放松训练在缓解腹部外科手术患者焦虑心理中的作用。请你帮她进行研究设计。

1)案例分析:例 5-4 主要研究渐进性放松训练对腹部外科手术患者焦虑心理的影响,可以进行如下设计。将符合要求的研究对象分为对照组和试验组,对照组采取常规护理,试验组采取常规护理+渐进性放松训练,分别在干预前后采用专用量表测量两组研究对象的焦虑得分情况,并进行比较。图 5-7 显示的是设立对照组的研究示意图。

2)案例设计:确定研究对象:采用偶遇抽样法,某时间段内某腹部外科住院的第一诊断为某疾病,且需要实施外科手术的患者 100 例,排除精神疾病,严重心、肺、肝、肾功能

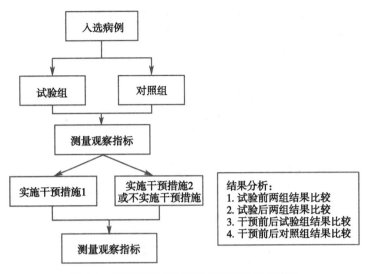

图 5-6 不对等对照组类试验前后设计示意图

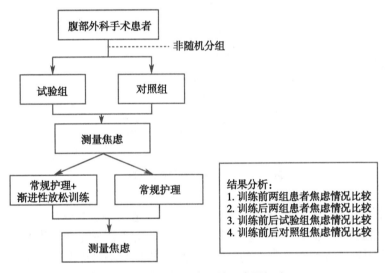

图 5-7 例 5-4 研究设计示意图(A)

障碍患者。

研究对象分组:可以根据患者入院时间的阶段性进行分组,或者根据患者的意愿进行分组。

选择对照方法:分组后,将患者分为渐进性放松训练组 50 例和常规护理组 50 例。

确立观察指标:本研究的主要研究指标为患者的焦虑得分情况等,分别在实施放松训练前、实施放松训练一段时间后对两组研究对象进行测量。

确认变量:自变量为渐进性放松训练,因变量主要为焦虑等。

2. **不对等对照组类试验后设计** 可以将研究对象分为试验组和对照组,但是试验组和对照组限于条件无法做到随机分组,也就是两组不对等;有些研究,很难做到在干预前测量观察指标,只能在实施干预后对观察指标进行测量,也就是只能进行后测,比较干预后两组研究对象的情况,见图 5-8。

如果例5-4采用不对等对照组类试验后对照设计,可按照图5-9进行。

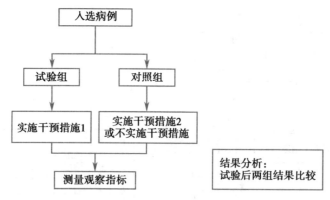

图 5-8　不对等对照组类试验后设计示意图

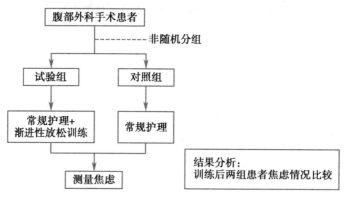

图 5-9　例5-4研究设计示意图(B)

不对等对照组设计的主要优点是方法简便易行,比较容易为研究者和试验对象接受。但是,试验组和对照组的可比性较差。例如,不同医院、不同科室收治的患者在病情、预后以及主要影响因素等方面存在很大的差异,两组的基线水平可能就不一样。因此,在使用这种方法分组时,应尽量选择与试验组在非处理因素上可以相平衡的对照组,以减少处理因素对研究结果的影响。

（二）自身前后对照试验

自身前后对照试验是前-后对照研究设计的一种,在同一组病例中完成,将观察对象自身在前、后两个阶段,暴露于不同条件下的结果或接受不同处理措施后的效果进行比较,尽可能排除个体差异,取得真实的结论。其一般较多应用于治疗性研究,比较两种不同治疗方案的效果。

1. **设计方法**　在自身前后对照试验研究的设计方案中,通常有两个时间相等的治疗阶段,在前一个治疗阶段内,使用一般治疗措施(对照方案)或安慰剂,在后一个治疗阶段则使用新的治疗措施(研究方案),治疗时间原则上应与前一阶段相同,见图5-10。

自身前后对照试验的优点:①在研究过程中,每个受试者均有接触新治疗措施的机会;②由于采用相同的一组病例作为观察对象,因此可消除个体差异;③所需样本量小,统计学效率较高;④可消除志愿者偏倚。

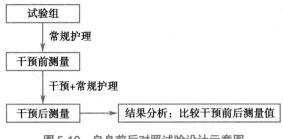

图 5-10　自身前后对照试验设计示意图

自身前后对照试验的缺点：①由于时间不同的两个阶段进行自身对照，如果两阶段相隔时间太久，病情轻重可能不一致，故而影响两个阶段起始点的可比性；②纳入病种的选择范围受限；③试验前后两个阶段，若干患者有不同的并发症时，会对结果产生负面影响。

2. 案例实践

例 5-5　护士小李在腹部外科工作，发现胆囊结石择期手术患者在术前的焦虑情况比较严重，想研究放松训练对缓解患者焦虑状况的效果。请你帮她进行研究设计。

（1）案例分析：例 5-5 主要研究放松训练能否缓解胆囊结石择期手术患者的术前焦虑，至少可以采用两种设计的方法。一是不另外设立对照组，将入选病例全部作为试验组，在进行放松训练前、后分别测量同一组患者的焦虑情况，比较两次测量结果的差异是否有统计学意义；二是将入选病例分为对照组和试验组，对照组采取常规护理，试验组采取常规护理＋放松训练，分别测量干预前、后两组患者的焦虑情况。图 5-11 显示的是不另外设立对照组的研究设计示意图。

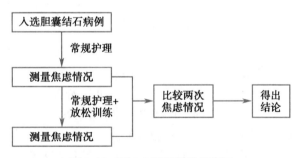

图 5-11　例 5-5 研究设计示意图

（2）案例设计

1）确定研究对象：采用偶遇抽样法，选择某时间段内在某医院肝胆外科住院、第一诊断为胆囊结石准备进行手术治疗的患者 100 例。样本的纳入及排除条件：年龄≥18 岁；自愿参与本研究；无严重心血管并发症；为择期手术患者，无急性感染及高热情况。

2）随机分组：可以采用或者不采用随机分组的方法。一般来说，如果只有一组研究对象，则无须随机分组；如果有多组研究对象，可以采用随机数字表法。

3）选择对照方法：如果只设了一个试验组，则为自身前后对照；如果将入选病例分为试验组和对照组，则为相互对照。

4）确立观察指标：本研究的主要研究指标为焦虑，还可以观察患者的血压、脉率、对护理工作的满意度等指标。

5）确认变量：自变量为放松训练，因变量主要为焦虑。

（三）重复测量设计

重复测量设计指将一组或者多组试验对象先后重复地施加不同的试验处理，或者在不同场合或时间点被测量至少两次的情况。一般专业上需要了解随着时间推移或者部位改变时定量观测指标的动态变化情况时，就需要运用此设计。例如，某手术室护士在手术 3 个阶段测得 10 名阑尾炎患者右上肢血压情况，见表 5-1。由于护士是在不同阶段从同一患者身上重复测得的某部位的血压，所以"阶段"是一个重复测量因素。该资料所代表的试验属于重复测量的单因素设计。

表 5-1　10 名阑尾炎患者在手术过程中 3 个阶段右上肢血压情况

病例号	右上肢血压/mmHg		
	阶段 1	阶段 2	阶段 3
1	90/60	120/80	100/64
2	100/70	130/84	120/70
……			
……			
10	80/60	110/70	130/86

1. **设计方法**　重复测量设计是在自身前后对照试验的基础上，在干预前和干预后分别进行多次的观察和测量，以观察不同时间点测量指标的变化，又称时间连续性设计。重复测量设计示意图见图 5-12。需要注意的是，重复测量数据的统计学处理方法比较复杂，不能简单地进行各时间点组间差别的 t 检验，这样会增加 I 类错误的概率。

重复测量设计的优点：①每一个个体作为自身的对照，克服了个体间的变异。分析时可以更好地集中于处理效应，同时试验对象间自身差异的情况不复存在，也就是减少了一个差异来源。②重复测量设计的每一个个体作为自身的对照，研究所需的个体相对较少，因此更加经济。

重复测量设计的缺点：①前面的处理效应可能滞留到下一次的处理而导致滞留效应。②前面的处理效应可能激活原本以前不活跃的效应而导致潜隐效应。③由于反复测量，试验对象逐步熟悉了试验，其反应能力有可能逐步提高而导致学习效应。

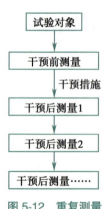

图 5-12　重复测量设计示意图

2. **案例实践**

例 5-6　随着信息化手段逐步融入护理管理，某医院护理部李老师想以医院为单位建立护理网络社区，探讨其在提升护士自我效能感中有无作用。请你帮她进行研究设计。

（1）案例分析：例 5-6 主要研究以某医院为单位建立的护理网络社区在提升护士自我效能感中的作用。可以采用重复测量设计的方法，将某医院愿意参与的护士作为研究对象，建立局域性的网络社区，将提升护士自我效能感的一些措施分别通过现场干预和网络干预的方式实施，在干预前和干预的不同时间段测量护士自我效能感得分情况，见图 5-13。

（2）案例设计

1）确定研究对象：采用偶遇抽样法，选择某医院注册护士 180 例。样本的纳入及排除

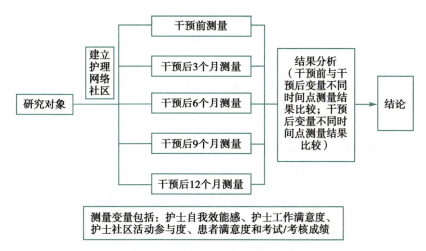

图 5-13　例 5-6 研究设计示意图

条件：年龄≥18 岁；自愿参与本研究；无心理障碍或者其他精神疾病。

2）选择对照方法：采用自身前后对照的方式。

3）确立观察指标：本研究的主要观察指标为护士自我效能感，还可以观察护士工作满意度、患者满意度等指标。

4）确认变量：自变量为护理网络社区，因变量主要为护士自我效能感、护士工作满意度、患者满意度等。

科 学 思 维

循 证 护 理

　循证护理（evidence-based nursing, EBN）可以简单地理解为遵循证据的护理，是以有价值、可信的科学研究结果为依据，提出问题，寻找并运用证据，对服务对象实施最佳的护理。其核心思想是批判性地接受现有的专业知识，并将其转化为可应用于临床实践的证据，减少护理工作中的易变性，使以经验为基础的传统护理向以科学为基础的有证可循的现代护理发展。与传统科研项目不同，循证护理实践是一种将最佳的科学证据与临床专业知识、患者价值观及偏好结合起来，以提供护理服务的方式。循证护理实践要求护士在作出临床决策时能够查找、评估并应用最新的研究成果，重视临床场景与患者的意愿，以确保患者接受的护理安全有效又个性化。经验显示，它是提高护理质量和效果的关键途径。

（姜　娜）

第四节　非试验性研究设计

　非试验性研究（non-experimental study）设计又称观察性研究设计，是对研究对象不施加任何干预和处理因素的研究设计方法。非试验性研究是护理科研的基本方法，也是试验性研究的基础。由于这种研究方法是在完全自然的状态下进行的，无须对研究对象施加任何人为的因素,可以同时收集到较多的信息,适用于对所研究问题了解不多或该研究问题较为复杂的情况,用来描述、比较各种变量的现状,尤其是在预防医学研究领域被广泛应用。其通过调查研究直接观察健康、疾病和行为事件的自然分布,从中分析决定分布的因素。常见的非试验性研究包括描述性研究、相关性研究、比较性研究等。

一、非试验性研究设计基本知识

（一）非试验性研究设计的基本要素

非试验性研究设计与试验性研究设计相比,没有干预措施。因此,在非试验性研究设计中,一般只有 2 个基本要素:一个是研究对象,另一个是研究因素。在描述性研究设计中,研究因素是影响因素。在分析性研究设计中,研究因素称为危险因素或暴露因素。

（二）非试验性研究的优点和局限性

优点:①在完全自然的状态下进行研究,可以同时收集较多的信息;②适用于对研究问题知之不多或研究问题比较复杂的情况,用来描述、比较各种变量的现状;③最简便、易行的一种研究方法;④为试验性研究打下基础,是护理研究中最常用的一种研究方法。

局限性:由于没有人为地施加因素,无法控制外变量的影响,因此无法解释自变量与因变量之间的因果关系,只能用来描述和比较各变量的状况。

二、主要非试验性研究设计方法

（一）描述性研究

描述性研究(descriptive study)是目前护理领域应用最多的一种研究方法,是利用已有的资料或调查的资料进行整理和归纳(包括实验室检查结果),目的是对目前知之甚少或不甚清楚的问题进行观察、记录或描述其状态、程度,并通过初步分析,从中发现规律,用以回答该现象"是什么""怎么样"的问题,为进一步调查研究提供线索,是分析性研究的基础。在护理研究课题中如现状调查、相关因素和影响因素的调查、需求的调查等都属于描述性研究的范畴。

描述性研究通过观察而正确、详细地记载健康、疾病和行为事件状态按时间、地点、人群各种特征(如年龄、性别、职业、民族等)的分布特点,也可以包括疾病危险因素的分布特点。为了正确地描述分布,必须有明确统一的诊断标准、准确的病例数以及人口数。通过描述性研究获得的资料也可对病因提出线索或假说,或对防治提出有效的预防护理措施。

1. **描述性研究的分类**　描述性研究包括横断面研究和纵向研究两大类,见图 5-14。

（1）横断面研究:又称现况研究。其研究设计是在一个较短的时间内对特定人群的某时间断面的健康、疾病、行为事件、医疗护理服务以及社会文化背景等状况所进行的研究或

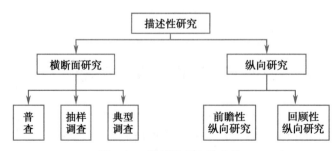

图 5-14　描述性研究的分类

调查。

1）横断面研究的分类

A. 普查：即指在特定的时间内对特定范围内的人群进行全面调查。如学校每年组织的"新生入校的素质调查"，就属于普查。普查避免了抽样误差，但费时费力。

B. 抽样调查：即指从总体中随机抽取一定数量具有代表性的观察单位组成样本，用样本信息推断总体特征。省时省力，但抽样方法较复杂，如单纯随机抽样、分层抽样、系统抽样、整群抽样等。护理学领域中的绝大部分描述性研究都是抽样调查。如"岳阳市社区老年人生活质量的现状"研究中，研究对象为岳阳市社区老年人，如果对所有的老年人进行调查，工作量大，且研究过程不易控制，因此，一般都采用分层随机整群抽样调查。具体方法：可以在岳阳市的 3 个行政区中随机抽取 2 个，从每个行政区内随机抽取 2 个街道办事处，并从每个街道办事处里再随机抽取 3 个社区，共调查 12 个社区。

C. 典型调查：指有目的地选择典型的人或单位进行调查，为非随机概率抽样调查。方法简单，省时省力，但不能从概率意义上控制误差并以此来保证推断的准确性。

2）横断面研究的特点：横断面研究所获资料是在某一时间点或一个短暂时间内收集到的，客观地反映了某时点人群健康、疾病和行为事件的分布及其相关因素。因此，调查数据是一个人群现状，是时间断面的数据。

（2）纵向研究：又称随访研究、追踪研究，指对一特定人群进行定期随访，观察疾病或某种特征在该人群及个体中的动态变化。

1）纵向研究的分类：按研究的时间方向划分，纵向研究可分为前瞻性纵向研究和回顾性纵向研究两种。前瞻性纵向研究的研究起点在现在，研究对象被追踪到未来；回顾性纵向研究的终点是现在，研究时对象的结果已经发生。大多数的纵向研究都是前瞻性的，因为根据研究目标收集将来的特定信息比收集过去的事实信息要更容易和准确。回顾性纵向研究需要参与者回忆过去发生的事件，研究已存在的数据，相对前瞻性纵向研究而言更省时省力。但这一研究设计提供的因果过程不够完整。

2）纵向研究的特点：①研究有一个时间跨度；②研究的方向既可以是前瞻性的也可以是回顾性的；③针对每个项目或者变量收集数据；④数据收集多于 1 次；⑤研究对象是相同的，至少是可比的；⑥数据分析需要对比各时期的数据。

在进行纵向研究时，应特别注意：①研究对象应具有代表性。②结论的适用范围易受环境因素、患者个体特征（如年龄、性别、文化程度、社会阶层等）影响。③不设立对照，下结论应慎重。

2. 设计方法

（1）横断面研究设计：在横断面研究设计中，通常不需要设立对照组，一般是一次性研究，时间范围最好不要超过 1 个月，同时应根据研究对象选择合适的人群和调查方式。其设计包含两种：一种是单纯地描述某一人群某一时间断面的某个问题，见图 5-15，如"某社区老年人的高血压发病率现状调查"；另一种是针对某一问题，测量不同人群同一时间的现状，见图 5-16，如"不同年龄层次医务人员对医院文化建设认知的调查"。

图 5-15 单纯描述性研究设计示意图

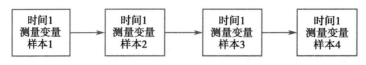

图 5-16 横向研究设计示意图

优点：①可同时观察多种因素；②由于横向研究可以对较多的研究对象进行研究，因此，研究对象的代表性往往较强，研究所得结果也就具有较好的概括性；③横向研究的时效性比较强，可以较快获得研究结果，同时避免了研究对象流失。

缺点：①不能进行疾病因果关系的推断；②现况研究中各因素与结果是同时存在的，其调查结果只能用于提供疾病的病因线索和发现影响疾病流行的危险因素；③横向研究不适用于研究发展的稳定性问题和早期影响的作用等问题。

（2）纵向研究设计：在纵向研究的设计方案中，由于要对不同的时间点同一人群疾病、健康状况和某些因素进行调查，因此要明确间隔的时间，应根据测量变量确定，几日、几周、一年甚至十几年等，见图 5-17。

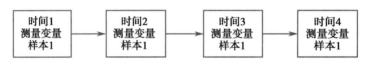

图 5-17 纵向研究设计示意图

优点：①往往能看到比较完整的发展过程和发展过程中的一些关键转折点；②特别适用于研究发展的稳定性问题和早期影响的作用问题，也适用于个案研究。

缺点：①比较花费时间、经费和人力；②时效性比较差，有时候需要等待很久才能得到研究结果，有时候研究课题的意义随着时间的推移而逐渐减弱，或研究手段逐渐变得落后；③由于纵向研究耗时较长，可能发生研究对象流失的情况，这就会影响研究对象的代表性和研究结果的概括性；④由于纵向研究需要对同一批研究对象重复进行研究，有时可能出现练习效应或疲劳效应。

3. 案例实践

（1）横断面研究

例 5-7 护士小姜在社区卫生服务中心工作，护士长让其给社区老年人进行一次有关高血压健康管理讲座。为使讲座更具有针对性，小姜想首先了解一下某社区老年人高血压的患病情况及健康教育需求现状。请你帮她进行研究设计。

例 5-8 近年来，高血压发病呈现年轻化的趋势，由于该病的发生除了遗传因素外，与个人的生活习惯密切相关，对疾病相关知识的掌握也更有利于患者的自我保健。护士小姜想进一步调查某社区不同年龄层次高血压患者对疾病相关知识的掌握程度，为后期采取有针对性的护理干预措施和提高居民的自我保健意识提供依据。请你帮她进行研究设计。

1）案例分析：例 5-7 的主要目的是了解某社区老年人高血压的患病情况及健康教育需求现状，为老年人的高血压健康管理提供依据。在横断面研究的设计方案中，首先应考虑采用哪种调查方法比较合适。本案例中研究对象为社区老年人，如果对所有的老年人进行调查，工作量大，且研究过程不易控制，因此，一般采用抽样调查。其总体的研究设计如图 5-18 所示。

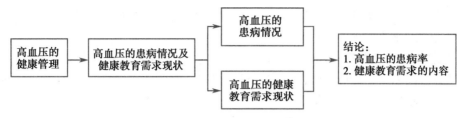

图 5-18　例 5-7 研究设计示意图

例 5-8 的主要目的是了解某社区不同年龄层次高血压患者对疾病相关知识的掌握程度，因此在研究对象的选择上，应充分考虑不同年龄阶段样本的抽取，因高血压患者一般以中老年多见，一般研究对象可分为 30~40 岁、41~50 岁、51~60 岁、61~70 岁、70 岁以上 5 个层次。其总体的研究设计如图 5-19 所示。

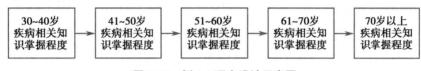

图 5-19　例 5-8 研究设计示意图

2）案例设计

A. 确定研究对象：抽样前，先进行样本量的估计。

例 5-7 可以采用随机抽样的方法，抽取某一时间段内某社区老年人 600 例。样本量估计：一般可按照调查问卷设计的条目的 10 倍或维度的 5 倍进行估计。如果设计的问卷有 30 个条目，则样本量至少为 30×10=300。样本纳入标准：年龄在 60 岁以上；自愿参与本研究；无明显精神障碍，能够理解问卷内容或提问。

例 5-8 由于要调查不同年龄层次的研究对象，为确保资料的均衡性和可比性，应采取分层随机抽样，即按上述 5 个年龄层次进行分层，每个年龄层次随机抽取 100~150 例符合诊断标准的高血压患者。

B. 进行问卷设计：大多数问卷由调查者自行设计。

例 5-7 的问卷设计，主要包括 3 个部分：①一般情况调查表，包括年龄、性别、文化程度、婚姻状况、社会保障、经济状况、家族史等。②高血压患病情况调查表，包括是否患有高血压、血压水平、是否治疗、治疗效果及生活方式等。③健康教育需求调查表，包括健康教育的内容、方式、时间等方面。

例 5-8 的问卷设计，也主要包括 3 个部分：①一般情况调查表，包括年龄、性别、文化程度、婚姻状况、社会保障、经济状况、家族史等。②高血压患病情况调查表，包括是否患有高血压、血压水平、是否治疗、治疗效果、生活方式以及初次发病的年龄等。③高血压健康相关知识，包括诊断的标准、用药知识、健康保健知识等。

C. 实施抽样调查：例 5-7 调查对象为老年人，因此，通常采用面对面的调查方式，由调查人员以统一的方式进行提问，对理解有困难的条目进行解释，各条目的解释内容保持一致。例 5-8 中，对 60 岁以下的居民，可统一发放问卷并进行说明后，由研究对象自行填写；60 岁以上的人群同例 5-7。

为了确保调查质量和效果，通常在正式调查前，需要对调查人员进行统一培训，同时可选择小样本量进行预调查,以便检验调查方法是否可行,对问卷进行修改,同时亦可对调查过程中出现的问题及时纠正。

D. 问卷回收与资料整理:问卷统一回收后,应进行检查,对条目缺失较多或有明显错误的问卷应予以剔除。资料整理通常采用 SPSS 软件进行。

（2）纵向研究

例 5-9　某肿瘤科护士小付想研究胃癌患者术后 3 年内生命质量的变化,即胃癌患者术后 3 年内生命质量的动态调查,为针对性的护理干预措施提供依据,请你帮忙设计。

1）案例分析:例 5-9 主要探讨胃癌患者术后 3 年内生命质量的纵向变化,一般可以不设置对照组。由于要观察纵向变化,因此通常需要时间跨度,对于癌症术后的患者,在时间跨度选择上,一般前期时间间距应稍短,后期检测时间可适当延长,因此可确定为术后 3 个月、术后 6 个月、术后 1 年、术后 1.5 年、术后 2 年、术后 3 年。其总体的研究设计如图 5-20 所示。

图 5-20　例 5-9 研究设计示意图

2）案例设计

A. 确定研究对象:采用偶遇抽样法,选择某时间段内在某医院肿瘤科住院第一诊断为胃癌且经手术治疗患者 100 例。样本的纳入及排除条件:年龄≥18 岁;自愿参与本研究;无严重心血管并发症。

B. 确定测量指标:本案例中所观察的指标是胃癌术后患者的生命质量,通常可选用专门用于胃癌术后患者生命质量评估量表或者反映其生命质量的一些指标,如癌症康复评价简表、状态焦虑自评量表、贝克抑郁问卷等。

C. 明确时间跨度:本案例中,测量的时间跨度早期为 3～6 个月,后期为 6～12 个月。

（二）相关性研究

相关性研究(correlational study),主要是探讨所研究的各个变量之间是否存在关系以及存在什么样的相关关系的研究。研究设计中也没有人为的干预因素,通常对几个观察变量进行比较,回答所观察的变量间是否有关联,可为进一步的研究提供思路。

1. **设计方法**　相关性研究的设计方案中,要事先确定观察的变量,并对两个变量分别进行描述,在此基础上通过研究找出所观察的两个变量间是否有关联。两个变量之间的相关性研究设计见图 5-21。

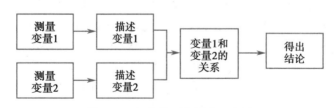

图 5-21　相关性研究设计示意图

2. **案例实践**

例 5-10　有调查显示 80% 的医疗纠纷源于医患或护患双方沟通不够,因此护士的沟通能力显得尤为重要。高职护生作为未来的护理工作者,不仅要有扎实的专业知识和精湛的操作技能,还要具备良好的沟通能力。某医院护士小廖在临床带教的过程中发现,高职护生的个人沟通能力差异性很大,通常自信的护生沟通能力较好。她想采用一般自我效能感量表(General Self-Efficacy Scale,GSES)和沟通能力测量表,对高职实习护生的一般自我效能感和沟通能力进行调查,并探讨二者之间的相关性,请你帮忙设计。

(1)案例分析:例 5-10 主要探讨高职实习护生一般自我效能感与沟通能力的相关性,为护理教育提供一定的参考。研究设计过程中,首先应对实习护生的一般自我效能感和沟通能力两个变量分别进行描述,然后再通过相关分析,进一步明确二者之间是否存在相关,见图 5-22。

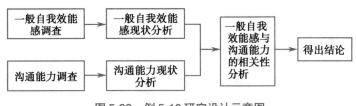

图 5-22 例 5-10 研究设计示意图

(2)案例设计

1)确定研究对象:可以采用分层随机抽样,选择某时间段内某高职院校的三年制实习护生 500 例。样本的纳入标准:护理专业三年制大专学生;参与临床护理专业实习 3 个月以上;自愿参与本研究。

2)确认测量变量:即一般自我效能感和沟通能力两个变量。

3)选择测量工具:可选用信度和效度较好的量表或自行设计的问卷进行测量,本案例中主要采用一般自我效能感量表(GSES)和沟通能力测量表进行统一问卷调查,并对调查结果进行描述。

(三)比较性研究

比较性研究(comparative study)是对两种或两种以上不同的事物、现象、行为或人群的异同进行比较,如病例对照研究等。

1. **设计方法** 在比较性研究的设计方案中,它需要两组研究对象,即试验组和对照组,但对这两组研究对象均不施加任何干预措施,通常是采用问卷调查、访谈等方式,测量两组研究对象的某些相同的观察指标,并进行比较,见图 5-23。

比较性研究的应用条件:①要求进行比较的对象必须是同一范畴、同一标准、同一类事物,否则就不可比较。②要求被比较的对象之间具有一定的内在联系。

2. **案例实践**

例 5-11 周一是一名大二的护理专业学生,暑期"三下乡"活动期间,她发现农村空巢老人日益增多。她想通过调查比较农村空巢老人生活质量与非空巢老人生活质量是否存在差异。请你帮她设计。

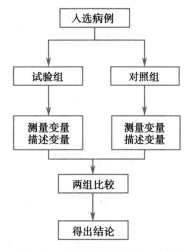

图 5-23 比较性研究设计示意图

（1）案例分析：例 5-11 主要研究农村空巢老人生活质量与非空巢老人的生活质量是否存在差异，首先应明确研究对象包括两类人群，即空巢老人和非空巢老人，测量的指标是二者的生活质量，因此首先要对农村空巢老人和非空巢老人的生活质量分别进行描述，然后再比较二者之间是否存在差异，见图 5-24。

（2）案例设计

1）确定研究对象：采用分层随机抽样方法，选择某时间段内某地区老年人 800 例。样本的纳入及排除条件：年龄在 60 岁以上；自愿参与本研究；无明显精神障碍，能够理解问卷内容或提问。

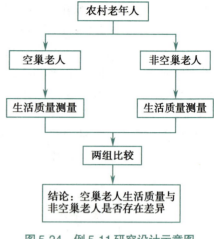

图 5-24　例 5-11 研究设计示意图

2）分组：通常不能采用随机分组的方法，而是根据研究需要来设置试验组与对照组，需注意两组的样本量大小应基本一致。因此须按照居住方式分为空巢组和非空巢组，其样本量应控制在每组 400 人左右。

3）确立测量指标：本案例中需要比较的指标是生活质量。老年人的生活质量测量工具可以选择健康调查量表（SF-36）。

护理科研方法是我们探索人类健康未知领域的一种工具。我们可以用这种工具去解决医疗护理领域中的各种问题和挑战。当研究的问题没有明确的答案或不清楚时，非试验性研究设计是我们最好的选择，这种研究方法会给我们提供重要的线索，还会帮助我们建立一些假说，这对后续进一步开展试验性研究来说是十分重要的。试验性研究在验证假说方面的作用是其他研究方法不可替代的。但是，我们要知道，每种研究方法都不是万能的，都有一定的局限性，必须根据研究的目的来合理选择不同的研究方法。

科 学 思 维

全国人口普查中的科学研究方法

2020 年第七次全国人口普查对象主要包括普查标准时点在中华人民共和国境内的自然人以及在中华人民共和国境外但未定居的中国公民，不包括在中华人民共和国境内短期停留的境外人员。普查内容主要包括人口和住户的基本情况，包括姓名、公民身份证号码、性别、年龄、民族、受教育程度、行业、职业、迁移流动、婚姻生育、死亡、住房等情况。

第七次全国人口普查数据中主要包含了以下科学研究方法。

1. 描述性研究　主要关注收集和分析数据，以便更好地了解现象的基本特征。在第七次全国人口普查中，描述性研究有助于我们了解国家的人口规模、年龄结构、性别比例等基本情况。

2. 探索性研究　旨在发现新的信息或解释已知的现象。在第七次全国人口普查中，探索性研究可以帮助我们发现影响人口变化的关键因素，例如教育水平、经济发展等。

3. 预测研究　主要用于预测未来可能发生的事件。在第七次全国人口普查中，预测研究可以为我们提供关于未来人口增长、老龄化趋势等方面的预测。

4. 因果性研究　旨在确定两个或多个变量之间的因果关系。在第七次全国人口普查中，因果性研究可以帮助我们了解哪些因素导致了人口变化，从而为政策制定提供依据。

（黄　薇）

边 学 边 思

一、单项选择题

1. 试验组用针刺疗法医治肩周炎，对照组采用常规治疗，不针刺任何穴位，采用的是
   A. 试验对照　　　　　　　B. 自身前后对照　　　　　C. 空白对照
   D. 相互对照　　　　　　　E. 标准对照

2. 下列属于非试验性研究的特点是
   A. 设对照组　　　　　　　B. 随机分组　　　　　　　C. 随机抽样
   D. 没有人为施加因素　　　E. 普遍适用

3. 试验性研究和非试验性研究的分类依据是
   A. 研究目的　　　　　　　B. 有无干预措施　　　　　C. 研究对象
   D. 研究设计内容　　　　　E. 资料统计分析方法

4. 科研设计要设置对照组的目的是
   A. 增加试验的说服力
   B. 在试验中发现错误并不断纠正试验中的错误
   C. 扩大试验例数，以方便统计分析
   D. 排除与研究无关的干扰因素的影响，使结果具有可比性
   E. 明确效应指标

5. 试验性研究和类试验性研究在设计上都需要有的内容是
   A. 随机分组　　　　　　　B. 设对照组　　　　　　　C. 干预措施
   D. 自然状态　　　　　　　E. 控制因素

6. 护理研究中，"假药对照"代表的对照组的类型是
   A. 组间对照　　　　　　　B. 自身对照　　　　　　　C. 安慰剂对照
   D. 远程控制对照　　　　　E. 标准对照

7. "糖尿病自理能力与生活质量相关性"研究属于
   A. 试验性研究　　　　　　B. 相关性研究　　　　　　C. 描述性研究
   D. 类试验性研究　　　　　E. 质性研究

8. 护理研究过程中最关键的阶段应该是
   A. 科研设计　　　　　　　B. 选题和确定问题的过程　C. 收集资料
   D. 撰写论文　　　　　　　E. 成果发布

9. 概率是描述随机事件发生可能性大小的一个度量，统计上用于表示的符号是
   A. α　　　　　B. P　　　　　C. S　　　　　D. t　　　　　E. OR

10. 以下属于非概率抽样法的是

A. 偶遇抽样   B. 系统抽样   C. 分层抽样

D. 整群抽样   E. 多阶段抽样

11. 对照组不施加处理因素,但施加某种与处理因素有关的试验因素为

A. 组间对照   B. 自身对照   C. 试验对照

D. 历史性对照   E. 标准对照

12. 某高职院校护理教师在其所任教班级抽样 100 位护理专业学生进行客观结构化临床考试考核质量的相关调查,所采用的抽样方法的是

A. 偶遇抽样   B. 系统抽样   C. 分层抽样

D. 整群抽样   E. 单纯随机抽样

13. 不对等对照组设计的最主要缺点是

A. 方法复杂   B. 不易被研究者接受

C. 试验组和对照组的可比性较差   D. 处理因素对研究结果的影响比较大

E. 资料统计分析难度较大

14. 通常对几个观察变量进行比较,回答所观察的变量间是否有关联的研究是

A. 描述性研究   B. 相关性研究   C. 比较性研究

D. 病例对照研究   E. 前瞻性研究

二、多项选择题

1. 护理研究设计的内容必须包含

A. 确定研究对象   B. 确定观察指标

C. 选择研究方法   D. 统计学处理

E. 明确偏倚控制方法

2. 研究对象的确定,主要的内容应该包括

A. 明确诊断   B. 获得研究对象的时间和地点

C. 研究对象的纳入/排除条件   D. 抽样方法

E. 样本量

3. 试验性研究内容的设计需要具备的内容是

A. 干预   B. 设对照组

C. 随机取样和随机分组   D. 可不设对照组

E. 可不随机分组

4. 研究设计中设对照组的目的是

A. 排除与研究无关的干预因素影响   B. 使结果具有可比性

C. 服从研究目的   D. 加速研究速度

E. 提高样本的代表性

5. 样本含量估算方法主要有

A. 公式计算法   B. 查表法   C. 文献法

D. 专家咨询   E. 经验估算法

6. 随机分组的方法包括

A. 掷硬币   B. 抽签   C. 根据个人意愿

D. 使用随机数字表   E. 根据试验目的

7. 自身前后对照研究的优点包括
   A. 在研究过程中,每个受试者均有接触新治疗措施的机会
   B. 可消除个体差异
   C. 所需样本量小
   D. 统计学效率较高
   E. 可消除志愿者偏倚

8. 在研究设计采用随机分组的目的是
   A. 实施研究的干预
   B. 得到正向结果
   C. 使受试对象机会均等
   D. 减少误差
   E. 排除干扰因素

9. 关于比较性研究叙述正确的有
   A. 是对两种或两种以上不同的事物、现象、行为或人群的异同进行比较
   B. 要求进行比较的对象必须是同一范畴、同一标准、同一类事物
   C. 要求被比较的对象之间具有一定的内在联系
   D. 必须施加一定的干预措施
   E. 必须是相同的研究对象

10. 非试验性研究的优点包括
    A. 在完全自然的状态下进行研究,可以同时收集较多的信息
    B. 适用于对研究问题知之不多或研究问题比较复杂的情况,用来描述、比较各种变量的现状
    C. 最简便、易行的一种研究方法
    D. 为试验性研究打下基础,是护理研究中最常用的一种研究方法
    E. 可解释自变量与因变量之间的因果关系

11. 下列属于实验室指标测量的有
    A. 心电图测量
    B. 指尖血氧饱和度测定
    C. 血气分析指标的测定
    D. 细菌菌落计数
    E. 生物活检进行病理检查

三、填空题

1. 试验性研究设计的原则包括_____、_____和_____。
2. 试验性研究包括_____、_____和_____三个基本要素。
3. 样本含量估算方法主要有_____、_____、_____和_____等。

四、案例分析题

1. 护士小李想研究早期康复训练在急性心肌梗死患者康复中的作用,请你分析可以进行研究的方法,并帮助他进行研究设计。

2. 护士小周查阅文献发现高自我效能感水平对脑卒中患者的健康行为、抑郁情绪、运动康复意愿、生活质量等都会产生积极的影响,为此制订了针对脑卒中患者的自我效能干预方案,并评价其对改善脑卒中患者自我效能感的效果。请问应如何进行研究设计?

3. 社区高护士想在社区为中老年人开展太极拳锻炼,并探讨太极拳锻炼对社区老年人

心理健康的效果。请问应如何进行研究设计?

4. 原发性高血压一经确诊,患者可能面临终身治疗,不仅需要选择有效的抗高血压药,更需要良好的遵医行为。社区护士小钟发现社区原发性高血压患者遵医行为不理想,她想进行社区健康行为干预,以探讨社区健康行为干预对原发性高血压患者遵医行为的影响,应如何进行研究设计?

5. 带教护士王老师在以往的调查中发现:在实习过程中护生针刺伤发生率高,针刺伤后处置方式简单,大部分实习护生虽然具有自我保护的意识,但无有效的应对措施。为此她想对部分护生采取干预对策,以探讨护生针刺伤发生率、职业防护意识、职业防护知识知晓率和职业防护技能掌握率的效果,应如何进行研究设计?

6. 临床护理路径在医院很多科室和很多病种陆续开展,妇产科护士小宋想了解临床护理路径应用在子宫肌瘤手术患者的实施效果,比较平均住院日、健康知识掌握程度和患者满意度的情况,应如何进行研究设计?

7. 某医院采取了以护生为主体的临床教学查房,并将病例教学和以问题为基础的教学法融入其中。护士小肖想探讨这种教学方法与传统的以教师为中心的灌输式查房模式教学方法的效果,应如何进行研究设计?

8. 评判性思维能力是护生必备的能力,不同的教育体系对护生的评判性思维会产生一定的影响。为有针对性地开展临床带教,提高不同层次护生的评判性思维能力,某医院护理部计划开展本科与专科实习护生评判性思维能力的比较研究。请问应如何进行研究设计?

9. 随着人口老龄化的加剧和社会发展,老年人对卫生服务需求的数量和质量均在不断提高。由于城乡经济发展不平衡,老年人文化程度、卫生服务条件等方面的差异,城、乡老年人在卫生服务需求及利用方面有着各自的特点。某老年护理研究所拟调查某市城、乡老年人卫生服务需求、利用现状,并从卫生服务需求的项目、要求、利用情况等方面对二者进行比较。请问应如何进行研究设计?

第六章　护理科研课题的申报与管理

学习目标

知识目标：

1. 概述护理科研课题申报与管理的基本程序。

2. 简述护理科研课题申报书的基本内容。

3. 说出护理科研课题开题报告、中期检查和课题验收的基本内容与要求。

能力目标：

1. 能够从日常工作或生活中发现可研究的护理问题，并形成课题。

2. 能够按照护理科研课题的申报与管理程序，初步尝试对某一日常事件或问题进行整体的研究方案设计。

素质目标：

1. 初步培养问题意识，增强解决问题的决心和勇气，敢于申报护理科研课题。

2. 坚定不惧艰辛，不怕困难，追求真理的信心，勇于通过研究验证假设。

3. 具有敢于创新与脚踏实地相结合的科研精神。

4. 养成遵守规则，信守承诺的良好品质。

第一节　了解护理科研课题

随着护理学科的发展，护理从业人员学历水平的不断提高，科研意识与能力的不断加强，越来越多的护理人员投入到科研项目的申报，因此，了解护理科研课题的申报与管理十分必要。

一、护理科研课题的来源

目前，国家资助的有关医学、护理学的科研基金主要包括以下渠道。

（一）国家提供的基金

其包括国家自然科学基金、国家社会科学基金、国家重点基础研究发展计划（973计划）、攀登计划、国家科技攻关计划和国家高技术研究发展计划（863计划）。

（二）各部委基金

如中华人民共和国国家卫生健康委员会、教育部、人力资源和社会保障部等部委的基金。

（三）各省、市、地方提供的各类科研基金

如省卫生健康委员会、省科学技术厅、省教育厅、市科学技术局等。

二、护理科研课题申报与管理流程

护理科研课题申报与管理,通常包括课题申报、开题论证、课题中期检查、课题验收几个环节。其具体流程图见图6-1。

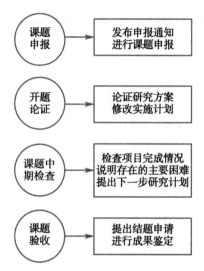

图6-1　护理科研课题申报与管理流程图

（姚睿敏）

第二节　课 题 申 报

护理科研课题的申报,指研究者将准备研究或正在研究的护理课题研究计划写给主管或资助部门,以期得到主管或资助部门在经济、设备和管理等方面支持的书面申请。

一、课题申报书的作用

1. 申请者通过申报书向有关主管部门陈述申请研究理由和需求事项,以获得评审通过及取得支持。

2. 申请者在完成课题研究的过程中,申报书被有关主管部门作为指导检查、督导和鉴定工作的基本依据。

3. 申请者在开展课题研究的每个阶段,申报书被作为布置和完成各个环节任务的依据。

二、护理科研课题申报的程序

护理科研课题申报程序见图6-2。

图6-2　护理科研课题申报程序图

三、护理科研课题申报书的内容

一份完整的护理科研课题申报书,通常需要回答 4 个问题,即"想做什么""为什么做""如何做""能否做"。护理科研课题申报书撰写要点见图 6-3。

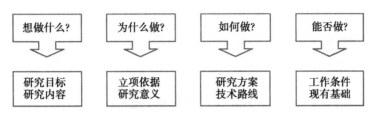

图 6-3　护理科研课题申报书撰写要点示意图

(一)简表

简表是对整个课题申报书主要内容和特征的概括表达,简表的内容输入计算机,组成科研课题管理的数据库。简表的填写比较简单,但非常重要,填写时一定要认真翔实。简表的内容包括研究课题的基本特征和申报特征,申请者的基本情况,课题组成员的构成和分工以及课题的研究内容和意义。课题组成员人数根据研究需要确定,一般为 5~10 人,也可根据课题申报的要求或指南进行调整,填写的单位应与单位公章一致。课题组成员必须形成合理梯队,既有设计指导者,又有工作的主要操作者,还有必要的辅助人员,分工明确,工作互不重复。

课题名称是申请课题内容的高度总结,是作者在对所研究问题的理论、内容及方法,经过全面细致思考,反复酝酿后拟定的。课题名称应简明、具体、新颖、醒目,并能确切反映课题的研究因素、研究思想、研究内容、研究范围及其之间的联系。例如,"高职护理专业学生毕业实习考评方法的研究""胃癌化疗期中医临床护理路径探讨""老年髋部骨折患者自我效能的影响因素及护理干预研究""护理干预对异位妊娠患者围手术期心理状况影响的研究"等。

(二)立项依据

1. 课题研究意义　重点说明本研究的重要性,说明课题的选择和确立是建立在科学的基础上,课题成果对拓展专业知识领域、验证理论或解决问题等方面的实际意义和应用价值。一般来说,基础研究应重点结合国内外护理学发展趋势,论述课题的科学意义;应用研究则着重结合学科前沿、经济和社会发展中的重要问题,论述其应用前景和实用价值。

2. 国内外研究现状分析　着重介绍国内外护理同类研究的现状、研究水平和发展趋势,明确提出该课题在本专业中涉及的范围是否是这个领域的空白点、是否具有创新性。在此基础上,提出本次课题的立足点,准备解决的问题以及与以往课题的不同之处,使评审者了解课题的重要性。

3. 主要参考文献及出处　在撰写立项依据时,申请者需要通过文献查阅大量资料,吸收有关最新研究成果,了解本研究课题在国际国内学科发展中所具有的意义和应用价值,列出主要有影响的文献资料,一般不超过 20 篇。

(三)研究方案

1. 研究目标、研究内容和拟解决的关键问题

(1)研究目标:指待解决的学术问题,也就是课题要解决的具体问题。确定目标时,要紧紧围绕课题本身,用词应准确、精练、明了、具体。只有目标明确而具体,才能知道研究工作的具体方向和研究的重点,思路就不会被各种因素所干扰。

（2）研究内容:包括课题研究的范围、内容和可供考核的指标。要求内容具体、完整、紧扣主题,使评审者了解拟做哪些工作,是否值得做,这样做是否能达到申请者提出的目标。填写时应明确以下内容:准备从哪几方面的研究来论证提出的问题,明确从哪个角度、哪些范围、哪一级学术水平进行研究,可供考核的技术或经济指标。在明确课题目标的基础上,根据目标来确定课题具体要研究的内容。相对研究目标而言,研究内容更具体、明确。一个目标可以通过几个方面的研究内容来实现,研究内容与目标之间不一定是一一对应的关系。

（3）拟解决的关键问题:指已分解问题中的研究难点或重点问题。一般选择理论、研究设计或方法学上的关键点,关键问题不宜过多,应紧紧围绕可能的突破点展开。

2. 拟采取的研究方法、技术路线、试验方案及可行性分析

（1）研究方法就是实施项目的办法,包括理论分析、试验论证、操作程序等一套完整的计划方案。

（2）技术路线是对研究所采取的技术措施,进行试验的程序和操作步骤。技术路线应按试验过程依次摘要叙述,每一步骤关键点要讲清楚,要有可操作性。对于步骤明确、连贯,相互关系紧密的技术路线的书写也可采取流程图或示意图,其中要说明可能遇到的问题和解决办法。

研究方法和技术路线是课题申报书的主体,也是科研设计和评审的主要内容,是研究内容确定后,为完成该内容而对整个研究工作所做的理论分析和总体思路及设想。其主要说明选取什么标准的研究对象,观察哪些内容,通过什么方法和指标进行观察,对数据如何处理、将采取的技术路线或工艺流程,重点解决的科学和技术问题、将要达到的技术考核指标的内容。要求设计周密、方法科学,路线合理、技术可行,措辞具体、明确,切勿模棱两可。

（3）试验方案是根据技术路线中的试验内容重点说明受试对象的种类、选用标准、抽样方法、样本含量、对照分析,处理因素的性质、质量、强度、施加方法,效果观察的项目或指标、检测方法、判断标准等。分段说明试验名称、所用仪器名称、厂家、型号、生产日期及稳定性,具体试验方法的依据、制剂名称、厂家、批号、规格、纯度、剂量。明确处理因素的数目、水平和强度,并探讨因素间的"相互关系",试验条件、操作程序和步骤。数据的采集和统计方法指申请者对所观察的指标,预期可能出现的混杂因素和误差所采取的措施,说明本研究采用了哪几种数据处理方法及标准,所使用的统计工具及软件名称。

（4）可行性分析是对技术路线的关键步骤,新的或关键的技术方法,试验中设计的实验动物模型的建立等技术问题,以及对可能出现的问题的解决措施及实施方案,作可行性的分析或自我评价。

3. 本课题的创新之处　创新是课题在选题、科研设计、试验方法、技术路线、预期成果、应用等方面与众不同之处,在书写时应着重说明与他人研究的主要不同之处和本课题自身的特点。创新应在充分查阅资料的基础上提出,切忌弄虚作假。创新点应具有必要性和可行性,不可为创新而创新。创新点不可过多,一般2～4条。

4. 年度研究计划及预期进展　根据技术路线对研究内容预期完成的时间来分割,如以 3 个月为 1 个工作单元安排计划,1 个工作单元可以并列安排不同分题任务。每 1 个工作单元的研究内容应具体、可行,并有明确、具体、客观的进度考核指标,如观察例数及病案等。

5. 预期研究结果 不同类型的课题,预期研究结果的侧重也不同。基础研究或应用基础研究可以是拟发表何种水平的文章或学术成果或学术论点等。应用性研究课题,则可侧重推广应用的前景及其间接的经济效益和社会效益预测。预期研究成果的形式主要有研究报告、论文、专利、调查量表、音像制品、专著、学术会议报告等,其中研究报告和论文是研究成果最主要的表现形式。

(四)研究基础部分的撰写

其主要反映组建了结构合理、分工恰当的研究队伍,课题负责人及主要研究人员的学术水平、研究工作经历、学历等,已具备完成课题的各项技术条件。

1. 研究工作基础 即课题组成员以往主要的与本课题相关的工作积累和成果,特别是能使本课题立项、顺利进行而做的前期工作,包括必要的预试验、试验方法的建立、动物模型的建立等工作和成就,以及开展本课题研究以来已做的工作及取得的初步成绩。

2. 试验条件 进行该课题已具备的基础试验条件包括仪器设备、关键的试剂药品、合格的实验动物;已有的协作条件,原材料及加工条件;已从其他渠道得到的经费支持等;尚缺少的试验条件和拟解决的途径,包括利用国家重点试验室和部门开放试验室的计划和落实情况。

3. 技术条件 课题组负责人和课题组主要成员的学历及工作简历、科研工作经验、现有技术水平和能投入该项研究的时间。重点介绍课题负责人的主要情况,如在医学科研方面曾做过哪些工作,在与本课题有关方面做过哪些工作。提供课题负责人及课题组主要成员近期发表的与本课题有关的论著目录和获得的学术奖励情况,以及在本课题中承担的任务。

(五)经费预算

实行科研课题经费预算,有利于迅速提高科研单位解决科学研究的物质基础,调动科技人员的积极性。科研经费一般包括仪器设备费、试剂材料费、技术协作费和其他费用。申请经费额度要适中,要根据项目的类型和以往项目的资助强度,确定申请经费。

科学思维

数学家华罗庚

华罗庚是我国数学家,中国科学院院士。由于家境贫寒,上中学不久的华罗庚辍学,当了杂货店的记账员。在烦琐、单调的劳作中,他坚持进行数学研究,即使是因病导致左腿终身残疾,他也没有放弃对数学的研究。他凭着坚持不懈的努力,刻苦自学,于 1930 年,以《苏家驹之代数的五次方程式解法不能成立之理由》的论文,使中国数学界刮目相看。中华人民共和国成立后,他毅然放弃优厚待遇,回国担任清华大学数学系教授。他一生勤奋耕耘,作为数学教育家,他培养出陈景润、王元、陆启铿等一批优秀的数学家,并形成了中国数学学派。

(杨 丰)

第三节 开 题 论 证

课题开题论证是课题管理规范的重要组成部分,是一个非常重要的环节。这一环节的好坏,关系到课题研究能否顺利进行,关系到课题研究质量,关系到整个课题研究的成败。

一、开题论证的目的

1. 让课题组全体成员全面了解课题研究的指导思想、研究背景、研究目标、研究内容及研究方法　主持人通过开题报告向大家报告,课题主要研究什么问题,为什么要研究这个问题,怎么样去研究这个问题。通过问题的提出、课题的界定、研究的意义、研究的价值、研究述评、理论依据、研究目标、研究内容、研究方法、研究步骤等,使大家明白课题研究的总的指导思想和大体思路。

2. 让课题组全体成员明确各自的研究任务和具体做法　课题总目标任务必须分解到各个具体的研究内容,通过团队协作、分工合作来集体攻关。这时主持人要通过开题报告让每个课题组成员明确各自的研究任务和具体做法,明白自己做什么,怎么去做,怎么合作,何时要完成什么阶段性成果。

3. 请专家咨询指导　同行专家和主管领导对课题研究和课题管理有非常丰富的经验,通过咨询,他们不仅可以看出课题研究中的问题,还对被论证的课题提出修改建议,甚至还可以提供案例与研究背景供参考。因此,聘请专家咨询指导可以收到事半功倍的效果。通过论证,课题设计实施计划更加完善,课题研究从感性的热情转入理性的思考,可以少走弯路。

4. 会后课题组参考专家论证意见,修改完善课题设计实施计划　以利于研究工作的顺利进行。

二、开题论证的重点

(一)目标"长、宽、高"的论证

"长度"指研究时间的跨度。"宽度"指研究范围的广度。"高度"指研究水平的深度。研究范围问题,在部分课题研究"新手"中特别突出:一是"贪大",想一个课题解决所有的问题;二是"不全",研究内容不完整,形不成系统。因此,研究范围要根据课题目标的需要以及课题组内、外部条件来确定。长度、宽度、高度要统筹兼顾,不能顾此失彼。否则,就会出现研究时间过长、研究范围过宽、研究水平的期望值过高。

(二)目标落实的论证

研究内容要力争做到:第一,紧扣课题研究目标,不让课题研究内容偏离研究目标;第二,要把每项研究内容表述清楚,不含糊其词或模棱两可;第三,要注意研究内容的整体完备性,不出现重大缺漏;第四,保证每项研究内容的相对独立性,不要近似甚至雷同;第五,要调控每项研究内容的难易均衡性,不使各子课题的任务悬殊。

(三)步骤实现的论证

步骤实现的论证要做到"三防""三落实"。

"三防"主要包括:一防"超载",每一步的活动量不能超过课题组成员力所能及的工作量。二防"撞车",每一步重大活动安排要与当地行政主管部门的重大活动安排不相矛盾。

三防"误点"，课题设计有自己的时间规定，什么时间开题，什么时间要完成什么任务，什么时间结题，每个课题组都要增强时间观念，保证"正点运行"，这里特别强调的是一个课题研究任务的完成与否，靠的是团队的力量（个别课题除外）。因此，要把研究任务分解作为开题论证的重要任务，同时要讲清任务要求并加强督促，确保了内容的完成。

"三落实"是把人、财、物落实好。落实"人"，不仅有参加课题组的人，而且有主管人和策划人。主管人是课题及主持人所在单位的领导，这也是单位重视科研的重要因素，领导高度重视、宏观决策、统筹人、财、物，是做好课题的有力保证。策划人是高职称、高学位、高水平的专家学者，如果课题组实力较弱，可以借助外力增强内力，聘请专家学者担任学术顾问，为课题研究出谋划策。落实"财"，就要多方争取资助，尽力广辟财源，开源节流，力求少花钱，多办事，办好事；对各项活动的经费开支搞好预算，严格审批，留有余地。落实"物"，主要靠课题组成员单位责任共担，物质共享，提高科研设备的综合利用率。

三、开题论证的形式

开题论证的形式主要有专家指导型、自我论证型和会议交流型。

（一）专家指导型

这一类型的课题主持人将课题设计实施方案提前送交有关专家和课题组成员审读，并在全体课题组成员参加的开题会上，将课题设计实施方案的具体内容向专家和课题组成员一一介绍，专家咨询后提出意见和修改建议，有针对性地给予指导。通过专家指导和大家讨论，课题组成员进一步明确了研究思路、具体做法，既知道该课题研究主要解决什么问题，又明白了怎么去研究，自己该做什么，什么时候出什么成果，效果如何等。这一类型的开题会，一定要请本单位领导参加，主持人要敢于善于提出研究的困难和问题，课题主管单位领导将和单位领导协商解决具体困难。有条件的单位可以把开题会变成科研培训，邀请其他想做课题的人参加会议，使他们在开题论证中提高科研水平。

（二）自我论证型

这种形式主要是课题主持人自己非常有把握能做好，不需要请专家指导，他们曾主持省级课题或有丰富的研究经验，可以自我论证。开题会上，主持人认真介绍课题研究的内容、做法，课题组成员充分酝酿讨论，达成一致意见，各成员对自己的任务很明确，开题的重点放在成员分工上。

（三）会议交流型

部分市和学校，将本地或本校立项的几个课题一并开题，有的也请专家指导。通过开题，各课题组成员之间既交流课题研究的经验，又节约开题的开支。但要注意：两三个准备充分的课题同时开题是可以的，但如果课题太多，效果很不理想，容易流于形式，由于时间紧，课题组报告受到限制，成员讨论不充分，专家点评不到位，最后任务还是不能落实。所以，开题论证会不提倡太多课题同时论证。若多课题同时论证，那就一定要保证会议时间，会后课题组再根据专家意见讨论落实。

四、开题报告的主要内容

开题报告也叫课题研究方案。它主要说明这个课题应该进行研究，自己有条件进行研究以及准备如何开展研究等问题，也可以说是对课题的论证和设计。通过开题报告的思考与写作，成员可以清楚地了解自己为什么要做这个课题，究竟想做什么，想得到什么，怎做，能否达到自己的预期目标。更重要的是，其中的工作计划可以成为成员日后开展研究工作的准绳。开题报告可以作为课题研究工作展开时的一种暂时性指导，或者是研究一段时间后，觉得有偏差，它也可以作为课题修正时的重要依据。所以说开题报告对一个科研课题能否顺利开展是非常重要的。

课题研究方案，一般包括以下几个部分。

（一）课题名称

课题名称应准确、规范、简洁。准确是课题的名称要把课题研究的问题是什么，研究的对象是什么交代清楚。例如有一个课题名称是"职业学校学生学习能力与发展能力的研究"，这里面研究对象就是职业学校学生，研究的问题就是学习能力与发展能力。规范是所用的词语和句型要规范科学，似是而非的词不能用，口号式、结论式的句型不要用。简洁指课题名称一般不要超过20个字。

（二）课题提出的背景及所要解决的主要问题

课题提出的背景主要指特定的时代背景，回答的问题是为什么要进行该课题的研究，该课题的研究是根据什么、受什么启发而确定的，验证该课题的成功预期会带来什么样的社会效益，对社会、对人类带来什么样的益处，是否提高工作效益、降低成本、减轻患者的负担、创造经济效益；对护理临床实践，护理管理、教育和科研有何积极的指导作用；对护理专业知识和理论体系的充实和发展有何促进作用等。因为新要求、新标准、新政策、新理念与现实存在问题，课题研究就是奔着问题而来，为问题的解决而研究。课题研究所要解决的主要问题要有针对性、可操作性，这是课题研究的生命力所在。解决的重要问题与提出的背景间有着必然的、对应的联系，不能游离或架空。

（三）国内外同一研究领域的现状与趋势分析，与本课题的联系及区别

阐述这部分内容必须采用文献资料研究的方法，通过查阅资料、搜索查找国内外近似或同一课题研究的历史背景、现状与发展趋势。

1. **历史背景** 按时间顺序，简述本课题的来龙去脉，着重说明本课题前人是否研究过，哪些方面已有人做过研究，取得了哪些成果，这些研究成果所表达出来的观点是否一致，如有分歧，他们的分歧是什么，存在什么不足，通过历史对比，说明各阶段的研究水平。

2. **现状** 重点论述当前本课题国内外的研究现状，着重评述本课题目前存在的争论焦点，比较各种观点的异同，阐述本课题与之联系及区别，力求表现出自己课题研究的个性及特色。这一部分的内容应力求精当，力求体现自身研究的价值。

3. **发展趋势** 通过纵向、横向对比，肯定本课题目前国内外已达到的研究水平，指出存在的问题，提出可能的发展趋势，指明研究方向，提出可能的解决方法。

（四）课题研究的实践意义与理论价值

1. **实践意义** 指向操作层面，例如，通过课题研究对学校、教师、学生的可持续发展有什么促进，在具体的教育教学实践中有哪些好处。它的阐述是通过假设关系，勾勒出通过研究可能会或一定会产生的实践效果。

2. **理论价值** 护理科研更多地趋向于应用研究和发展研究，在理论方面的学术研究价值可能比较匮乏，但也不可否认，通过研究可能达到了对某一相关理论的细化和补充，对某一理论进行了具体阐述与充实，或许还会产生具有全新内涵的实用理论。这部分内容有就写，无则免。

（五）完成课题研究的可行性分析

可行性，即研究课题的可实施性，指课题研究所需的条件是否具备，如研究所需的信息资料、试验器材、研究经费及研究者的学历、知识储备、研究能力和研究经验等是否具备。

（六）课题界定及支撑性理论

界定即定义。课题界定即对课题的诠释，对课题的核心概念进行说明。采用归纳和演绎的方法，引用教育理论、整合文献知识等，以分段或标题陈述的形式确定概念及其内涵与外延，采用总-分的方法，对课题中的研究对象、范畴、方法，抽取出本质属性分别给予概括，最终形成对整个研究课题名称的科学界定。

（七）研究目标、内容、方法、过程

1. **研究目标**　即本课题准备从哪些方面进行研究，达到什么样的目标，目标的内容应该包括题目中所有变量涉及的范围。如长沙市中老年人健康状态的调查及其健康促进模式的研究，其中包括两个变量，即健康状态和健康促进模式，其研究目标：①调查长沙市中老年健康状况，以了解社区中老年人常见的健康问题及其危险因素以及健康需求。②根据中老年人健康状态、健康需求及其危险因素，确定社区中老年人健康促进服务的内容、形式、效果评价标准及健康促进网点设置的规模、人员配置等。课题研究的目标是课题最后要达到的具体目的，要解决哪些具体问题，也就是本课题研究要达到的预定目标。相对于目的，研究目标是分解了的、比较具体的。只有目标明确而具体，才能知道工作的具体方向，才知道研究的重点，思路就不会被各种因素所干扰。

2. **研究内容**　是研究方案的主体，是课题研究目标的落脚点。研究内容要与课题相吻合，与目标相照应，具体回答研究什么问题，研究问题的哪些方面。要努力从课题的内涵和外延上去寻找，紧密围绕课题的界定去选择研究内容。它要求把课题所提出的研究内容进一步细化为若干小问题，也可以在课题大框架下设立子课题。

3. **研究方法**　是完成研究任务达到研究目的的程序、途径、手段或操作规律，它具体反映"用什么办法做"。研究的方法服从于研究的目的，也受具体研究对象的性质、特点制约。在具体的方案设计中，要根据各时段研究内容的不同选择不同的方法，尽可能地写明怎样使用这种方法和用这种方法做什么。常用的研究方法：观察法、实验法、调查法、文献法、经验总结法、个案分析法、行动研究法、比较法等。如要研究学生实践能力的现状必定离不开调查法，要研究问题家庭学生的教育对策可采用个案法等。这一部分是课题方案设计的主体，课题研究是否有价值、目标任务如何得到研究落实，在这部分应给人一览无余的感觉。

4. **研究过程**　即课题研究的步骤，是课题研究在时间和顺序上的安排。研究过程一般划分为 3 个阶段：前期准备阶段、中期实施阶段、后期总结阶段。每一个阶段有明显的时间设定，从什么时间开始至什么时间结束都要有规定，要有详尽的研究内容安排、具体的目标落实，从而保证研究过程的环环相扣、有条不紊、循序渐进。

（八）完成课题研究任务的保障措施

保障措施一般包括制度、经费和技术方面的保障，做到研究人员、时间、经费能够到位，以确保课题研究任务顺利完成。

1. **制度保障**　制订课题管理条例，规范学习、研究制度，以激励为杠杆，激发研究者的研究热情。

2. **经费保障**　设立课题研究专项经费，保证研究过程中相关资料、必要设备的添置及

外出学习、开展活动等的经费来源。

3. 技术保障　聘请专家担任顾问,选派骨干外出培训,组织外出参观学习等;课题研究与单位工作相协调,做到教学科研化,科研教学化,使学校教育教学与教育科研同步发展、共同提高。

(九)预期研究成果

课题研究拟取得什么形式的阶段研究成果和终期研究成果。形式有很多,如专著、调查报告、试验报告、研究报告、论文、专利、调查量表、测试量表、微机软件、教学设计、录像带等,其中调查报告、研究报告、论文是课题研究成果最主要的表现形式。课题不同,研究成果的内容、形式也不一样,但不管形式是什么,课题研究必须有成果,否则,课题研究也就失去了研究意义。

五、开题论证评价的方法

开题论证评价以综合评价为主:一是课题单位的自我论证评价;二是同行的论证评价;三是科研管理部门的论证评价。其由预审、初审、学术评审、综合评审 4 个阶段组成。预审与初审可在开题前后的时间里进行,重点在课题选择和课题计划的制订上。学术评审与综合评审要贯穿于课题研究的全过程,重点在计划实施与成果的预期鉴定上。

(黄　薇)

第四节　课题中期检查

课题立项以后,如何保证课题研究的顺利进行,达到预期目标,这是课题管理的实质内容。课题管理是软科学,只有借助各种严密的规章制度并加以检查督促,才能把工作落到实处。因此,加强课题实施阶段的管理,切实抓好课题中期检查,是课题规范管理的又一重要内容。

一、课题中期检查的意义

1. 课题中期检查可以全面了解课题研究的情况,督促课题研究工作顺利进行。这个"督促"不仅是对课题主持人、课题组课题研究工作的督促,也包括对单位科研主管部门课题管理工作的督促,同时也要对领导进行重视科研的督促。

2. 课题中期检查可以交流课题研究经验,推广课题阶段性成果,促进教育、教学工作。课题中期检查一般采取会议形式进行,课题较多的单位以单位统一组织汇报,课题少的几个单位集中汇报。这样,既可以交流课题研究的经验,又可以推广课题阶段性成果,有利于促进教育、教学工作。

3. 课题中期检查可以及时发现研究过程中的问题,总结经验教训,进一步加强下一阶段研究工作的指导。课题中期检查不仅可以掌握许多正面的典型,也可以了解一些负面的情况。例如,课题研究已到中期还没有任何成果,也没有形成主要的研究观点;因课题主持人调走、退休等,课题研究"无声无息";单位资助或配套经费不落实或其他原因造成课题研究不能正常进行等。了解这些情况,可以及时督促单位领导或课题组成员解决这些问题,加强下段研究工作。

4. 课题中期检查可以表彰奖励课题研究成效显著的课题组,也可以通报批评、收回资助经费乃至撤销课题,补充新的课题,实行动态管理。

二、课题中期检查的具体内容

检查的内容包括课题研究的进度,是否按开题论证后的预计时间进行,是否修改开题论证后的设计方案,开展了一些什么研究活动,初步形成什么重要的研究观点,已经取得什么研究成果,科研经费筹措、配套使用情况,还有什么困难和需要协调解决的问题,以及下阶段课题研究工作安排。

（姚睿敏）

第五节 课题验收

课题研究工作完成后,其最终成果均须由立项部门先进行鉴定,鉴定后才准予结题验收。

一、课题验收需要提供的材料

一般来说,课题验收需要提供的资料根据立项部门的文件要求进行准备,一般包括以下几个方面的资料。

（一）文件性资料

1. 课题立项评审书。
2. 课题立项文件。
3. 课题开题报告。
4. 课题研究中期检查报告。
5. 课题结题申请表。

（二）过程性资料

1. 文字资料

（1）体现研究过程及方法的资料:如进行调查研究,不需要提供每一份原始调查问卷,但是可以提供开展调查的计划与调查报告等资料。

（2）课题阶段性研究成果:如典型案例、随笔、原始记录、阶段性经验总结,护士进行社区健康教育、教师参加课题研究培训活动等文字资料。

（3）研究过程大事记表。

2. 音像资料（录像带、录音带、光盘等）

（1）各类观摩课、研讨课、护理技能操作、各种讲座录像等。

（2）与课题相关的各类软件。

（3）与课题相关的各种活动。

（三）成果性资料

主要根据开题报告书中的预期成果,结合在课题实际研究过程中形成的成果进行准备。

1. 课题研究报告。
2. 论文、论著、专利。
3. 课题相关的获奖证书。

4. 课题的其他隐性和显性成果,如课题的研究成果在实际工作中推广情况及效果等方面的证明材料。

(四)其他资料

能体现课题研究特色的资料。

二、课题成果鉴定、结题的形式

(一)会议鉴定、结题

一般由同行专家到课题单位进行会议鉴定。程序:①主持人陈述研究报告;②专家组审读课题成果、提问、答辩;③专家组写出课题结题或鉴定结论;④课题鉴定结题后,课题组修改研究报告和成果公报。

(二)通讯鉴定、结题

一般将鉴定、结题材料送同行专家,由各专家写出鉴定意见,再交鉴定专家组组长综合,形成课题成果书面鉴定意见。情况特殊的也可采取通讯鉴定与会议鉴定相结合的形式进行。

(三)申请免于鉴定、结题

不同部门的课题,申请免于鉴定的要求不完全相同。按照 2024 年发布的《湖南省教育科学规划决策咨询专项课题结题实施细则》,达到课题结题的基本条件,且同时符合以下两个条件,可申请免予鉴定:

1. 成果获得省级以上领导批示或者获得省级党政机关采纳(附相关材料和证明);

2. 成果在《教育快讯》上刊登,或在《人民日报》《光明日报》《中国教育报》《湖南日报》等报刊的理论版或智库版发表了相关文章或出版了相关专著。

申请免于鉴定的课题,须向课题立项部门说明理由,并附相关证明材料、发表和转载的成果原件,经立项部门核准同意后,发结题证书。

三、撰写课题研究报告

整理分析研究资料,撰写课题研究报告阶段是研究过程的最后阶段,是收获科研成果的阶段。这一阶段的特点是需要进行深入的理性思考,即对研究的过程与研究的结果,进行分析与综合,抽象与概括,判断与推理,从而收获有科学性、创造性和应用性的研究成果。因此,这一阶段的研究工作,直接关系到科研成果的价值和水平,是课题研究的"冲刺"阶段。

一篇规范的研究报告,要回答好 3 个问题:一是"为什么要选择这项课题进行研究",即这项课题是在怎样的背景下提出来的,研究这项课题有什么理论意义和现实意义。二是"这项课题是怎样进行研究的",要着重讲清楚研究的理论依据、目标、内容、方法、步骤,讲清楚研究的主要过程。三是"课题研究取得哪些研究成果"。

课题研究报告的主要内容包括:

(一)研究概况

一方面是简述该课题的研究设计,回答"为什么要研究这个课题"和"怎样研究这个课题"。前者如课题的研究背景,课题的研究目的等;后者如研究的理论基础(指导研究的理论)、研究对象的界定、主要运用的研究方法等。另一方面是简述课题研究的实际运行状况,如课题研究实施阶段采取了哪些主要干预措施;在这个过程中对哪些问题进行了怎样的研究；课题研究从何时开始，何时结束等。

研究报告不是论证报告和研究方案，因此这部分的研究设计，不必要展开阐述，是研究方案有关部分的高度浓缩。研究报告也不是工作汇报，不要记流水账，这部分的实际运行状况，要重点围绕试验措施写，要写得简明扼要。

（二）实际效果

实际效果是对照课题的研究目标来撰写的，一般可以用"数据统计""典型事例"和"具体描述"3 种方法说明，亦可将 3 种方法结合使用。

（三）研究结论

这部分是研究报告的核心部分，是课题研究的理论成果，也是比较难写的部分。这部分的主要内容是课题研究所获得的经验和发现的规律。

（四）问题讨论

这部分是研究报告不可缺少的部分。课题研究从问号开始，经过一段时间的研究可以画句号，而且要提出新的问号来（即需要进一步解决的问题）。撰写这部分时，可以先写对本课题研究工作的反思，明确指出不足之处；然后再提出该课题需要进一步研究的新问题，并对新问题进行简要的分析与论证。

（姚睿敏）

边 学 边 思

一、单项选择题

1. "检查课题完成情况，说明存在的主要困难，提出下一步研究计划"这个环节是属于护理科研的

　　A. 课题申报　　　　　　　　　B. 开题论证
　　C. 课题中期检查　　　　　　　D. 课题验收
　　E. 成果发布

2. 护理科研课题申报书中，研究方案通常是用来回答

　　A. 想做什么　　　　　　　　　B. 为什么做
　　C. 如何做　　　　　　　　　　D. 能否做
　　E. 何时做

3. 课题的研究目标指

　　A. 待解决的学术问题，也就是课题要解决的具体问题
　　B. 研究的范围
　　C. 可供考核的指标
　　D. 研究的内容
　　E. 研究手段

二、多项选择题

1. 下列属于国家科研基金的是

　　A. 国家自然科学基金
　　B. 国家社会科学基金
　　C. 国家重点基础研究发展计划（973 计划）

  D. 国家科技攻关计划和国家高技术研究发展计划（863计划）

  E. 国家重点实验室开放基金

2. 护理科研课题申报书，回答"为什么做"主要指

  A. 立项依据   B. 研究意义

  C. 研究目标   D. 研究内容

  E. 研究方法

3. 下列属于护理科研课题开题报告内容的有

  A. 课题提出的背景及所要解决的主要问题

  B. 国内外研究现状

  C. 课题界定及支撑性理论

  D. 研究目标、内容

  E. 研究过程、方法

4. 下列关于护理科研课题开题论证叙述正确的有

  A. 开题论证的目的是让课题组全体成员全面了解课题研究的指导思想、研究背景、研究目标、研究内容及研究方法

  B. 让课题组全体成员明确各自的研究任务和具体做法

  C. 开题论证后应参考专家论证意见，修改完善课题设计实施计划，以利于实施

  D. 要重点对研究目标和方案进行论证

  E. 开题论证可以不参考专家意见

5. 下列属于课题中期检查的具体内容的是

  A. 已取得的研究成果   B. 科研经费使用情况

  C. 下阶段课题研究工作安排 D. 研究方案是否有改动

  E. 研究目标是否可以实现

6. 下列有关课题中期检查的意义，正确的包括

  A. 课题中期检查可以全面了解课题研究的情况，督促课题研究工作顺利进行

  B. 课题中期检查可以交流课题研究经验，推广课题阶段性成果，促进教育、教学工作

  C. 课题中期检查可以及时发现研究过程中的问题，总结经验教训，进一步加强下一阶段研究工作的指导

  D. 课题中期检查可以表彰奖励课题研究成效显著的课题组

  E. 课题中期检查可以通报批评、收回资助经费乃至撤销课题，补充新的课题，实行动态管理

7. 课题研究报告的主要内容包括

  A. 研究概况   B. 实际效果

  C. 研究结论   D. 问题讨论

  E. 参考文献

8. 课题开题论证的形式主要有

  A. 专家指导型   B. 自我论证型

  C. 会议交流型   D. 自由交流型

  E. 自由论证型

三、填空题

1. 护理科研课题申报与管理,通常包括_____、_____、_____、_____几个环节。

2. 护理科研课题申报的程序为_____、_____、_____、_____、_____。

附录 统 计 用 表

附录1 t 界值表

自由度, ν	概率, P									
单侧	0.25	0.20	0.10	0.05	0.025	0.01	0.005	0.002 5	0.001	0.000 5
双侧	0.50	0.40	0.20	0.10	0.05	0.02	0.01	0.005	0.002	0.001
1	1.000	1.376	3.078	6.314	12.706	31.821	63.657	127.321	318.309	636.619
2	0.816	1.061	1.886	2.920	4.303	6.965	9.925	14.089	22.327	31.599
3	0.765	0.978	1.638	2.353	3.182	4.541	5.841	7.453	10.215	12.924
4	0.741	0.941	1.533	2.132	2.776	3.747	4.604	5.598	7.173	8.610
5	0.727	0.920	1.476	2.015	2.571	3.365	4.032	4.773	5.893	6.869
6	0.718	0.906	1.440	1.943	2.447	3.143	3.707	4.317	5.208	5.959
7	0.711	0.896	1.415	1.895	2.365	2.998	3.499	4.029	4.785	5.408
8	0.706	0.889	1.397	1.860	2.306	2.896	3.355	3.833	4.501	5.041
9	0.703	0.883	1.383	1.833	2.262	2.821	3.250	3.690	4.297	4.781
10	0.700	0.879	1.372	1.812	2.228	2.764	3.169	3.581	4.144	4.587
11	0.697	0.876	1.363	1.796	2.201	2.718	3.106	3.497	4.025	4.437
12	0.695	0.873	1.356	1.782	2.179	2.681	3.055	3.428	3.930	4.318
13	0.694	0.870	1.350	1.771	2.160	2.650	3.012	3.372	3.852	4.221
14	0.692	0.868	1.345	1.761	2.145	2.624	2.977	3.326	3.787	4.140
15	0.691	0.866	1.341	1.753	2.131	2.602	2.947	3.286	3.733	4.073
16	0.690	0.865	1.337	1.746	2.120	2.583	2.921	3.252	3.686	4.015
17	0.689	0.863	1.333	1.740	2.110	2.567	2.898	3.222	3.646	3.965
18	0.688	0.862	1.330	1.734	2.101	2.552	2.878	3.197	3.610	3.922
19	0.688	0.861	1.328	1.729	2.093	2.539	2.861	3.174	3.579	3.883
20	0.687	0.860	1.325	1.725	2.086	2.528	2.845	3.153	3.552	3.850

续表

自由度,ν	单侧	0.25	0.20	0.10	0.05	0.025	0.01	0.005	0.002 5	0.001	0.000 5
	双侧	0.50	0.40	0.20	0.10	0.05	0.02	0.01	0.005	0.002	0.001
21		0.686	0.859	1.323	1.721	2.080	2.518	2.831	3.135	3.527	3.819
22		0.686	0.858	1.321	1.717	2.074	2.508	2.819	3.119	3.505	3.792
23		0.685	0.858	1.319	1.714	2.069	2.500	2.807	3.104	3.485	3.768
24		0.685	0.857	1.318	1.711	2.064	2.492	2.797	3.091	3.467	3.745
25		0.684	0.856	1.316	1.708	2.060	2.485	2.787	3.078	3.450	3.725
26		0.684	0.856	1.315	1.706	2.056	2.479	2.779	3.067	3.435	3.707
27		0.684	0.855	1.314	1.703	2.052	2.473	2.771	3.057	3.421	3.690
28		0.683	0.855	1.313	1.701	2.048	2.467	2.763	3.047	3.408	3.674
29		0.683	0.854	1.311	1.699	2.045	2.462	2.756	3.038	3.396	3.659
30		0.683	0.854	1.310	1.697	2.042	2.457	2.750	3.030	3.385	3.646
31		0.682	0.853	1.309	1.696	2.040	2.453	2.744	3.022	3.375	3.633
32		0.682	0.853	1.309	1.694	2.037	2.449	2.738	3.015	3.365	3.622
33		0.682	0.853	1.308	1.692	2.035	2.445	2.733	3.008	3.356	3.611
34		0.682	0.852	1.307	1.691	2.032	2.441	2.728	3.002	3.348	3.601
35		0.682	0.852	1.306	1.690	2.030	2.438	2.724	2.996	3.340	3.591
36		0.681	0.852	1.306	1.688	2.028	2.434	2.719	2.990	3.333	3.582
37		0.681	0.851	1.305	1.687	2.026	2.431	2.715	2.985	3.326	3.574
38		0.681	0.851	1.304	1.686	2.024	2.429	2.712	2.980	3.319	3.566
39		0.681	0.851	1.304	1.685	2.023	2.426	2.708	2.976	3.313	3.558
40		0.681	0.851	1.303	1.684	2.021	2.423	2.704	2.971	3.307	3.551
50		0.679	0.849	1.299	1.676	2.009	2.403	2.678	2.937	3.261	3.496
60		0.679	0.848	1.296	1.671	2.000	2.390	2.660	2.915	3.232	3.460
70		0.678	0.847	1.294	1.667	1.994	2.381	2.648	2.899	3.211	3.435
80		0.678	0.846	1.292	1.664	1.990	2.374	2.639	2.887	3.195	3.416
90		0.677	0.846	1.291	1.662	1.987	2.368	2.632	2.878	3.183	3.402
100		0.677	0.845	1.290	1.660	1.984	2.364	2.626	2.871	3.174	3.390
200		0.676	0.843	1.286	1.653	1.972	2.345	2.601	2.839	3.131	3.340
500		0.675	0.842	1.283	1.648	1.965	2.334	2.586	2.820	3.107	3.310
1 000		0.675	0.842	1.282	1.646	1.962	2.330	2.581	2.813	3.098	3.300
∞		0.674 5	0.841 6	1.281 6	1.644 9	1.960 0	2.326 4	2.575 8	2.807 0	3.090 2	3.290 5

概率,P

附录2 百分率的置信区间

附录2（1） 百分率的置信区间

1-α=95%

n	0*	1	2	3	4	5	6	7	8	9	10	11	12	13
1	0~97.5													
2	0~84.2	1.3~98.7												
3	0~70.8	0.8~90.6	9.4~99.2											
4	0~60.2	0.6~80.6	6.8~93.2											
5	0~52.2	0.5~71.6	5.3~85.3	14.7~94.7										
6	0~45.9	0.4~64.1	4.3~77.7	11.8~88.2										
7	0~41.0	0.4~57.9	3.7~71.0	9.9~81.6	18.4~90.1									
8	0~36.9	0.3~52.7	3.2~65.1	8.5~75.5	15.7~84.3									
9	0~33.6	0.3~48.2	2.8~60.0	7.5~70.1	13.7~78.8	21.2~86.3								
10	0~30.8	0.3~44.5	2.5~55.6	6.7~65.2	12.2~73.8	18.7~81.3								

n	0*	1	2	3	4	5	6	7	8	9	10	11	12	13
							X							
11	0~ 28.5	0.2~ 41.3	2.3~ 51.8	6.0~ 61.0	10.9~ 69.2	16.7~ 76.6	23.4~ 83.3							
12	0~ 26.5	0.2~ 38.5	2.1~ 48.4	5.5~ 57.2	9.9~ 65.1	15.2~ 72.3	21.1~ 78.9							
13	0~ 24.7	0.2~ 36.0	1.9~ 45.4	5.0~ 53.8	9.1~ 61.4	13.9~ 68.4	19.2~ 74.9	25.1~ 80.8						
14	0~ 23.2	0.2~ 33.9	1.8~ 42.8	4.7~ 50.8	8.4~ 58.1	12.8~ 64.9	17.7~ 71.1	23.0~ 77.0						
15	0~ 21.8	0.2~ 31.9	1.7~ 40.5	4.3~ 48.1	7.8~ 55.1	11.8~ 61.6	16.3~ 67.7	21.3~ 73.4	26.6~ 78.7					
16	0~ 20.6	0.2~ 30.2	1.6~ 38.3	4.0~ 45.6	7.3~ 52.4	11.0~ 58.7	15.2~ 64.6	19.8~ 70.1	24.7~ 75.3					
17	0~ 19.5	0.1~ 28.7	1.5~ 36.4	3.8~ 43.4	6.8~ 49.9	10.3~ 56.0	14.2~ 61.7	18.4~ 67.1	23.0~ 72.2	27.8~ 77.0				
18	0~ 18.5	0.1~ 27.3	1.4~ 34.7	3.6~ 41.4	6.4~ 47.6	9.7~ 53.5	13.3~ 59.0	17.3~ 64.3	21.5~ 69.2	26.0~ 74.0				
19	0~ 17.6	0.1~ 26.0	1.3~ 33.1	3.4~ 39.6	6.1~ 45.6	9.1~ 51.2	12.6~ 56.6	16.3~ 61.6	20.3~ 66.5	24.4~ 71.1	28.9~ 75.6			
20	0~ 16.8	0.1~ 24.9	1.2~ 31.7	3.2~ 37.9	5.7~ 43.7	8.7~ 49.1	11.9~ 54.3	15.4~ 59.2	19.1~ 63.9	23.1~ 68.5	27.2~ 72.8			
21	0~ 16.1	0.1~ 23.8	1.2~ 30.4	3.0~ 36.3	5.4~ 41.9	8.2~ 47.2	11.3~ 52.2	14.6~ 57.0	18.1~ 61.6	21.8~ 66.0	25.7~ 70.2	29.8~ 74.3		
22	0~ 15.4	0.1~ 22.8	1.1~ 29.2	2.9~ 34.9	5.2~ 40.3	7.8~ 45.4	10.7~ 50.2	13.9~ 54.9	17.2~ 59.3	20.7~ 63.6	24.4~ 67.8	28.2~ 71.8		

n	0*	1	2	3	4	5	6	7	8	9	10	11	12	13
											X			
23	0~14.8	0.1~21.9	1.1~28.0	2.8~33.6	5.0~38.8	7.5~43.7	10.2~48.4	13.2~52.9	16.4~57.3	19.7~61.5	23.2~65.5	26.8~69.4	30.6~73.2	
24	0~14.2	0.1~21.1	1.0~27.0	2.7~32.4	4.7~37.4	7.1~42.2	9.8~46.7	12.6~51.1	15.6~55.3	18.8~59.4	22.1~63.4	25.6~67.2	29.1~70.9	
25	0~13.7	0.1~20.4	1.0~26.0	2.5~31.2	4.5~36.1	6.8~40.7	9.4~45.1	12.1~49.4	14.9~53.5	18.0~57.5	21.1~61.3	24.4~65.1	27.8~68.7	31.3~72.2
26	0~13.2	0.1~19.6	0.9~25.1	2.4~30.2	4.4~34.9	6.6~39.4	9.0~43.6	11.6~47.8	14.3~51.8	17.2~55.7	20.2~59.4	23.4~63.1	26.6~66.6	29.9~70.1
27	0~12.8	0.1~19.0	0.9~24.3	2.4~29.2	4.2~33.7	6.3~38.1	8.6~42.3	11.1~46.3	13.8~50.2	16.5~54.0	19.4~57.6	22.4~61.2	25.5~64.7	28.7~68.1
28	0~12.3	0.1~18.3	0.9~23.5	2.3~28.2	4.0~32.7	6.1~36.9	8.3~41.0	10.7~44.9	13.2~48.7	15.9~52.4	18.6~55.9	21.5~59.4	24.5~62.8	27.5~66.1
29	0~11.9	0.1~17.8	0.8~22.8	2.2~27.4	3.9~31.7	5.8~35.8	8.0~39.7	10.3~43.5	12.7~47.2	15.3~50.8	17.9~54.3	20.7~57.7	23.5~61.1	26.4~64.3
30	0~11.6	0.1~17.2	0.8~22.1	2.1~26.5	3.8~30.7	5.6~34.7	7.7~38.6	9.9~42.3	12.3~45.9	14.7~49.4	17.3~52.8	19.9~56.1	22.7~59.4	25.5~62.6
31	0~11.2	0.1~16.7	0.8~21.4	2.0~25.8	3.6~29.8	5.5~33.7	7.5~37.5	9.6~41.1	11.9~44.6	14.2~48.0	16.7~51.4	19.2~54.6	21.8~57.8	24.5~60.9
32	0~10.9	0.1~16.2	0.8~20.8	2.0~25.0	3.5~29.0	5.3~32.8	7.2~36.4	9.3~40.0	11.5~43.4	13.7~46.7	16.1~50.0	18.6~53.2	21.1~56.3	23.7~59.4
33	0~10.6	0.1~15.8	0.7~20.2	1.9~24.3	3.4~28.2	5.1~31.9	7.0~35.5	9.0~38.9	11.1~42.3	13.3~45.5	15.6~48.7	18.0~51.8	20.4~54.9	22.9~57.9
34	0~10.3	0.1~15.3	0.7~19.7	1.9~23.7	3.3~27.5	5.0~31.1	6.8~34.5	8.7~37.9	10.7~41.2	12.9~44.4	15.1~47.5	17.4~50.5	19.7~53.5	22.2~56.4

续表

n	0*	1	2	3	4	5	6	7	8	9	10	11	12	13
							X							
35	0~10.0	0.1~14.9	0.7~19.2	1.8~23.1	3.2~26.7	4.8~30.3	6.6~33.6	8.4~36.9	10.4~40.1	12.5~43.3	14.6~46.3	16.9~49.3	19.1~52.2	21.5~55.1
36	0~9.7	0.1~14.5	0.7~18.7	1.8~22.5	3.1~26.1	4.7~29.5	6.4~32.8	8.2~36.0	10.1~39.2	12.1~42.2	14.2~45.2	16.3~48.1	18.6~51.0	20.8~53.8
37	0~9.5	0.1~14.2	0.7~18.2	1.7~21.9	3.0~25.4	4.5~28.8	6.2~32.0	8.0~35.2	9.8~38.2	11.8~41.2	13.8~44.1	15.9~47.0	18.0~49.8	20.2~52.5
38	0~9.3	0.1~13.8	0.6~17.7	1.7~21.4	2.9~24.8	4.4~28.1	6.0~31.3	7.7~34.3	9.6~37.3	11.4~40.2	13.4~43.1	15.4~45.9	17.5~48.7	19.6~51.4
39	0~9.0	0.1~13.5	0.6~17.3	1.6~20.9	2.9~24.2	4.3~27.4	5.9~30.5	7.5~33.5	9.3~36.5	11.1~39.3	13.0~42.1	15.0~44.9	17.0~47.6	19.1~50.2
40	0~8.8	0.1~13.2	0.6~16.9	1.6~20.4	2.8~23.7	4.2~26.8	5.7~29.8	7.3~32.8	9.1~35.6	10.8~38.5	12.7~41.2	14.6~43.9	16.6~46.5	18.6~49.1
41	0~8.6	0.1~12.9	0.6~16.5	1.5~19.9	2.7~23.1	4.1~26.2	5.6~29.2	7.2~32.1	8.8~34.9	10.6~37.6	12.4~40.3	14.2~42.9	16.1~45.5	18.1~48.1
42	0~8.4	0.1~12.6	0.6~16.2	1.5~19.5	2.7~22.6	4.0~25.6	5.4~28.5	7.0~31.4	8.6~34.1	10.3~36.8	12.1~39.5	13.9~42.0	15.7~44.6	17.6~47.1
43	0~8.2	0.1~12.3	0.6~15.8	1.5~19.1	2.6~22.1	3.9~25.1	5.3~27.9	6.8~30.7	8.4~33.4	10.0~36.0	11.8~38.6	13.5~41.2	15.3~43.7	17.2~46.1
44	0~8.0	0.1~12.0	0.6~15.5	1.4~18.7	2.5~21.7	3.8~24.6	5.2~27.4	6.6~30.1	8.2~32.7	9.8~35.3	11.5~37.8	13.2~40.3	15.0~42.8	16.8~45.2
45	0~7.9	0.1~11.8	0.5~15.1	1.4~18.3	2.5~21.2	3.7~24.1	5.1~26.8	6.5~29.5	8.0~32.1	9.6~34.6	11.2~37.1	12.9~39.5	14.6~41.9	16.4~44.3
46	0~7.7	0.1~11.5	0.5~14.8	1.4~17.9	2.4~20.8	3.6~23.6	4.9~26.3	6.3~28.9	7.8~31.4	9.4~33.9	10.9~36.4	12.6~38.8	14.3~41.1	16.0~43.5

续表

n	0*	1	2	3	4	5	6	X 7	8	9	10	11	12	13
47	0~7.5	0.1~11.3	0.5~14.5	1.3~17.5	2.4~20.4	3.5~23.1	4.8~25.7	6.2~28.3	7.6~30.8	9.1~33.3	10.7~35.7	12.3~38.0	13.9~40.3	15.6~42.6
48	0~7.4	0.1~11.1	0.5~14.3	1.3~17.2	2.3~20.0	3.5~22.7	4.7~25.2	6.1~27.8	7.5~30.2	8.9~32.6	10.5~35.0	12.0~37.3	13.6~39.6	15.3~41.8
49	0~7.3	0.1~10.9	0.5~14.0	1.3~16.9	2.3~19.6	3.4~22.2	4.6~24.8	5.9~27.2	7.3~29.7	8.8~32.0	10.2~34.3	11.8~36.6	13.3~38.9	14.9~41.1
50	0~7.1	0.1~10.6	0.5~13.7	1.3~16.5	2.2~19.2	3.3~21.8	4.5~24.3	5.8~26.7	7.2~29.1	8.6~31.4	10.0~33.7	11.5~36.0	13.1~38.2	14.6~40.3

注：* 为单侧 97.5% 置信区间。

附录 2（2）　百分率的置信区间

1−α=95%

n	14	15	16	17	18	19	20	21	22	23	24	25
26												
27	31.9~71.3											
28	30.6~69.4											
29	29.4~67.5	32.5~70.6										
30	28.3~65.7	31.3~68.7										
31	27.3~64.0	30.2~66.9	33.1~69.8									
32	26.4~62.3	29.1~65.3	31.9~68.1									
33	25.5~60.8	28.1~63.6	30.8~66.5	33.5~69.2								
34	24.6~59.3	27.2~62.1	29.8~64.9	32.4~67.6								
35	23.9~57.9	26.3~60.6	28.8~63.4	31.4~66.0	34.0~68.6							
36	23.1~56.5	25.5~59.2	27.9~61.9	30.4~64.5	32.9~67.1							
37	22.5~55.2	24.8~57.9	27.1~60.5	29.5~63.1	31.9~65.6	34.4~68.1						

续表

n	\multicolumn{12}{c}{X}											
	14	15	16	17	18	19	20	21	22	23	24	25
38	21.8~54.0	24.0~56.6	26.3~59.2	28.6~61.7	31.0~64.2	33.4~66.6						
39	21.2~52.8	23.4~55.4	25.6~57.9	27.8~60.4	30.1~62.8	32.4~65.2	34.8~67.6					
40	20.6~51.7	22.7~54.2	24.9~56.7	27.0~59.1	29.3~61.5	31.5~63.9	33.8~66.2					
41	20.1~50.6	22.1~53.1	24.2~55.5	26.3~57.9	28.5~60.3	30.7~62.6	32.9	64.9	35.1~67.1			
42	19.6~49.5	21.6~52.0	23.6~54.4	25.6~56.7	27.7~59.0	29.8~61.3	32.0	63.6	34.2~65.8			
43	19.1~48.5	21.0~50.9	23.0~53.3	25.0~55.6	27.0~57.9	29.1~60.1	31.2	62.3	33.3~64.5	35.5~66.7		
44	18.6~47.6	20.5~49.9	22.4~52.2	24.4~54.5	26.3~56.8	28.3~59.0	30.4	61.2	32.5~63.3	34.6~65.4		
45	18.2~46.6	20.0~49.0	21.9~51.2	23.8~53.5	25.7~55.7	27.7~57.8	29.6	60.0	31.7~62.1	33.7~64.2	35.8~66.3	
46	17.7~45.8	19.5~48.0	21.4~50.2	23.2~52.5	25.1~54.6	27.0~56.8	28.9	58.9	30.9~61.0	32.9~63.1	34.9~65.1	
47	17.3~44.9	19.1~47.1	20.9~49.3	22.7~51.5	24.5~53.6	26.4~55.7	28.3	57.8	30.2~59.9	32.1~61.9	34.1~63.9	36.1~65.9
48	17.0~44.1	18.7~46.3	20.4~48.4	22.2~50.5	24.0~52.6	25.8~54.7	27.6	56.8	29.5~58.8	31.4~60.8	33.3~62.8	35.2~64.8
49	16.6~43.3	18.3~45.4	19.9~47.5	21.7~49.6	23.4~51.7	25.2~53.8	27.0	55.8	28.8~57.8	30.7~59.8	32.5~61.7	34.4~63.7
50	16.2~42.5	17.9~44.6	19.5~46.7	21.2~48.8	22.9~50.8	24.7~52.8	26.4	54.8	28.2~56.8	30.0~58.7	31.8~60.7	33.7~62.6

附录 2（3） 百分率的置信区间

1−α=99%

n	0*	1	2	3	4	5	6	7	8	9	10	11	12	13
1	0~99.5													
2	0~92.9	0.3~99.7												
3	0~82.9	0.2~95.9	4.1~99.8											
4	0~73.4	0.1~88.9	2.9~97.1											
5	0~65.3	0.1~81.5	2.3~91.7	8.3~97.7										
6	0~58.6	0.1~74.6	1.9~85.6	6.6~93.4										
7	0~53.1	0.1~68.5	1.6~79.7	5.5~88.2	11.8~94.5									
8	0~48.4	0.1~63.2	1.4~74.2	4.7~83.0	10.0~90.0									
9	0~44.5	0.1~58.5	1.2~69.3	4.2~78.1	8.7~85.4	14.6~91.3								
10	0~41.1	0.1~54.4	1.1~64.8	3.7~73.5	7.7~80.9	12.8~87.2								
11	0~38.2	0.1~50.9	1.0~60.8	3.3~69.3	6.9~76.7	11.4~83.1	16.9~88.6							
12	0~35.7	0~47.7	0.9~57.3	3.0~65.5	6.2~72.8	10.3~79.1	15.2~84.8							

续表

n	0*	1	2	3	4	5	6	7	8	9	10	11	12	13
							X							
13	0~33.5	0~44.9	0.8~54.1	2.8~62.1	5.7~69.1	9.4~75.5	13.8~81.1	18.9~86.2						
14	0~31.5	0~42.4	0.8~51.2	2.6~58.9	5.3~65.8	8.7~72.0	12.7~77.7	17.2~82.8						
15	0~29.8	0~40.2	0.7~48.6	2.4~56.1	4.9~62.7	8.0~68.8	11.7~74.4	15.9~79.5	20.5~84.1					
16	0~28.2	0~38.1	0.7~46.3	2.2~53.4	4.5~59.9	7.5~65.8	10.9~71.3	14.7~76.4	19.0~81.0					
17	0~26.8	0~36.3	0.6~44.1	2.1~51.0	4.3~57.3	7.0~63.1	10.1~68.5	13.7~73.4	17.6~78.1	21.9~82.4				
18	0~25.5	0~34.6	0.6~42.2	2.0~48.8	4.0~54.9	6.5~60.5	9.5~65.8	12.8~70.7	16.5~75.3	20.5~79.5				
19	0~24.3	0~33.1	0.6~40.4	1.9~46.8	3.8~52.7	6.2~58.2	9.0~63.3	12.1~68.1	15.5~72.6	19.2~76.8	23.2~80.8			
20	0~23.3	0~31.7	0.5~38.7	1.8~44.9	3.6~50.7	5.8~56.0	8.5~61.0	11.4~65.7	14.6~70.1	18.1~74.3	21.8~78.2			
21	0~22.3	0~30.4	0.5~37.2	1.7~43.2	3.4~48.8	5.5~53.9	8.0~58.8	10.8~63.4	13.8~67.7	17.1~71.8	20.5~75.8	24.2~79.5		
22	0~21.4	0~29.2	0.5~35.8	1.6~41.6	3.2~47.0	5.3~52.0	7.6~56.7	10.2~61.2	13.1~65.5	16.2~69.5	19.5~73.4	22.9~77.1		
23	0~20.6	0~28.1	0.5~34.5	1.5~40.1	3.1~45.3	5.0~50.2	7.3~54.8	9.7~59.2	12.5~63.4	15.4~67.4	18.5~71.2	21.8~74.8	25.2~78.2	
24	0~19.8	0~27.1	0.4~33.2	1.5~38.7	2.9~43.8	4.8~48.5	6.9~53.0	9.3~57.3	11.9~61.4	14.6~65.3	17.6~69.0	20.7~72.6	24.0~76.0	

续表

n	0*	1	2	3	4	5	6	7	8	9	10	11	12	13
								X						
25	0~19.1	0~26.2	0.4~32.1	1.4~37.4	2.8~42.4	4.6~47.0	6.6~51.4	8.9~55.5	11.3~59.5	14.0~63.3	16.8~67.0	19.7~70.5	22.8~73.9	26.1~77.2
26	0~18.4	0~25.3	0.4~31.0	1.3~36.2	2.7~41.0	4.4~45.5	6.4~49.8	8.5~53.8	10.9~57.8	13.4~61.5	16.1~65.1	18.9~68.6	21.8~71.9	24.9~75.1
27	0~17.8	0~24.5	0.4~30.0	1.3~35.1	2.6~39.7	4.2~44.1	6.1~48.3	8.2~52.3	10.4~56.1	12.8~59.7	15.4~63.3	18.1~66.7	20.9~70.0	23.8~73.1
28	0~17.2	0~23.7	0.4~29.1	1.2~34.0	2.5~38.5	4.1~42.8	5.9~46.9	7.9~50.8	10.0~54.5	12.3~58.1	14.8~61.6	17.3~64.9	20.0~68.1	22.8~71.3
29	0~16.7	0~23.0	0.4~28.2	1.2~33.0	2.4~37.4	3.9~41.6	5.6~45.5	7.6~49.3	9.6~53.0	11.9~56.5	14.2~59.9	16.7~63.2	19.2~66.4	21.9~69.5
30	0~16.2	0~22.3	0.4~27.4	1.2~32.0	2.3~36.3	3.8~40.4	5.4~44.3	7.3~48.0	9.3~51.6	11.4~55.0	13.7~58.3	16.0~61.6	18.5~64.7	21.1~67.7
31	0~15.7	0~21.6	0.3~26.6	1.1~31.1	2.3~35.3	3.7~39.3	5.3~43.1	7.0~46.7	9.0~50.2	11.0~53.6	13.2~56.9	15.5~60.0	17.8~63.1	20.3~66.1
32	0~15.3	0~21.0	0.3~25.9	1.1~30.3	2.2~34.4	3.5~38.3	5.1~41.9	6.8~45.5	8.7~48.9	10.6~52.2	12.7~55.4	14.9~58.5	17.2~61.6	19.6~64.5
33	0~14.8	0~20.4	0.3~25.2	1.1~29.5	2.1~33.5	3.4~37.3	4.9~40.9	6.6~44.3	8.4~47.7	10.3~50.9	12.3~54.1	14.4~57.1	16.6~60.1	18.9~63.0
34	0~14.4	0~19.9	0.3~24.5	1.0~28.7	2.0~32.6	3.3~36.3	4.8~39.8	6.4~43.2	8.1~46.5	10.0~49.7	11.9~52.8	13.9~55.8	16.1~58.7	18.3~61.5
35	0~14.0	0~19.4	0.3~23.9	1.0~28.0	2.0~31.8	3.2~35.4	4.6~38.9	6.2~42.2	7.9~45.4	9.7~48.5	11.5~51.5	13.5~54.5	15.6~57.4	17.7~60.1
36	0~13.7	0~18.9	0.3~23.3	1.0~27.3	1.9~31.0	3.1~34.6	4.5~37.9	6.0~41.2	7.6~44.3	9.4~47.4	11.2~50.4	13.1~53.3	15.1~56.1	17.1~58.8

续表

n	0*	1	2	3	4	5	6	7	8	9	10	11	12	13
								X						
37	0~13.3	0~18.4	0.3~22.7	0.9~26.6	1.9~30.3	3.0~33.7	4.4~37.1	5.8~40.2	7.4~43.3	9.1~46.3	10.9~49.2	12.7~52.1	14.6~54.8	16.6~57.5
38	0~13.0	0~18.0	0.3~22.2	0.9~26.0	1.8~29.6	3.0~33.0	4.2~36.2	5.7~39.3	7.2~42.4	8.8~45.3	10.6~48.2	12.3~50.9	14.2~53.7	16.1~56.3
39	0~12.7	0~17.6	0.3~21.7	0.9~25.4	1.8~28.9	2.9~32.2	4.1~35.4	5.5~38.5	7.0~41.4	8.6~44.3	10.3~47.1	12.0~49.8	13.8~52.5	15.7~55.1
40	0~12.4	0~17.2	0.3~21.2	0.9~24.8	1.7~28.3	2.8~31.5	4.0~34.6	5.4~37.6	6.8~40.5	8.4~43.4	10.0~46.1	11.7~48.8	13.4~51.4	15.3~54.0
41	0~12.1	0~16.8	0.3~20.7	0.8~24.3	1.7~27.6	2.7~30.8	3.9~33.9	5.2~36.8	6.6~39.7	8.1~42.5	9.7~45.2	11.4~47.8	13.1~50.4	14.8~52.9
42	0~11.9	0~16.4	0.2~20.3	0.8~23.8	1.6~27.1	2.7~30.2	3.8~33.2	5.1~36.1	6.5~38.9	7.9~41.6	9.5~44.3	11.1~46.8	12.7~49.4	14.5~51.9
43	0~11.6	0~16.0	0.2~19.8	0.8~23.3	1.6~26.5	2.6~29.6	3.7~32.5	5.0~35.3	6.3~38.1	7.7~40.8	9.2~43.4	10.8~45.9	12.4~48.4	14.1~50.9
44	0~11.3	0~15.7	0.2~19.4	0.8~22.8	1.6~25.9	2.5~29.0	3.6~31.8	4.9~34.6	6.2~37.3	7.6~40.0	9.0~42.5	10.5~45.0	12.1~47.5	13.7~49.9
45	0~11.1	0~15.4	0.2~19.0	0.8~22.3	1.5~25.4	2.5~28.4	3.6~31.2	4.7~33.9	6.0~36.6	7.4~39.2	8.8~41.7	10.3~44.2	11.8~46.6	13.4~48.9
46	0~10.9	0~15.1	0.2~18.6	0.7~21.9	1.5~24.9	2.4~27.8	3.5~30.6	4.6~33.3	5.9~35.9	7.2~38.4	8.6~40.9	10.0~43.3	11.5~45.7	13.1~48.0
47	0~10.7	0~14.8	0.2~18.3	0.7~21.5	1.5~24.4	2.4~27.3	3.4~30.0	4.5~32.7	5.7~35.2	7.0~37.7	8.4~40.2	9.8~42.5	11.3~44.9	12.8~47.2
48	0~10.5	0~14.5	0.2~17.9	0.7~21.0	1.4~24.0	2.3~26.8	3.3~29.5	4.4~32.1	5.6~34.6	6.9~37.0	8.2~39.4	9.6~41.8	11.0~44.1	12.5~46.3
49	0~10.2	0~14.2	0.2~17.6	0.7~20.7	1.4~23.5	2.3~26.3	3.3~28.9	4.3~31.5	5.5~34.0	6.7~36.4	8.0~38.7	9.4~41.0	10.8~43.3	12.2~45.5
50	0~10.1	0~13.9	0.2~17.3	0.7~20.3	1.4~23.1	2.2~25.8	3.2~28.4	4.2~30.9	5.4~33.3	6.6~35.7	7.9~38.0	9.2~40.3	10.6~42.5	12.0~44.7

注：* 为单侧 99.5% 置信区间

附录2（4） 百分率的置信区间

1-α=99%

n	\multicolumn{12}{c}{X}
	14	15	16	17	18	19	20	21	22	23	24	25
26												
27	26.9~ 76.2											
28	25.7~ 74.3											
29	24.7~ 72.4	27.6~ 75.3										
30	23.7~ 70.7	26.5~ 73.5										
31	22.8~ 69.0	25.5~ 71.8	28.2~ 74.5									
32	22.0~ 67.4	24.6~ 70.1	27.2~ 72.8									
33	21.3~ 65.8	23.7~ 68.5	26.2~ 71.2	28.8~ 73.8								
34	20.6~ 64.3	22.9~ 67.0	25.3~ 69.6	27.8~ 72.2								
35	19.9~ 62.9	22.2~ 65.5	24.5~ 68.1	26.9~ 70.6	29.4~ 73.1							
36	19.3~ 61.5	21.5~ 64.1	23.7~ 66.7	26.0~ 69.2	28.4~ 71.6							
37	18.7~ 60.2	20.8~ 62.7	23.0~ 65.3	25.2~ 67.7	27.5~ 70.1	29.9~ 72.5						

n	X											
	14	15	16	17	18	19	20	21	22	23	24	25
38	18.1~58.9	20.2~61.4	22.3~63.9	24.5~66.3	26.7~68.7	29.0~71.0						
39	17.6~57.7	19.6~60.2	21.7~162.6	23.8~65.0	25.9~67.4	28.1~69.7	30.3~71.9					
40	17.1~56.5	19.1~59.0	21.0~61.4	23.1~63.7	25.2~66.1	27.3~68.3	29.5~70.5					
41	16.7~55.4	18.5~57.8	20.5~60.2	22.4~62.5	24.5~64.8	26.5~67.0	28.6~69.2	30.8~71.4				
42	16.2~54.3	18.1~56.7	19.9~59.0	21.8~61.3	23.8~63.6	25.8~65.8	27.8~67.9	29.9~70.1				
43	15.8~53.2	17.6~55.6	19.4~57.9	21.3~60.2	23.2~62.4	25.1~64.6	27.1~66.7	29.1~68.8	31.2~70.9			
44	15.4~52.2	17.2~54.5	18.9~56.8	20.7~59.0	22.6~61.2	24.5~63.4	26.4~65.5	28.4~67.6	30.4~69.6			
45	15.1~51.3	16.7~53.5	18.5~55.8	20.2~58.0	22.0~60.1	23.9~62.3	25.7~64.3	27.7~66.4	29.6~68.4	31.6~70.4		
46	14.7~50.3	16.3~52.6	18.0~54.8	19.7~56.9	21.5~59.1	23.3~61.2	25.1~63.2	27.0~65.3	28.9~67.2	30.8~69.2		
47	14.4~49.4	16.0~51.6	17.6~53.8	19.3~55.9	21.0~58.0	22.7~60.1	24.5~62.1	26.3~64.1	28.2~66.1	30.0~68.1	31.9~70.0	
48	14.0~48.5	15.6~50.7	17.2~52.9	18.8~55.0	20.5~57.0	22.2~59.1	23.9~61.1	25.7~63.1	27.5~65.0	29.3~66.9	31.2~68.8	
49	13.7~47.7	15.2~49.8	16.8~52.0	18.4~54.0	20.0~56.1	21.7~58.1	23.4~60.1	25.1~62.0	26.9~63.9	28.6~65.8	30.5~67.7	32.3~69.5
50	13.4~46.9	14.9~49.0	16.4~51.1	18.0~53.1	19.6~55.1	21.2~57.1	22.9~59.1	24.5~61.0	26.3~62.9	28.0~64.8	29.8~66.6	31.6~68.4

附录 3　χ^2 界值表

自由度,ν	概率,P												
	0.995	0.990	0.975	0.950	0.900	0.750	0.500	0.250	0.100	0.050	0.025	0.010	0.005
1					0.02	0.10	0.45	1.32	2.71	3.84	5.02	6.63	7.88
2	0.01	0.02	0.05	0.10	0.21	0.58	1.39	2.77	4.61	5.99	7.38	9.21	10.60
3	0.07	0.11	0.22	0.35	0.58	1.21	2.37	4.11	6.25	7.81	9.35	11.34	12.84
4	0.21	0.30	0.48	0.71	1.06	1.92	3.36	5.39	7.78	9.49	11.14	13.28	14.86
5	0.41	0.55	0.83	1.15	1.61	2.67	4.35	6.63	9.24	11.07	12.83	15.09	16.75
6	0.68	0.87	1.24	1.64	2.2	3.45	5.35	7.84	10.64	12.59	14.45	16.81	18.55
7	0.99	1.24	1.69	2.17	2.83	4.25	6.35	9.04	12.02	14.07	16.01	18.48	20.28
8	1.34	1.65	2.18	2.73	3.49	5.07	7.34	10.22	13.36	15.51	17.53	20.09	21.95
9	1.73	2.09	2.7	3.33	4.17	5.90	8.34	11.39	14.68	16.92	19.02	21.67	23.59
10	2.16	2.56	3.25	3.94	4.87	6.74	9.34	12.55	15.99	18.31	20.48	23.21	25.19
11	2.60	3.05	3.82	4.57	5.58	7.58	10.34	13.70	17.28	19.68	21.92	24.72	26.76
12	3.07	3.57	4.4	5.23	6.30	8.44	11.34	14.85	18.55	21.03	23.34	26.22	28.30
13	3.57	4.11	5.01	5.89	7.04	9.30	12.34	15.98	19.81	22.36	24.74	27.69	29.82
14	4.07	4.66	5.63	6.57	7.79	10.17	13.34	17.12	21.06	23.68	26.12	29.14	31.32
15	4.60	5.23	6.26	7.26	8.55	11.04	14.34	18.25	22.31	25.00	27.49	30.58	32.8
16	5.14	5.81	6.91	7.96	9.31	11.91	15.34	19.37	23.54	26.30	28.85	32.00	34.27
17	5.70	6.41	7.56	8.67	10.09	12.79	16.34	20.49	24.77	27.59	30.19	33.41	35.72
18	6.26	7.01	8.23	9.39	10.86	13.68	17.34	21.60	25.99	28.87	31.53	34.81	37.16
19	6.84	7.63	8.91	10.12	11.65	14.56	18.34	22.72	27.20	30.14	32.85	36.19	38.58
20	7.43	8.26	9.59	10.85	12.44	15.45	19.34	23.83	28.41	31.41	34.17	37.57	40.00
21	8.03	8.90	10.28	11.59	13.24	16.34	20.34	24.93	29.62	32.67	35.48	38.93	41.40
22	8.64	9.54	10.98	12.34	14.04	17.24	21.34	26.04	30.81	33.92	36.78	40.29	42.80
23	9.26	10.2	11.69	13.09	14.85	18.14	22.34	27.14	32.01	35.17	38.08	41.64	44.18
24	9.89	10.86	12.40	13.85	15.66	19.04	23.34	28.24	33.20	36.42	39.36	42.98	45.56
25	10.52	11.52	13.12	14.61	16.47	19.94	24.34	29.34	34.38	37.65	40.65	44.31	46.93
26	11.16	12.20	13.84	15.38	17.29	20.84	25.34	30.43	35.56	38.89	41.92	45.64	48.29
27	11.81	12.88	14.57	16.15	18.11	21.75	26.34	31.53	36.74	40.11	43.19	46.96	49.64
28	12.46	13.56	15.31	16.93	18.94	22.66	27.34	32.62	37.92	41.34	44.46	48.28	50.99
29	13.12	14.26	16.05	17.71	19.77	23.57	28.34	33.71	39.09	42.56	45.72	49.59	52.34
30	13.79	14.95	16.79	18.49	20.6	24.48	29.34	34.8	40.26	43.77	46.98	50.89	53.67

续表

自由度,ν	概率,P												
	0.995	0.990	0.975	0.950	0.900	0.750	0.500	0.250	0.100	0.050	0.025	0.010	0.005
40	20.71	22.16	24.43	26.51	29.05	33.66	39.34	45.62	51.81	55.76	59.34	63.69	66.77
50	27.99	29.71	32.36	34.76	37.69	42.94	49.33	56.33	63.17	67.50	71.42	76.15	79.49
60	35.53	37.48	40.48	43.19	46.46	52.29	59.33	66.98	74.40	79.08	83.30	88.38	91.95
70	43.28	45.44	48.76	51.74	55.33	61.70	69.33	77.58	85.53	90.53	95.02	100.43	104.21
80	51.17	53.54	57.15	60.39	64.28	71.14	79.33	88.13	96.58	101.88	106.63	112.33	116.32
90	59.20	61.75	65.65	69.13	73.29	80.62	89.33	98.65	107.57	113.15	118.14	124.12	128.30
100	67.33	70.06	74.22	77.93	82.36	90.13	99.33	109.14	118.50	124.34	129.56	135.81	140.17

附录4　随机数字表

编号	1～10					11～20					21～30					31～40					41～50				
1	22	17	68	65	81	68	95	23	92	35	87	02	22	57	51	61	09	43	95	06	58	24	82	03	47
2	19	36	27	59	46	13	79	93	37	55	39	77	32	77	09	85	52	05	30	62	47	83	51	62	74
3	16	77	23	02	77	09	61	87	25	21	28	06	24	25	93	16	71	13	59	78	23	05	47	47	25
4	78	43	76	71	61	20	44	90	32	64	97	67	63	99	61	46	38	03	93	22	69	81	21	99	21
5	03	28	28	26	08	73	37	32	04	05	69	30	16	09	05	88	69	58	28	99	35	07	44	75	47
6	93	22	53	64	39	07	10	63	76	35	87	03	04	79	88	08	13	13	85	51	55	34	57	72	69
7	78	76	58	54	74	92	38	70	96	92	52	06	79	79	45	82	63	18	27	44	69	66	92	19	09
8	23	68	35	26	00	99	53	93	61	28	52	70	05	48	34	56	65	05	61	86	90	92	10	70	80
9	15	39	25	70	99	93	86	52	77	65	15	33	59	05	28	22	87	26	07	47	86	96	98	29	06
10	58	71	96	30	24	18	46	23	34	27	85	13	99	24	44	49	18	09	79	49	74	16	32	23	02
11	57	35	27	33	72	24	53	63	94	09	41	10	76	47	91	44	04	95	49	66	39	60	04	59	81
12	48	50	86	54	48	22	06	34	72	52	82	21	15	65	20	33	29	94	71	11	15	91	29	12	03
13	61	96	48	95	03	07	16	39	33	66	98	56	10	56	79	77	21	30	27	12	90	49	22	23	62
14	36	93	89	41	26	29	70	83	63	51	99	74	20	52	36	87	09	41	15	09	98	60	16	03	03
15	18	87	00	42	31	57	90	12	02	07	23	47	37	17	31	54	08	01	88	63	39	41	88	92	10
16	88	56	53	27	59	33	35	72	67	47	77	34	55	45	70	08	18	27	38	90	16	95	86	70	75
17	09	72	95	84	29	49	41	31	06	70	42	38	06	45	18	64	84	73	31	65	52	53	37	97	15
18	12	96	88	17	31	65	19	69	02	83	60	75	86	90	68	24	64	19	35	51	56	61	87	39	12
19	85	94	57	24	16	92	09	84	38	76	22	00	27	69	85	29	81	94	78	70	21	94	47	90	12
20	38	64	43	59	98	98	77	87	68	07	91	51	67	62	44	40	98	05	93	78	23	32	65	41	18

续表

编号	1～10	11～20	21～30	31～40	41～50
21	53 44 09 42 72	00 41 86 79 79	68 47 22 00 20	35 55 31 51 51	00 83 63 22 55
22	40 76 66 26 84	57 99 99 90 37	36 63 32 08 58	37 40 13 68 97	87 64 81 07 83
23	02 17 79 18 05	12 59 52 57 02	22 07 90 47 03	28 14 11 30 79	20 69 22 40 98
24	95 17 82 06 53	31 51 10 96 46	92 06 88 07 77	56 11 50 81 69	40 23 72 51 39
25	35 76 22 42 92	96 11 83 44 80	34 68 35 48 77	33 42 40 90 60	73 96 53 97 86
26	26 29 31 56 41	85 47 04 66 08	34 72 57 59 13	82 43 80 46 15	38 26 61 70 04
27	77 80 20 75 82	72 82 32 99 90	63 95 73 76 63	89 73 44 99 05	48 67 26 43 18
28	46 40 66 44 52	91 36 74 43 53	30 82 13 54 00	78 45 63 98 35	55 03 36 67 68
29	37 56 08 18 09	77 53 84 46 47	31 91 18 95 58	24 16 74 11 53	44 10 13 85 57
30	61 65 61 68 66	37 27 47 39 19	84 83 70 07 48	53 21 40 06 71	95 06 79 88 54
31	93 43 69 64 07	34 18 04 52 35	56 27 09 24 86	61 85 53 83 45	19 90 70 99 00
32	21 96 60 12 99	11 20 99 45 18	48 13 93 55 34	18 37 79 49 90	65 97 38 20 46
33	95 20 47 97 97	27 37 83 28 71	00 06 41 41 74	45 89 09 39 84	51 67 11 52 49
34	97 86 21 78 73	10 65 81 92 59	58 76 17 14 97	04 76 62 16 17	17 95 70 45 80
35	69 92 06 34 13	59 71 74 17 32	27 55 10 24 19	23 71 82 13 74	63 52 52 01 41
36	04 31 17 21 56	33 73 99 19 87	26 72 39 27 67	53 77 57 68 93	60 61 97 22 61
37	61 06 98 03 91	87 14 77 43 96	43 00 65 98 50	45 60 33 01 07	98 99 46 50 47
38	85 93 85 86 88	72 87 08 62 40	16 06 10 89 20	23 21 34 74 97	76 38 03 29 63
39	21 74 32 47 45	73 96 07 94 52	09 65 90 77 47	25 76 16 19 33	53 05 70 53 30
40	15 69 53 82 80	79 96 23 53 10	65 39 07 16 29	45 33 02 43 70	02 87 40 41 45
41	02 89 08 04 49	20 21 14 68 86	87 63 93 95 17	11 29 01 95 80	35 14 97 35 33
42	87 18 15 89 79	85 43 01 72 73	08 61 74 51 69	89 74 39 82 15	94 51 33 41 67
43	98 83 71 94 22	59 97 50 99 52	08 52 85 08 40	87 80 61 65 31	91 51 80 32 44
44	10 08 58 21 66	72 68 49 29 31	89 85 84 46 06	59 73 19 85 23	65 09 29 75 63
45	47 90 56 10 08	88 02 84 27 83	42 29 72 23 19	66 56 45 65 79	20 71 53 20 25
46	22 85 61 68 90	49 64 92 85 44	16 40 12 89 88	50 14 49 81 06	01 82 77 45 12
47	67 80 43 79 33	12 83 11 41 16	25 58 19 68 70	77 02 54 00 52	53 43 37 15 26
48	27 62 50 96 72	79 44 61 40 15	14 53 40 65 39	27 31 58 50 28	11 39 03 34 25
49	33 78 80 87 15	38 30 06 38 21	14 47 47 07 26	54 96 87 53 32	40 36 40 96 76
50	13 13 92 66 99	47 24 49 57 74	32 25 43 62 17	10 97 11 69 84	99 63 22 32 98

边学边思部分参考答案

第一章　护理研究概述

一、单项选择题

1. A　2. A　3. C　4. B　5. C　6. A　7. C　8. B　9. A　10. C

二、多项选择题

1. ABCE　　2. ABCDE　　3. ABCD　　4. ABCE　　5. ABCDE
6. ABCDE　7. ABCE　　8. ABCDE

三、填空题

1. 护理领域尚未解决但又值得解决的问题

2. 选题、文献回顾、科研设计、预试验、实施与资料收集、资料整理与分析、撰写论文、研究成果传播与应用

3. 遵守公民基本道德规范、遵守诚实原则、遵守公开原则、遵守公正原则、尊重知识产权、遵守声明与回避原则

4. 准备阶段、酝酿阶段、顿悟阶段、检验阶段

5. 白色、红色、黑色、黄色、蓝色、绿色

第二章　医学统计学概述

一、单项选择题

1. C　2. C　3. D　4. E　5. A　6. D　7. C　8. C　9. B　10. C
11. D　12. A　13. A　14. D　15. A　16. A　17. A　18. D　19. B

二、多项选择题

1. ABDE　　2. ACDE　　3. CDE　　4. ACD

三、填空题

1. 定量数据、定性数据、有序数据

2. 直接来源、间接来源

3. 计数资料

4. 算术平均数、几何均数、中位数

5. 计算极差或全距；决定组距、组数和组段并分组；列表划记；绘制频数分布图

6. 全距、四分位数间距、方差、标准差、变异系数

7. $\bar{X} \pm 1.96S$、$\bar{X} \pm 2.58S_{\bar{X}}$

8. 标准误

9. 自由度 v 的大小

10. 越小

11. 建立检验假设、确定检验水准、计算检验统计量、确定 P 值、判断结果

12. $\mu_1=\mu_2$、n_1+n_2-2

13. 率、构成比、相对比

14. 选择具有代表性的、较稳定的、数量较大的人群作标准；选择相互比较的两组资料中的数据任选其中一组作为共同标准；选择相互比较的两组资料中的数据合并作为共同标准

15. 消除内部构成不同的影响、率的实际水平、也不同

16. u 检验、χ^2 检验

17. $1 \leqslant T < 5$、$n \geqslant 40$

第三章　护理文献综述

一、单项选择题

1. D　2. D　3. D　4. B　5. D

二、多项选择题

1. ACDE　　2. ABDE

三、填空题

1. 选题、文献检索、利用文献、书写综述论文

2. 零次文献、一次文献、二次文献、三次文献；图书、期刊、会议文献、学位论文

第四章　护理调研报告

一、单项选择题

1. B　2. E　3. A　4. B　5. C　6. C　7. D　8. B　9. C　10. A

11. B　12. D　13. A　14. D　15. A　16. D　17. C　18. C　19. E　20. D

21. B　22. C　23. A　24. B　25. A　26. D

二、多项选择题

1. BC　　2. BCDE　　3. CD　　4. ABDE　　5. ABDE

6. ACDE　7. ABDE　8. ABC　9. ABCDE　10. BE

三、填空题

1. 普查、抽样调查和典型调查

2. 观察法、问卷法、访谈法和生物医学测量法

第五章　护理研究设计

一、单项选择题

1. A　2. D　3. B　4. D　5. C　6. C　7. B　8. A　9. B　10. A

11. C　12. A　13. C　14. B

二、多项选择题

1. ABCD　　2. ABCDE　　3. ABC　　4. ABE　　5. ABCD

6. ABD　7. ABCDE　8. CDE　9. BC　10. ABCD

11. CDE

三、填空题

1. 对照、随机化、重复

2. 试验因素、试验对象和试验效应

3. 公式计算法、查表法、文献法、专家咨询

第六章 护理科研课题的申报与管理

一、单项选择题

1. C   2. C   3. A

二、多项选择题

1. ABCD   2. AB   3. ABCDE   4. ABCD   5. ABCDE

6. ABCDE   7. ABCD   8. ABC

三、填空题

1. 课题申报、开题论证、课题中期检查、课题验收

2. 了解申报指南、确定拟报项目、查阅文献资料、设计研究方案、撰写申报书

参 考 文 献

[1] 李康,贺佳.医学统计学[M].8版.北京:人民卫生出版社,2024.

[2] 李宗芳,郑芳.医学科研课题设计、申报与实施[M].3版.北京:人民卫生出版社,2023.

[3] 贺佳,邓伟,王素珍.临床试验设计与统计分析[M].2版.北京:人民卫生出版社,2022.

[4] 郭继军.医学文献检索与论文写作[M].5版.北京:人民卫生出版社,2018.

[5] 李峥,刘宇.护理学研究方法[M].2版.北京:人民卫生出版社,2018.

[6] 农惠玲.中医护理在肝衰竭患者的应用进展[J].中外医学研究,2022,20(13):178-181.

[7] 山西医学期刊社,Frontiers of Nursing 编辑部.国际护理学领域研究趋势、前沿、热点分析报告[J].护理研究,2019,33(19):3277-3287.

[8] 郭玉芳,张娜,张静平.护生在校学习期间积极心理品质的现状调查[J].中华护理杂志,2013,48(1):52-55.

[9] 邱志军,殷晓敏.全髋关节置换术后患者康复功能锻炼依从性的研究[J].中国现代医学杂志,2012,22(29):109-112.

[10] 邱志军,刘可,姜娜.湖南省高职护生共情现状的调查研究[J].中国实用护理杂志,2011,27(1):68-71.

[11] 陈洁.护理科研的意义与立项申报要点[J].天津护理,2011,19(5):280-281.

[12] 程金莲,柴永萍.我国护理科研发展现状与展望[J].护理研究,2009,23(28):2539-2541.

[13] 蒋渝.α-干扰素的抗肝纤维化作用[J].岳阳职业技术学院学报,2008,23(6):79-81.

[14] 于普林,覃朝晖,吴迪,等.北京城市社区老年人跌倒发生率的调查[J].中华老年医学杂志,2006,25(4):305-308.

[15] 钱铭怡,武国城,朱荣春,等.艾森克人格问卷简式量表中国版(EPQ-RSC)的修订[J].心理学报,2000(3):317-323.

[16] STONE P W, LARSON E L, MOONEY-KANE C, et al.Organizational climate and intensive care unit nurses' intention to leave[J].Critical Care Medicine, 2006, 34(7): 1907-1912.